RÊVER MONTRÉAL

101 IDÉES POUR RELANCER LA MÉTROPOLE

COLLECTIF SOUS LA DIRECTION DE
FRANÇOIS CARDINAL

RÊVER MONTRÉAL

101 IDÉES
POUR RELANCER
LA MÉTROPOLE

COLLECTIF SOUS LA DIRECTION DE
FRANÇOIS CARDINAL

LES ÉDITIONS **LA PRESSE**

Catalogage avant publication de Bibliothèque et Archives nationales du Québec et Bibliothèque et Archives Canada

Vedette principale au titre :
Rêver Montréal
ISBN 978-2-89705-170-9
1. Rénovation urbaine - Québec (Province) - Montréal. I. Cardinal, François, 1974-   .
HT178.C22M66 2013   307.760971428   C2013-941131-3

LES ÉDITIONS **LA PRESSE**

Présidente Caroline Jamet
Directrice de l'édition Martine Pelletier
Directrice de la commercialisation Sandrine Donkers

Éditeur délégué Yves Bellefleur
Conception de la couverture Rachel Monnier
Conception de la grille intérieure Célia Provencher-Galarneau
Révision linguistique Michèle Jean

L'éditeur bénéficie du soutien de la Société de développement des entreprises culturelles du Québec (SODEC) pour son programme d'édition et pour ses activités de promotion.

L'éditeur remercie le gouvernement du Québec de l'aide financière accordée à l'édition de cet ouvrage par l'entremise du Programme de crédit d'impôt pour l'édition de livres, administré par la SODEC.

L'éditeur reconnaît l'aide financière du gouvernement du Canada par l'entremise du Programme d'aide financière de l'industrie de l'édition (PADIÉ) pour ses activités d'édition.

LES ÉDITIONS **LA PRESSE**
Les Éditions La Presse
7, rue Saint-Jacques
Montréal (Québec)
H2Y 1K9

À Montréal, métropole sous-estimée, trop souvent dépréciée…

Table des matières

ARCHITECTURE · SERVIR LE BIEN COMMUN

TOURISME · UNE IDENTITÉ PROPRE

DÉMOGRAPHIE · QUALITÉ DE VIE ET INTÉGRATION

BOUFFE · UN NOUVEAU PACTE ENTRE VILLE ET MONDE RURAL

ENVIRONNEMENT · L'ESSENCE DE MONTRÉAL

COMMERCE · À QUAND UNE STRATÉGIE ?

SAVOIR · UN ENJEU CRUCIAL

URBANISME · UNE NOUVELLE DONNE

LANGUE · CHANGER L'AVENIR

TRANSPORT · FAIRE PLUS AVEC MOINS

INNOVATION · JOUER D'ASTUCE

OSER · MONTRÉAL N'EST PAS UNE PERDANTE

ÉCONOMIE · À LA CROISÉE DES CHEMINS

ENGAGEMENT · CRITIQUER MAIS AUSSI PROPOSER

CONCLUSION

REMERCIEMENTS

INDEX ALPHABÉTIQUE

LA FIN
DE L'IMMOBILISME

François Cardinal

Le passage du millénaire a été plutôt éprouvant pour Montréal, avouons-le.

Plombée par l'abandon et la difficulté de mener à terme de gros événements, ridiculisée pour son incapacité à mettre en chantier quoi que ce soit, handicapée par une absence de sensibilité à sa cause dans les parlements de Québec et d'Ottawa, la métropole a en effet vécu de difficiles moments au cours des années 2000.

Des moments marqués par un mot fort, véritable stigmate : l'immobilisme.

Cette impression d'inertie s'est tranquillement installée dans la première moitié de la décennie, elle s'est ensuite cristallisée avec le rejet du projet de casino dans Pointe-Saint-Charles, puis elle s'est véritablement figée avec la timidité des promoteurs immobiliers, la multiplication des cônes orange et les immenses difficultés à entreprendre le Centre hospitalier de l'Université de Montréal (CHUM) et le Centre universitaire de santé McGill (CUSM), le Quartier des spectacles et son 2-22, la Maison symphonique et la place des Festivals, le pont Champlain et l'échangeur Turcot, la construction inachevée de l'îlot Voyageur, la modernisation de la rue Notre-Dame et l'implantation laborieuse du service rapide par bus sur Pie-IX.

Dur, dur...

Mais heureusement, aujourd'hui, cet immobilisme est en grande partie derrière nous. Montréal a repris de l'élan, du dynamisme, de l'allant.

Les travaux du CHUM et de son centre de recherche sont bien amorcés. Le Quartier des spectacles est une réussite, de même que son édifice phare, le 2-22. La Maison symphonique est généralement applaudie, au même titre que la place des Festivals. L'autoroute 30 est enfin chose faite, le Grand Prix est sauvé (jusqu'à nouvel ordre) et le casino est bien là où il est.

Tout n'est pas parfait, on s'entend, mais reconnaissons que l'état des grands projets auxquels on imputait l'immobilisme de la ville rend, aujourd'hui, la critique désuète. Montréal est clairement en marche. Mieux, elle a le vent dans le dos, quoi qu'en pensent les oiseaux de malheur...

Bien des rubans d'inauguration ont été récemment coupés, ou sont sur le point de l'être. Pensons à la nouvelle annexe du Musée des beaux-arts, à la Maison du développement durable, à la Place des Arts revampée, au nouveau Planétarium, au plus récent pavillon du Musée Pointe-à-Callière, aux multiples agrandissements d'envergure, au redéploiement en cours du Parc olympique, mais aussi de l'Hôpital général juif, du Centre hospitalier Sainte-Justine, du stade Saputo, etc. Pensons également au Quartier de l'innovation inauguré en 2013, à l'Éco-campus Hubert Reeves dans le Technoparc, au développement du site Outremont par l'Université de Montréal, ou même au Quartier de l'hippodrome dont les travaux de réflexion vont bon train.

D'imposants projets voient donc le jour tandis que d'autres cheminent dans les officines, parmi lesquels des tours de bureaux, des complexes résidentiels, des commerces et des restaurants. D'imposants édifices sont projetés pour combler des trous béants depuis bien trop longtemps, le plus haut gratte-ciel construit à Montréal depuis 20 ans est en construction aux côtés du Centre Bell, la première phase de réaménagement de Griffintown est lancée, les investissements privés prennent tranquillement le relais des dépenses publiques...

À côté des grands projets institutionnels, on trouve de plus en plus de projets résidentiels, commerciaux et à usage mixte qui font mentir ceux qui prétendent, comme François Legault de la Coalition avenir Québec (CAQ), qu'il n'y a que le secteur public qui investit dans la métropole.

Que ce soit le projet de Canderel dans le Quartier des spectacles, L'Avenue de Construction Broccolini qui deviendra la plus haute tour à usage mixte à Montréal (50 étages), ou le vaste plan à long terme de Cadillac Fairview dans le secteur de la gare Windsor (deux milliards de dollars), on a là des exemples d'entreprises qui croient en l'avenir de la métropole.

Montréal, clairement, connaît un essor surprenant au moment où tant de villes peinent à se sortir de la crise économique en Amérique du Nord, au moment aussi où tant d'observateurs croient la ville «morte», pour re-prendre l'expression de François Bonnardel, aussi de la CAQ.

On le voit dans l'enthousiasme des promoteurs, mais aussi sur le terrain. Le taux d'inoccupation a beau osciller, il demeure très bas, tant au centre-ville qu'en périphérie. Les mises en chantier résidentielles ont fracassé un record historique en 2011, permettant même à Montréal de se classer au troisième rang à ce chapitre en Amérique du Nord! Mieux, la construction résidentielle a rebondi ces dernières années pendant qu'elle déclinait ail-leurs dans le monde. Non seulement construit-on des gratte-ciel, ce qu'on n'avait pas fait depuis des décennies, mais les grues sont même aussi nom-breuses aujourd'hui dans le ciel montréalais qu'à l'époque des Olympiques!

Le nombre de faillites diminue également, le taux de pauvreté aussi, le revenu des familles augmente plus vite ici qu'à Toronto, l'investissement en recherche universitaire est en croissance, le tourisme atteint des records.

Même là où on ne l'attend pas, Montréal marque des points. La plus récente édition du Global Financial Centres Index, dévoilée en mars 2013, révélait que la métropole se classait maintenant au 16e rang parmi les prin-cipales villes d'activités financières dans le monde. C'est un rang de mieux que l'année précédente, mais surtout neuf de mieux que six ans auparavant alors qu'elle était incapable de se classer dans les 20 premières.

Difficile à croire, je sais… Mais pour s'en convaincre, il n'y a qu'à jeter un œil aux centaines de palmarès internationaux qui font la part belle à Montréal. Ou, mieux, à lire le «survol de la situation économique» d'octobre 2012 du Mouvement Desjardins, qui notait que la métropole a «enregistré sa meil-leure performance économique des cinq dernières années en 2011 (+ 4,5 %)».

Plus encore, Desjardins soulignait que les investissements atteignaient des records à Montréal, que «le secteur manufacturier affiche des signes de reprise» et, confirme le Global Financial Centres Index, que le secteur financier est en croissance, se classant au 17e rang mondial, «un cran de plus que l'an dernier et huit de plus que son classement d'il y a cinq ans».

Et il n'y a pas que l'économie et la finance. La Fondation du Grand Montréal notait dans son dernier rapport sur la métropole que cette dernière faisait de plus en plus parler d'elle à l'étranger. On citait par exemple son classe-ment au premier rang canadien et au troisième rang nord-américain dans le secteur d'activité de la musique, après Nashville et Los Angeles. Le fait est que son Festival de jazz a été nommé festival de l'année par la Canadian Music and Broadcast Industry, qu'elle est devenue la deuxième ville nord-américaine à être reconnue comme Cité interculturelle par le Conseil de l'Europe, qu'elle figure au palmarès des 20 meilleures destinations d'histoire et de culture de TripAdvisor. Ajoutons que Montréal a réussi à trouver sa place parmi les 10 villes à visiter en 2013 selon le guide *Best in Travel* du Lonely Planet.

Et pourtant, on n'a qu'à écouter les lignes ouvertes, jaser avec ses voisins ou sa famille pour s'apercevoir que l'immobilisme a beau être derrière Montréal, il tarde à disparaître dans le discours public, comme un cauchemar qui ne veut pas s'en aller.

...

« Mais si ça va si bien, pourquoi a-t-on l'impression que ça va si mal ? »

L'interrogation m'a été lancée par l'ancien ministre péquiste Joseph Facal, lors d'une émission de *Bazzo.tv* au début de 2013, à Télé-Québec. Bonne question. Car on peut dresser une liste des bons coups de la métropole, montrer qu'elle n'est plus victime d'inertie, on revient toujours à cette « question qui tue » : pourquoi Montréal semble-t-elle si mal en point alors qu'une bonne partie des chiffres démontrent le contraire ?

Il y a bien sûr l'actualité, les scandales politiques, la corruption, la collusion, les révélations de la commission Charbonneau. Il y a aussi les nids-de-poule et les infrastructures qui se détériorent. Tout cela mine en effet la métropole.

Toutefois, plusieurs villes nord-américaines sont frappées par un déclin de leurs infrastructures sans que cela mène à une déprime collective. Et cette tendance à la critique constante et à l'autodénigrement est antérieure à toutes ces histoires, à la saga des compteurs d'eau, au Faubourg Contrecœur, aux fusions-défusions, aux témoignages de la Commission. Il y a donc autre chose. Il y a d'abord, à mon avis, quelques manques. Un manque d'engagement des citoyens, un manque de leadership, et un manque de recul.

Les Montréalais, comme les Québécois en général, exigent qu'on réponde favorablement à leurs attentes, à leurs besoins. Ils souhaitent que les solutions à leurs problèmes percolent d'en haut, du gouvernement, de la Ville.

Il suffit donc que le maire soit peu inspirant pour qu'ils aient l'impression de n'aller nulle part, que leur ville ne va nulle part. Précisément ce qui est survenu avec Pierre Bourque, qui a régné de 1994 à 2001, mais surtout avec Gérald Tremblay qui l'a remplacé au cours des 11 années suivantes.

Mais il y a plus. Il y a aussi un traumatisme historique qui empêche les Montréalais de se relever. Ce que j'ai d'ailleurs pu vérifier lors de cette fameuse émission de *Bazzo.tv*. J'affrontais alors en débat l'urbaniste de l'Université de Montréal Daniel Gill autour d'une question assez épineuse : Montréal est-elle encore une ville qui compte ?

Je répondais que oui, que la métropole allait plutôt bien, qu'elle prenait sa place, qu'elle suscitait même l'envie à l'étranger. Alors que M. Gill affirmait tout le contraire.

« C'est peut-être une question d'âge, a-t-il commencé par répondre. Si on retourne 40 ans en arrière, on se rappellera que Montréal était alors une ville qui comptait. Il y a eu les Jeux olympiques, l'Expo, les grands architectes venaient faire des projets à Montréal comme Mies Van der Rohe, John Lennon est venu faire un *bed-in*. Montréal était alors une ville d'importante. Elle ne l'est plus. »

Tout est là. Voilà les symptômes du traumatisme historique dont on ne réussit pas à se débarrasser, à mon avis : Montréal ne peut pas bien aller car jamais elle n'ira aussi bien qu'elle a déjà été…

Vrai, Montréal a connu des années de gloire qui sont derrière elle. Le Centre canadien d'architecture nous l'a d'ailleurs rappelé de belle façon, ces dernières années, avec les expositions *Montréal métropole : 1880-1930,* et *Montréal voit grand : les années 60.* Deux moments forts du développement de la ville qui montrent qu'elle « était promise à un développement d'un caractère particulier », comme l'écrit avec justesse Phyllis Lambert, directrice du Centre, dans la préface d'un des catalogues.

Puis, dans les décennies suivantes, Montréal a entamé un long déclin qui lui a fait perdre sa place de première métropole économique du Canada. La chute a été si brutale que l'ancien magnat Conrad Black, montrant du doigt la fièvre indépendantiste, parle de cette époque comme d'une « tentative de suicide sur le long terme ».

Voilà le déclencheur de notre traumatisme. Montréal était métropole, elle est devenue ville. La gloire, les réussites, les folles années de prospérité sont donc derrière elle. Pour de bon. Rien ne pourra plus jamais la ramener au sommet de la hiérarchie canadienne, rien ne pourra combler cette perte monumentale et historique.

Ce qui est vrai, évidemment. Un tel renversement ne se reproduira plus. Montréal ne redeviendra pas LA métropole du pays, LA référence économique qu'elle a déjà été en Amérique du Nord.

Mais est-ce si dramatique qu'on le dit? Montréal est-elle décrédibilisée, discréditée, disqualifiée pour toujours? Je ne le crois pas.

Montréal a certes perdu son titre de métropole canadienne au cours du 20ᵉ siècle, mais elle en a gagné un autre qu'il ne faut pas négliger : celle de métropole francophone en Amérique du Nord. Son influence, son pouvoir d'attraction, son importance n'ont pas disparu, ils se sont transformés.

Le chercheur de l'Institut national de la recherche scientifique (INRS) Mario Polèse ne parle d'ailleurs pas de « perte » lorsqu'il aborde cette facette de l'histoire de la ville, mais bien de « rupture ». Une rupture inévitable dans le contexte de l'époque.

« Il était impossible à la fois de revendiquer le statut de ville francophone et de capitale économique et financière d'un pays à 75 % anglophone, située sur un continent presque exclusivement anglophone », explique-t-il, avec raison. « Comme le dit le vieux dicton, l'on ne peut pas avoir à la fois le beurre et l'argent du beurre. La refrancisation de Montréal était inévitable – le déséquilibre sociologique entre francophones et anglophones ne pouvait plus durer – mais il y avait un prix à payer. »

Et ce prix, c'était la perte du statut de principale ville de la fédération. Pour retrouver et célébrer ses racines francophones, pour évoluer en harmonie avec ses habitants et sa province, pour s'ajuster à la Révolution tranquille et à la francisation rapide de la société québécoise, la métropole n'avait d'autre choix que de se défaire de sa toute puissance canadienne, de sa vieille élite anglophone, de sa prospérité de l'époque, de ses sièges sociaux, de ses capitaux.

Mais c'est une erreur de croire que, du coup, elle a tout perdu.

C'est une chose de se désoler de la perte de son ancien statut de première ville d'un pays anglophone, c'en est une autre de dénigrer les réussites actuelles de Montréal sous prétexte qu'elles ne seront jamais à la hauteur de ses succès passés.

On peut donc se désoler que Montréal ait décliné, mais on peut aussi se féliciter qu'elle ait gagné le statut de métropole québécoise, voire de métropole francophone. On peut apprécier l'immense chemin parcouru depuis 40 ans.

Bref, on peut aborder Montréal comme la grande métropole francophone qu'elle est devenue plutôt que la métropole anglophone qu'elle n'est plus.

***

Montréal, aujourd'hui, n'est donc pas la ville immobile des années 2000. Elle n'est pas, non plus, la grande métropole canadienne enviée de par le monde.

Qu'est-elle donc devenue? Une ville à la croisée des chemins, qui hésite encore avant de choisir sa direction. Une ville en chantier qui se prépare à rebondir. Une ville qui va bien mais pourrait aller encore mieux.

Montréal a certes connu une longue période de déclin et de transformation qui a commencé dans les années 1960 et a duré une trentaine d'années. Mais à partir du milieu des années 1990, elle a réussi à se relever grâce à la montée de l'élite francophone mais aussi, en bonne partie, grâce aux technologies de l'information.

Puis vinrent les années 2000, les cônes orange, les viaducs en morceaux, les projets qui font du surplace, l'absence de leadership municipal. Des années pendant lesquelles rien ne semblait vouloir avancer.

Aujourd'hui, à la veille des élections municipales de 2013, Montréal se trouve à un moment charnière.

D'un point de vue politique, les trois mandats de Gérald Tremblay sont terminés. Union Montréal aussi. La commission sur l'industrie de la construction présidée par la juge France Charbonneau a permis de nommer les principaux problèmes éthiques de la Ville et a forcé l'administration municipale à leur trouver des solutions. Le gouvernement a révisé le financement des élections municipales, mais aussi du pacte fiscal liant Québec à Montréal.

D'un point de vue des infrastructures et équipements, les années de sous-financement semblent derrière nous tant on n'a plus le choix. On retape donc le réseau souterrain, mais aussi de surface, avec la multiplication de petits, moyens et gros chantiers, du remplacement des canalisations à la reconstruction de l'échangeur Turcot, en passant par le remplacement du pont Champlain et la démolition de l'autoroute Bonaventure.

D'un point de vue de la mobilité, le métro aura en principe de nouvelles voitures l'an prochain, un prolongement est dans les cartons. Le SRB (système rapide par bus) devrait être en fonction sur Pie-IX dans quelques années, d'autres sont envisagés. Les voies réservées aux autobus se multiplient, de même que les heures de service et les lignes à vocation particulière (comme le 747 vers l'aéroport), les lignes à arrêts limités (comme le 467 Express Saint-Michel), le service «10 minutes max», le réseau de nuit bonifié, etc. Si bien que la Société de transport de Montréal (STM) atteint des records d'affluence en 150 ans d'existence, au moment précis où les autorités publiques recommencent à investir de manière importante dans le réseau.

Une renaissance semble sur le point de survenir, et surviendra… à condition, bien sûr, que la métropole emprunte le bon chemin.

D'où ce livre, sorte de remue-méninges, de *brainstorm*, de *pecha kucha*, de commission d'enquête, d'états généraux sur Montréal. Un livre qui survient à un moment de grands et riches débats sur la ville de demain, ici et ailleurs.

***

Je dis ville, mais je devrais plutôt dire région ou, mieux, ville-région. Car à la question de départ – qu'est Montréal aujourd'hui ? –, il faut absolument préciser de quel Montréal on parle, au juste…

On s'est en effet habitué à évoquer Montréal, ou même la métropole, en parlant tantôt de l'ancienne ville préfusion, tantôt de la nouvelle ville ou, simplement, de l'île.

On en a eu une preuve éclatante en septembre 2012, avec la formation du premier conseil des ministres du gouvernement Marois. Lors du discours de présentation, la première ministre nommait Jean-François Lisée «ministre responsable de la région métropolitaine». Puis, dès le paragraphe suivant, «la région métropolitaine» devenait «métropole», tout court. «Vous serez également ministre responsable de la métropole», précisait Mme Marois.

Petite visite sur le site de l'Assemblée nationale, LA référence officielle pour les titres et fonctions, pour en avoir le cœur net… Soudainement, M. Lisée devenait «président du Comité ministériel de la région métropolitaine», tout en étant «ministre responsable de la région de Montréal».

Métropole. Région métropolitaine. Région de Montréal. Trois vocables utilisés sans distinction, mais qui ne veulent pourtant pas dire la même chose.

Jean-François Lisée était-il donc responsable de l'île ? De l'île et de ses principales banlieues, Laval et Longueuil ? Ou de l'île, des proches banlieues et des couronnes environnantes ? Était-il l'interlocuteur du maire de Montréal ? Des élus de l'agglomération (l'île) de Montréal ? Des maires de Montréal, Laval et Longueuil ? Ou des 82 membres de la Communauté métropolitaine de Montréal (CMM) ?

À ma grande surprise, j'étais le seul à m'intéresser à cette imprécision d'importance à l'époque. J'ai donc dû en discuter avec le principal intéressé pour clarifier la chose, tant les réponses données ici et là étaient différentes.

«La décision a été prise de ne pas recréer le ministère de la Métropole, m'expliquait alors M. Lisée. Cependant, le pouvoir qui m'est donné, c'est d'être le responsable gouvernemental pour les actions du Québec sur ce qu'on appelle la métropole, c'est-à-dire l'île et la région, soit la zone de la CMM.»

«Je parle donc à Laval, je parle à Longueuil, à Rosemère, à Vaudreuil-Soulanges, etc. Mes maires, ajoutait-il, ce sont les 82 maires.»

À la bonne heure! Voilà une façon contemporaine d'aborder la ville qui n'est plus, justement, qu'une ville. On parle toujours de «Montréal», on parle de «la métropole», mais on sous-entend, du coup, le «Grand-Montréal» qui comprend une ville, une île, un ensemble métropolitain, une région administrative, une agglomération urbaine.

L'expression «métropole» prend ainsi un sens large au même titre que «capitale», c'est-à-dire l'ensemble des municipalités qui entourent le chef-lieu (Montréal-Est et Kirkland font autant partie de la métropole que L'Ancienne-Lorette fait partie de la capitale).

Cette distinction est importante, car on ne peut plus parler de la mobilité de Montréal, aujourd'hui, sans évoquer les trains de banlieue. On ne peut discuter des tensions que provoquent les mesures de circulation du Plateau-Mont-Royal en faisant abstraction de la circulation de transit qui vient d'outre-ponts. On ne peut citer les projets de *Transit Oriented Development* en se contentant de décortiquer le secteur Namur. On ne peut plus parler du métro en passant sous silence l'affluence de Longueuil et, surtout, de Laval.

Bref, Montréal n'est plus qu'une ville, c'est un écosystème, c'est-à-dire un ensemble urbain à l'intérieur duquel divers organismes municipaux interagissent dans une relation d'étroite interdépendance.

Ce que confirme l'adoption toute récente du Plan métropolitain d'aménagement et de développement (PMAD), entré en vigueur en mars 2012, un moment historique qui correspond, à mon avis, à l'acte fondateur de la région de Montréal, rien de moins.

Pour la première fois, un document coercitif signé par les maires de la région vise une réduction de la motorisation, impose un gel des terres agricoles et contraint un développement autour des noyaux de transport collectif. Et pour la première fois, surtout, on envisage l'avenir de Montréal en pensant Grand Montréal.

Une vision longtemps attendue, qui arrive aujourd'hui à point nommé.

***

Comme bien des villes en Amérique du Nord, la métropole a connu une première poussée de croissance avec l'industrialisation. Puis, il y a eu l'essor de la ville moderne, la ville quadrillée d'axes routiers sur le bord desquels de grosses unifamiliales se sont multipliées.

Aujourd'hui, on le voit bien, le modèle d'après-guerre ne colle plus, d'où cette intense réflexion collective sur la mobilité, le centre-ville, les grands projets d'infrastructure, l'étalement urbain, la place de l'auto, le transport collectif, les transports actifs, les quartiers verts, l'apaisement de la circulation.

Bref, il y a bouillonnement autour de l'avenir de Montréal, ville, métropole et région. Et cet ouvrage à mi-chemin entre l'essai et le recueil d'idées s'en veut justement le reflet.

La page de l'immobilisme se tourne, la région a signé son acte fondateur, ce qui signifie que Montréal va enfin, on l'espère, cesser de regarder derrière, de gratter ses bobos, de s'apitoyer sur son sort, de se désoler de tout et de rien pour regarder enfin en avant. On vit actuellement un moment charnière, qu'il ne faut pas manquer.

Mais d'abord, il faut une vision, ou à tout le moins une direction. Ce qui manque encore cruellement.

Montréal a tous les éléments pour rebondir, mais il s'agit encore de pièces éparses d'un vaste casse-tête qu'il faudra assembler avec soin au cours de la décennie.

On pense d'emblée aux gros morceaux, ces hôpitaux, ponts et échangeurs. On pense aux routes et nouveaux liens de transport collectif. Mais il y a plus que cela, il y a toutes ces petites pièces du puzzle qui seront tout aussi importantes pour la suite, Griffintown par exemple, le futur campus de l'Université de Montréal à Outremont, les Bassins du Havre, la falaise Saint-Jacques, Meadowbrook, la densification du site de Radio-Canada.

Il y a aussi ces défis qui attendent Montréal au sortir de l'immobilisme, autant de morceaux qu'il faudra imbriquer pour faire de la métropole une ville attrayante et cohérente : le leadership, les finances, les taxes, l'état des infrastructures, la participation civique, les relations entre arrondissements et ville.

Cinq défis en particulier viennent à l'esprit :

- **Le défi de la mobilité.** C'est LE problème auquel il faut s'attaquer en priorité. Il faut reconfigurer l'accès à l'île, développer le transport collectif, repenser le partage de la voie et accélérer le transport des marchandises. Faut-il implanter un péage régional ? Miser sur le tramway, le trolleybus, le SRB ? Nationaliser le rail ? Implanter des centres intermodaux de marchandises autour de l'île ?
- **Le défi de l'aménagement.** La composition de la région est en bouleversement : le nombre d'habitants augmente au gré de l'immigration, la population vieillit plus vite qu'ailleurs et l'exode vers la banlieue montre des signes d'essoufflement. Faut-il faire du Grand Montréal une région tournée vers le centre ou dotée de plusieurs pôles forts ? Faut-il ajouter des trains de banlieue au risque de favoriser l'étalement ? Faut-il imposer des limites au développement plus sévères que celles du Plan métropolitain d'aménagement ?
- **Le défi de l'attractivité.** Montréal s'est longtemps positionnée comme une ville des festivals au confluent de deux cultures, mais cela ne suffit plus pour attirer la classe créative, les cerveaux et les touristes. Montréal est-elle une *fun city* ? Une ville créative ? Une ville d'innovation ? Ou une ville aux quartiers à forte personnalité ? Une métropole à échelle humaine ?
- **Le défi de la gouvernance.** Tour de Babel édifiée à coup de compromis (décentralisation) et de compromissions (défusions), Montréal ne sait plus à quel saint se vouer. D'où un poids moindre sur l'échiquier québécois. Il faut donc élaguer, mais quoi ? Le nombre d'élus ? Les arrondissements au risque de rompre le lien de proximité ? La CMM qui peine à s'imposer ? Doit-on plutôt créer une instance élective régionale ?
- **Le défi de la démographie.** On prévoit que Montréal comptera 2,1 millions d'habitants en 2031, soit 227 000 de plus qu'en 2006. Un enjeu d'autant plus important que la pyramide des âges se transformera elle aussi. En 2022, le nombre de 65 ans et plus devrait surpasser celui des moins de 20 ans.

À cela, on peut aussi ajouter le défi de l'immigration, de la participation, de l'aménagement, de la fiscalité, de la préservation de l'environnement, du numérique, du patrimoine, de la qualité architecturale, et j'en passe.

La table est donc mise pour une vaste réflexion, pour un remue-méninges sans tabous, pour une vaste cogitation sur l'avenir de Montréal... auxquels ce livre et ses 80 coauteurs vous convient.

Bonne lecture et, surtout, bonne réflexion.

LEADERSHIP

AVOIR MONTRÉAL DANS LE SANG

1

Élire un maire fort…
mais pas un Jean Drapeau!

François Cardinal

Nostalgiques d'une ère où tout semblait possible, de nombreux Montréalais rêvent d'un nouveau Jean Drapeau, d'un sauveur qui remettra la métropole « sur la mappe ».

« Les Montréalais recherchent un leader inspirant qui les mobilisera autour d'un grand projet rassembleur, résumait le sondeur Jean-Marc Léger dans le *Journal de Montréal,* en 2009. Jean Drapeau en a été le meilleur exemple avec ses projets audacieux comme la Place des Arts, le métro, l'Exposition universelle de 1967, les Jeux olympiques de 1976 et les premières Floralies internationales en Amérique du Nord en 1980. Il aura été élu à huit reprises. »

Vrai, Jean Drapeau a été un maire d'exception. Il a été un rassembleur hors pair, un leader formidable, un travailleur acharné, un fin stratège politique, un dirigeant comme Montréal n'en a plus jamais eu par la suite. Il a plus fait pour Montréal que n'importe lequel de ses prédécesseurs et de ses successeurs.

Mais d'abord et avant tout, Jean Drapeau a été un homme de son époque…

Il suffit de lire la superbe biographie de Susan Purcell et Brian McKenna, ou celle, plus récente de Benoit Gignac, pour constater que nous idéalisons tous ce personnage haut en couleur : nous nous remémorons avec envie toutes ses réussites... mais reléguons aux oubliettes les dommages et dégâts qu'il a provoqués pour arriver à ses fins.

« Le leader Drapeau, écrit avec justesse Gignac, sévit à un moment de notre histoire où il pouvait exercer son action sans grandes préoccupations démocratiques, écologiques, sociétales, et pratiquement sans encadrement technocratique, toutes matières qui sont devenues, qu'on le veuille ou non, des règles d'avancement plus lent de nos sociétés. »

Imaginez un seul instant qu'un maire propose aujourd'hui de construire artificiellement deux îles dans le fleuve. Ou qu'on rase près d'un millier d'ormes matures pour construire des condos. Ou qu'on implante une autoroute en plein milieu de la ville. Ou qu'on suggère d'implanter sur le mont Royal une autoroute ou une immense tour...

Im-pos-si-ble. Et bien franchement, c'est en partie dû à Jean Drapeau, dont l'absolutisme n'est pas étranger à la mobilisation militante qui a fleuri à Montréal dans les années 1970 et pris racine au cours des décennies suivantes. L'homme était un leader, mais aussi un absolutiste. Pendant 20 ans, écrivent Purcell et McKenna, « le Kremlin paraîtra bavard par comparaison » avec l'administration Drapeau...

On peut certes se désoler aujourd'hui de certains excès qui empêchent des projets de lever de terre, mais tout compte fait, il vaut mieux vivre dans une ville qui possède des contre-pouvoirs, des garde-fous et qui prend en considération l'avis des citoyens et des groupes de pression. Sans nécessairement leur donner un droit de veto, on s'entend.

Toute la difficulté de gouverner est là, dans le doigté, la force de persuasion, la mobilisation, la prise en compte de la participation, etc.

Aujourd'hui, nous voulons notre maire décisif sans être autoritaire, nous le voulons populiste mais capable de grandeur, nous le souhaitons consensuel mais capable de trancher, nous exigeons qu'il écoute les électeurs mais certainement pas les sondages, nous le voulons ambitieux mais pas carriériste, nous cherchons un être de conviction capable de s'adapter au contexte, nous lui demandons d'être pragmatique mais aussi audacieux...

Bref, nous avons de grandes attentes. Et immanquablement, de grandes déceptions...

***

Le magazine *Philosophie* décrétait en 2011 « la fin de l'âge héroïque de la politique ». Et posait alors une question cornélienne : comment donc, désormais, diriger ? Comment ramener le pouvoir au niveau des citoyens tout en continuant d'agir au nom de tous ?

C'est avec cette interrogation en tête que j'ai fait le tour de quelques grandes villes du Canada en 2012. Je suis alors allé à la rencontre des experts, des maires et d'ex-maires de Toronto, Calgary et Ottawa afin de trouver une réponse municipale à cette question. Je suis revenu avec une foule d'idées et un portrait-robot du maire idéal : il aurait un amour inconditionnel pour sa ville comme Jean-Paul L'Allier, une grande capacité à mobiliser comme Lucien Bouchard en a démontré durant ses années au pouvoir et une vision claire de sa ville comme Régis Labeaume.

Décortiquons.

La toute première chose, la plus importante d'entre toutes, c'est l'amour passionnel que le maire ressent pour sa ville. S'il y a une chose qu'ont en commun les grands maires, les Boris Johnson (Londres), Bertrand Delanoë (Paris), Michael Bloomberg (New York) et voire Jean Drapeau et son prédé-cesseur Camillien Houde, c'est cet attachement intense pour leur métropole qui motive chacun de leurs gestes, chacune de leurs pensées.

« C'est vraiment l'élément le plus important, m'a lancé l'ancien maire de Toronto David Miller, dans ses nouveaux bureaux d'avocat de Bay Street. Un grand maire vit pour et par sa ville. Prenez l'ancien maire Richard Daley, il était Chicago, il incarnait Chicago. C'était la seule chose à laquelle il pen-sait, tout le temps. Même chose pour Jean-Paul L'Allier, certainement l'un des meilleurs maires que j'ai rencontrés. »

« C'est vraiment une qualité clé, renchérit Naheed Nenshi, le toujours souriant maire de Calgary. Il faut aimer sa ville par-dessus tout. Il faut se passionner pour la chose urbaine, comprendre ce qui rend sa ville si spé-ciale, prendre plaisir à décortiquer son fonctionnement, s'intéresser à cet enchevêtrement d'intérêts divergents, à cette juxtaposition de personnes hétéroclites qui partagent un même espace. Tout cela est incroyablement important ! »

On l'a vu, à une autre époque, avec Camillien Houde et Jean Drapeau. Le premier était appelé « Monsieur Montréal », le second « Monsieur le maire », deux surnoms qui en disent long sur leur dévouement pour leur ville. Un dévouement qui a inspiré à Claude V. Marsolais, dans son fabuleux livre *Histoire des maires de Montréal*, cette jolie phrase : « Avec Camillien Houde, la ville avait son maire. Avec Jean Drapeau, le maire avait sa ville. »

La mairie n'est donc pas, pour le maire idéal, un prix de consolation, un pis-aller, un lieu de pouvoir mineur ou secondaire. Au contraire, c'est l'endroit qui lui permet le mieux de faire valoir ses qualités de leader, les deux pieds sur le terrain.

Voilà d'ailleurs la deuxième qualité la plus importante d'un maire fort : aimer être sur le terrain, rencontrer ses concitoyens, s'occuper des petites choses comme s'il s'agissait des plus importantes.

C'est vrai pour le municipal, le palier de gouvernement le plus proche des électeurs, le seul qui permet un contact quotidien avec le terrain, qui oblige les élus à s'intéresser à l'asphalte autant qu'à l'épuration des eaux, à livrer des services on ne peut plus directs aux citoyens.

Mais c'est vrai, en ce début du 21e siècle, pour tous les ordres de gouvernement.

D'ailleurs, le sondage mené par le magazine *Philosophie* pour cerner ce qu'est « un bon président » arrivait à cette surprenante conclusion : la plus importante qualité d'un leader aux yeux de 92 % des Français, c'est le fait d'être « un homme de terrain, quelqu'un de pragmatique ».

« Aimer les gens, aimer communiquer avec le monde, aimer faire du travail de terrain, voilà les qualités qu'ont tous les grands maires, tous les grands leaders », m'a expliqué l'urbaniste torontois Ken Greenberg, un homme de grande réputation qui a travaillé à Paris, New York et Washington entre autres.

« Il faut aimer sortir de son bureau, confirme le maire d'Ottawa, Jim Watson, avec le sourire de l'homme qui apprécie échapper ainsi à la bulle de l'hôtel de ville. Il importe d'avoir un contact quotidien avec les citoyens, pas seulement les lobbyistes. »

Et ce ne sont pas que des paroles en l'air. M. Watson rend quotidiennement visite aux 23 conseillers municipaux en allant dans leurs bureaux, situés à un jet de pierre du sien. Chaque semaine, aussi, il rencontre deux élus municipaux différents accompagnés de représentants et de résidents de leur secteur respectif.

De plus, Jim Watson se fait un devoir de faire régulièrement du porte-à-porte un peu partout dans la ville, une ville beaucoup plus vaste que Montréal au chapitre de la superficie. « Il y a beaucoup de cynisme, de gens qui se désolent de ne voir le maire qu'en période électorale, souligne-t-il.

Je veux donc marcher le plus possible entre les élections, ce qui est bon pour ma santé, mais aussi pour la santé politique de la ville. »

***

Il y a 100 ans, la plupart des municipalités n'étaient que de simples fournisseurs de services, déchets, eau, police, incendie… Aujourd'hui, les villes sont omnipotentes, responsables du développement économique et des routes, du réseau cyclable et du recyclage, de la sécurité et de la culture, etc.

« Le maire est responsable de tout, résume David Miller. S'il n'a pas de priorités, il ne fera rien, tout simplement. »

C'est aussi ce qu'a conclu l'urbaniste Éric Turcotte, un Québécois devenu Torontois, aujourd'hui associé principal d'Urban Strategies et membre fondateur du Council for Canadian Urbanism, qui a scruté à la loupe ce qui fonctionne et ne fonctionne pas dans de nombreuses villes d'Europe et d'Amérique.

« Il faut être capable de se fixer des priorités claires, indique-t-il. Il faut savoir précisément ce qu'on désire accomplir durant son mandat, il faut avoir une courte liste de projets à accomplir coûte que coûte. »

Les maires d'Ottawa et de Calgary en sont de bons exemples. Jim Watson prononce chaque année le « Discours sur l'état de la ville » afin de faire le point et, surtout, de fixer les priorités de la prochaine année.

Quant à Naheed Nenshi, bien qu'il se soit présenté en pur inconnu lors des élections de 2010, il s'est fait élire dans l'enthousiasme grâce à une plateforme en 12 points, les *12 better ideas*.

Chaque point de sa vision était résumé en une phrase unique (no 8 : Le conseil municipal sera plus transparent, plus efficace et il sera plus facile pour les citoyens de s'engager), puis déclinée en documents de deux pages. Aujourd'hui, elles font l'objet d'un suivi par le maire, qui se fait un devoir, tous les douze mois, de noter scrupuleusement les succès et les échecs de son mandat.

Cela, évidemment, implique une capacité à déplaire, à affronter la tempête, une qualité que n'ont pas beaucoup de leaders, aujourd'hui, qui naviguent les yeux collés sur les sondages.

« Le courage, ce n'est pas de prendre des décisions, mais plutôt de prendre des décisions même quand elles sont impopulaires », indique l'ancien maire Miller. Un exemple bien concret : les taxes affectées à la réfection des infrastructures. Facile d'éviter de les imposer, de remettre à plus tard des travaux nécessaires... qui ne permettent de couper aucun ruban, qui n'enthousiasment aucun électeur. La preuve, c'est que Montréal s'est abstenue d'entretenir son réseau d'eau potable pendant les 50 dernières années sans que personne s'en aperçoive, se contentant de rabibocher les conduites pour éviter le pire. Résultat: sur 10 litres d'eau traités par la Ville, quatre s'écoulent par un trou ou un autre...

«C'est un énorme problème dans toutes les villes canadiennes, car les maires ont pris l'habitude de se fermer les yeux sur ce qui se déroule six pieds sous terre», explique Éric Turcotte.

«Or, pour être un bon leader, ajoute-t-il, il faut assumer les décisions plus ingrates et difficiles, mettre de l'avant des choses qui doivent être faites même si ça ne plaît pas à tout le monde. On dit souvent qu'un bon leader est aimé par 75 % des gens. Il doit donc accepter d'être détesté par les autres 25 %...»

***

Les Montréalais recherchent un maire qui les «mobilisera autour d'un grand projet rassembleur», disait donc Jean-Marc Léger avant de citer Jean Drapeau en exemple. Certes, ce dernier possédait certaines des qualités décrites ci-dessus. Mais il n'évoluait pas dans le monde dans lequel nous vivons aujourd'hui. La preuve étant ce syndrome «pas dans ma cour», un mal récent qui encapsule toutes les difficultés des dirigeants actuels.

Donc, oui, Léger a raison de parler de ce besoin criant de mobilisation. Mais non, il ne cite pas le bon exemple.

Pour mobiliser, aujourd'hui, il faut accepter que toutes les grandes villes aient leur propre force d'inertie. Il faut accepter que les grands projets soient plus difficiles à mener à terme. Il faut être capable d'affronter les réactions parfois virulentes des citoyens.

«Il faut posséder les habiletés politiques et stratégiques pour faire débloquer les choses, pour traduire sa vision en action, indique David Miller, aujourd'hui conseiller aux affaires urbaines auprès de l'ONU, de l'OCDE et de la Banque mondiale. Il ne faut jamais perdre de vue que malgré les protestations, les citoyens s'attendent à ce que le maire livre la marchandise.»

Il faut de la poigne, comme en avait Drapeau, mais il faut aussi être à l'écoute. Il faut du leadership, mais il faut aussi évaluer les impacts financiers, urbains et sociaux de ses décisions. Il faut être capable de trancher, mais il faut aussi savoir créer des consensus.

« Tenter de créer des consensus est probablement ce sur quoi je travaille le plus chaque jour, confie Naheed Nenshi. Il faut être en mesure d'asseoir les gens aux intérêts divergents ensemble, de les faire travailler de concert. Il faut travailler fort pour bien faire comprendre que l'on vise le bien commun. »

Le problème, c'est qu'il y a longtemps qu'on a eu, à Montréal, un leader fort, capable de montrer le chemin (comme Drapeau) tout en étant à l'écoute des citoyens (comme Jean Doré, par exemple).

Les 20 dernières années, dirigées par Pierre Bourque (1994 à 2001), puis Gérald Tremblay (2001-2012), ont plutôt été marquées par les extrêmes.

Le premier a certes fait preuve de vision, mais il n'a pas été capable de livrer. Il nous a plongés dans une réorganisation municipale dont on ne s'est jamais remis, en plus de saper les bases démocratiques de la Ville et de négliger ses infrastructures.

Quant au second, il s'est occupé des dossiers négligés, a rebâti les fondations démocratiques de Montréal, mais son absence de vision et de priorités ainsi que ses bourdes et scandales ont laissé l'image d'un maire éparpillé, sans grandes réussites à son actif. Et surtout, d'un dirigeant incapable de veiller à l'intégrité de sa ville, qui a d'ailleurs touché le fond du baril durant son règne.

D'où cette nostalgie qui nous pousse à ressasser nos vieux souvenirs du métro, de l'Expo et de Drapeau. Mais il faut aussi se remémorer les excès moins heureux de « Monsieur le maire », comme le déficit éléphantesque des Olympiques, le patrimoine disparu, les espaces verts grugés, les coups de gueule antidémocratiques comme Corrid'art, l'opacité des travaux à l'hôtel de ville, le mépris du conseil municipal, la condescendance envers les comités de quartier, etc.

Il faut aussi se souvenir de l'époque, du contexte. Tout était à construire. Les coffres de la Ville étaient pleins (et lorsqu'ils ne l'étaient pas, Québec était toujours derrière pour les renflouer). Montréal était la première ville du pays. Autant de choses qui tranchent avec la situation actuelle, où les élus doivent rénover, retaper, reconstruire avec des budgets fort limités.

Le maire d'aujourd'hui doit certes manifester certaines des grandes qualités de Jean Drapeau, mais il doit à tout prix éviter son absolutisme... qui date d'une autre époque.

2

Apprécier Montréal pour ce qu'elle est

Guy Nantel
Humoriste

De quoi Montréal a-t-elle besoin ? Vous n'êtes pas sérieux en me demandant ça ? Vous la connaissez la réponse. Montréal a besoin d'un humoriste à sa tête. Ah! Je sais, vous êtes nombreux à me dire que maire, c'est un travail sérieux, mais justement, les gens sérieux ont eu leur chance de faire leurs preuves depuis des générations et on a vu ce que ça a donné : Camillien Houde a fermé tout ce qui était le *fun* comme les bordels et les maisons de jeux, Drapeau nous a endettés jusqu'en l'an 2714 et Tremblay… est-ce que je dois vraiment donner des détails sur Tremblay ?

Bien sûr, certains ont tenté de donner dans le comique absurde comme Luc Ferrandez qui a changé le sens de la rue Gilford quatre fois sur une distance de 200 m tout en adoptant une politique de déneigement seulement les jours de semaine où il tombe plus de 15 cm de neige entre avril et juillet. Mais ces génies incompris demeurent l'exception.

Moi, je parle d'un clown qui occupera un poste de maire autocratique dans la métropole. Si ça marche pour Québec, je ne vois pas pourquoi ça ne fonctionnerait pas ici. Et comme le disait un sinistre personnage politique du passé : je suis prêt! Je serai votre nouveau monarque-dictateur municipal. Je sais, le mot dictateur peut faire peur mais dites-vous que la démocratie aplatit les rêves et que les grands projets sont toujours menés par les grands hommes qui ne bronchent pas devant l'opposition.

Mon premier mandat : redonner à Montréal le statut de capitale nationale qu'elle a perdu en 1849. On ferme à la fois les parlements d'Ottawa et de Québec, tout est rapatrié chez nous et Montréal redevient le centre du monde comme il se doit. Ensuite, on transfère le nouveau Centre hospitalier universitaire de l'Université de Montréal (CHUM) dans le Stade olympique : 15 ha de superficie pour les civières, 60 000 places pour la salle d'attente, si ça ne suffit pas, je démissionne. Dorénavant, tous les parcomètres seront gratuits pour les voitures hybrides et tarif double pour les grosses cylindrées ainsi que les Pontiac Aztec qui circulent encore et qui enlaidissent la ville. Enfin, on accorde la semaine d'un jour aux cols bleus. S'ils sont pour se poigner le beigne, aussi bien que ça ne nous coûte rien six jours sur sept.

Bon, OK, vous avez compris que je déconne, mais je crois sérieusement que les Montréalais ont effectivement besoin d'humour. Nos problèmes existent bel et bien, mais tout compte fait, après avoir visité plus de 50 pays, je trouve que ça ne va pas si mal ici. Bien sûr, il y a ces sapins de Noël qui dorment jusqu'à la mi-avril sur ma rue en attendant qu'on les ramasse. C'est vrai aussi qu'il y a ici plus d'élus que New York, Chicago et Los Angeles réunis. Nous n'avons ni les plages de Rio, ni le prestige de Paris, ni l'argent de Tokyo. Mais il y a une chose qu'on fait encore mieux que quiconque : c'est de vivre ensemble dans un climat de paix et de sécurité dans une grande ville créative et ouverte sur le monde. À mon avis, ça vaut de l'or. De quoi a besoin Montréal ? D'être appréciée pour ce qu'elle est, simplement.

3

Un redressement radical

Josée Legault
Politologue, chroniqueuse, auteure,
blogueuse politique au magazine *L'actualité*

Aux grands maux, les grands remèdes. Montréal a désespérément besoin d'un redressement radical. Par « radical », j'entends la nécessité d'attaquer le mal à sa racine.

Meurtrie par le double choc des fusions-défusions et privée de sa mission première de métropole par une gestion trempée à l'os dans la corruption et des détournements massifs de fonds publics, Montréal doit redresser l'échine.

Les Montréalais sont tombés en désamour avec leur ville parce que ceux qui la gouvernent, d'ici et de Québec, les ont trop longtemps trompés. Le bris de confiance est tel que le redressement doit se faire sur tous les fronts.

Eh oui. Tous les fronts. Sur celui de l'éthique de ses élus et de ses administrateurs. Sur celui d'une transparence concrète et accessible aux citoyens dans la gestion des deniers publics. Sur celui d'un meilleur accès à la propriété et aux logements sociaux ou subventionnés.

Bouger sur tous les fronts, c'est aussi livrer des services de base de qualité et uniformisés au-delà des diktats d'arrondissements plus récalcitrants.

Montréal est une grande ville. Par conséquent, ses besoins en transport sont multiples. L'offre de services en transports collectifs doit être la priorité. Quantitativement et qualitativement. Ce qui devrait aussi comprendre le « transport adapté » essentiel aux personnes handicapées et à de plus en plus de nos aînés.

Une supervision plus serrée de l'industrie du taxi presse aussi. La propreté des véhicules doit redevenir une exigence de base. Autant pour la clientèle que pour l'image de Montréal.

Quant à la montée visible d'une culture « cycliste », elle contribue certes à un meilleur environnement, mais l'usage de la voiture – nécessaire pour plusieurs Montréalais – ne doit pas pour autant être rendu cauchemardesque comme si c'était un crime contre l'humanité.

Bref, parler et agir clairement pour améliorer la qualité de vie des gens – pauvres, riches ou entre les deux – doit retrouver ses lettres de noblesse. Il n'y a pas de honte à exiger des élus qu'ils voient à ce que les rues, trottoirs et ruelles soient propres, mieux réparés et déneigés adéquatement. Ou encore, de voir à ce que les arbres et les fleurs fassent plus et mieux partie de notre paysage urbain.

Si Montréal se nourrit merveilleusement bien de ses multiples apports culturels et linguistiques – et doit continuer à le faire –, il urge en même temps de bichonner son caractère français de plus en plus faiblard. Montréal n'est pas une « grande » ville comme les autres. Elle est la métropole du seul État francophone du continent. Ses élus et décideurs seraient sages de se le rappeler.

Ville de culture – au singulier comme au pluriel –, Montréal vit déjà au rythme de plusieurs grands festivals dits « gratuits ». L'expression culturelle, c'est pourtant tellement plus large. Le théâtre et les musées, entre autres, doivent aussi être rendus plus accessibles aux moins bien nantis.

Ce ne sont là, bien sûr, que quelques pistes de réflexion et d'action.

Et qui pourra entreprendre une telle tâche ? Nous le savons tous : c'est là que le bât blesse.

Couvrant la scène politique québécoise et fédérale depuis plus de vingt ans, je connais trop bien le piège du syndrome du « sauveur ». Même sans chasser le messie, il reste que ce sont avant tout des hommes et des femmes qui font, ou défont, la bonne gestion d'une ville ou d'un État.

Le leadership politique ne s'apprend pas. Il est ou il n'est pas. Il se voit et il se sent. Quant à l'éthique et la morale, même codifiées à la perfection, rien ne peut remplacer des hommes et des femmes qui en sont personnellement habités.

Avec raison, les Montréalais ont perdu confiance en leurs administrateurs. L'urgence est d'y ramener la seule combinaison trouvée jusqu'à maintenant sur cette terre pour un exercice sain du pouvoir : intégrité, transparence, imagination et compétence.

Et donc, que rechercher chez les candidats à la mairie et leurs équipes ? Essentiellement cette même combinaison.

Les citoyens ont besoin de candidats qui ont Montréal dans le sang – qu'ils soient nés ici ou pas. Des candidats prêts à servir leur ville et non pas à s'en servir pour leurs ambitions ou leur réseautage personnel. Des hommes et des femmes pour qui Montréal n'est ni une thérapie occupationnelle ni un prix de consolation pour cause de carrières provinciales ou fédérales en cul-de-sac.

Montréal n'a surtout pas besoin d'une mairesse ou d'un maire « idéologue ». Pour cette grande ville blessée, il faut une direction audacieuse, mais aussi du respect et de l'écoute pour ses habitants. Ce maire ou cette mairesse devra aussi savoir se tenir debout face au gouvernement du Québec. Montréal a grandement besoin d'une voix forte et claire.

Un autre obstacle à la renaissance démocratique de Montréal est l'importation d'étiquettes politiques nuisibles à la reconnaissance de candidats de qualité. S'entêter à voter ou à ne pas voter pour tel ou tel candidat uniquement parce qu'il aurait coché oui ou non au dernier référendum, c'est se tromper dangereusement d'adresse électorale et risquer de mettre au pouvoir ceux qu'on devrait en exclure.

Rien de cela ne peut toutefois se concevoir si la majorité des Montréalais continue à se désintéresser de ses propres affaires – avant, pendant et après les élections. En 2009, moins de quatre électeurs sur 10 ont daigné voter. Et ce, en plein scandale des compteurs d'eau! Une honte.

Or, les entrepreneurs filous, les élus faussement naïfs et les administrateurs voleurs adorent les taux de participation anémiques. Ils en rêvent la nuit. Ça leur permet de garder les mains agrippées plus longtemps sur les poignées des coffres publics.

FIERTÉ
SE TENIR DEBOUT

4

Grosse boule d'amour...

Marie-France Bazzo

Animatrice, productrice et *morning woman* à la Première Chaîne de Radio-Canada

N'importe quel *vox pop* le confirmera : les Québécois sont devenus allergiques à l'intimidation. Le *bullying*, c'est laid. On ne le supporte plus. Les grands dadais maltraités et les p'tits gros *rejects*; intolérable pour notre conscience collective.

Or, l'intimidation envers une collectivité existe, et se porte même plutôt bien. Et Montréal en est la victime expiatoire.

Les régions se méfient d'elle, elle est chahutée à « Labeaumegrad », traditionnellement boudée par les ministres responsables, snobée par les banlieues défusionnées et diabolisée par le 450...

C'est rendu que même les Montréalais pur BIXI, pourtant auto-ironiques et vaccinés contre les joies sur leur nature « plateaunienne », prennent leur ville en grippe.

On en a marre de l'administration kafkaïenne, du Festival perpétuel du cône orange, de l'ex-maire jovialité qui a succédé au maire ahuri, et de l'absence congénitale de vision pour la ville la plus importante du Québec.

Les révélations quasi quotidiennes de la commission Charbonneau à propos de la collusion et de la corruption qui minent la métropole ont eu raison des plus optimistes d'entre nous.

Montréal a besoin de beaucoup, beaucoup d'amour (et de pas mal de p'tit change!).

Il faut aimer Montréal.

Nous les Montréalais, vous les banlieusards, vous de Québec et des régions, vous les élus. Que ça plaise ou non, le Grand Montréal est névralgique pour le Québec. Si Montréal s'étiole, le reste suivra. Elle est l'entrée, le carrefour, l'aimant, la dynamo d'une grande part des énergies. Quand l'économie et le moral de Montréal vont, le reste du Québec perfore mieux; bête de même!

Nos énergies sont trop précieuses pour que notre sport national soit le garrochage de bouette sur Montréal. La rivalité ensemble du Québec contre Montréal est malsaine et contreproductive. À la longue, ça plombe le moral collectif. Parce que le Québec est une petite société et que sa situation est précaire. Qu'on se serve de Montréal plutôt que de la détester.

Mais il faut d'abord que celle-ci s'aime et se respecte.

Qu'elle s'affiche en français, en culture et en richesse. Qu'elle *flash*. Qu'elle cesse de se comporter en mijaurée dès qu'un gros projet s'approche d'elle. Il lui faut du développement flamboyant parfois, durable toujours, à l'échelle de ses quartiers souvent. Et ça ne lui prend pas 173 élus ni 19 arrondissements comme béquilles pour avancer, calvaire!

Faut qu'elle digère la Commission, qu'elle se nettoie, qu'elle se relève. Faut qu'on la trouve belle. Beauté « roffe », mais unique, inspirante.

Faut des Montréalais qui l'appuient, des Québécois qui cessent de s'en méfier, faut un maire qui cesse de l'enfoncer par son inertie.

Montréal n'a pas besoin d'un démagogue, mais d'un Montréalais fier, débrouillard, droit et généreux, juste un peu *show off*. Et surtout, armé d'une dose olympique de courage; parce que la tâche qui l'attend est titanesque.

Ça doit bien exister, non?

C'est urgent.

En attendant (mais pas trop longtemps): grosse boule d'amour, Montréal.

On t'aime!

5

Ma maîtresse

Ricardo Larrivée

Cuisinier, communicateur, animateur, chef média,
entrepreneur alimentaire et… citoyen de la Rive-Sud de Montréal !

Ma relation avec Montréal est ambiguë. Elle est belle, séduisante, excitante. Par contre, je n'habite pas avec elle, j'en suis incapable. Si je la vois trop souvent, elle m'impatiente. Avec le temps, elle a pris des habitudes de vieille fille. Parfois, j'ai envie de lui chanter *Tu t'laisses aller*, d'Aznavour.

On pourrait me dire mais il se mêle de quoi celui-là? Il habite Chambly. Peut-être, mais voilà, l'amour ne se contrôle pas et j'aime cette ville pour toutes sortes de raisons. C'est entre autres une partie de mon enfance. Tout petit, en vacances sur les plages de la côte est américaine, j'étais fier de dire aux autres enfants : « *I'm Montréalais* ». Cette « montréalitude » nous définit par rapport au reste de l'Amérique. Qui sait, si une fois mes enfants partis, je ne reviendrai pas à mes anciennes amours! Pour l'instant, je suis un banlieusard heureux et rien ne me pousse vers la grande ville.

En fait, la plus belle chose qui soit arrivée aux « expats » montréalais comme moi, c'est que par manque de courage politique, Montréal ne soit pas devenue une île unie, une vraie ville, avec un plan directeur cohérent pour l'ensemble du territoire. C'est triste que les guerres de clochers n'aient pas été matées, de gré ou de force. Grâce à cette erreur historique causée par l'orgueil, la crainte du changement et une vision étroite des choses, les villes de banlieue ont trouvé leurs propres voies. Nous nous sommes développés à un tel point que les raisons qui nous aimantaient à Montréal s'amenuisent d'une année à l'autre. Le temps presse pour Montréal parce qu'en banlieue, les théâtres et salles de spectacle se construisent, les marchés publics apparaissent, les restos se développent et les écoles se multiplient.

Pendant que la métropole tergiverse et que le provincial réfléchit, nous, on fait quoi? Hé bien, on magasine au DIX30 ou au Carrefour Laval. On dépense de plus en plus dans nos régions. Une ville, c'est comme l'amour : si c'est trop compliqué, ce n'est pas fait pour durer.

Montréal devrait arrêter d'avoir peur de se tromper. C'est ce que l'on essaie d'inculquer à nos enfants, le désir du dépassement dans l'adversité. J'admire le sentiment d'invincibilité qu'ont les New-Yorkais. Si on se trompe, on recommence. À force de vouloir plaire à tous, on obtient ce que l'on mérite : du beige.

Les belles villes du monde ont été construites sans permission, sans consultation. J'imagine Haussmann essayer de plaire aux Parisiens. Pour faire de la Ville Lumière la ville qu'elle est aujourd'hui, c'est près de 26 milliards d'euros (en valeur actuelle) que Napoléon III a dû engloutir, ou investir, selon notre vision des choses. Après réflexion, Drapeau c'était de la p'tite bière. Heureusement que la beauté n'est pas que physique. Elle devient parfois même secondaire quand la belle a de la personnalité, et Montréal en a.

Si j'étais le maire de Montréal, les banlieusards comme moi, je les ferais payer au max. Je les ferais payer pour des stationnements tout neufs sous les places publiques comme à Toulouse ou à Bordeaux. Les élus montréalais doivent se souvenir que nous sommes obsédés par nos voitures et que si notre argent vous intéresse, les deux sont indissociables. Une fois vos rues déneigées, les trous bouchés et les ponts sécurisés pour la circulation, faites-nous confiance, on sera au rendez-vous. Vos chefs de cuisine sont créatifs, la montagne est magnifique, les quartiers ont tous leurs rues d'atmosphère et la cerise sur le *sundæ*, à Montréal, les gens sont beaux et respectueux. En prime, je me ferai un plaisir de signifier aux commerçants combien je suis heureux d'être servi en français.

La prochaine fois que quelqu'un se présentera à la mairie, s'il vous plaît, n'essayez pas de vous faire du capital politique en nous martelant que vous allez bien gérer les finances de la ville. Évidement que l'on s'attend à ce que notre métropole soit bien gérée, mais encore. On se démarque de quelle façon culturellement, socialement, esthétiquement devant un Toronto en pleine ébullition, un New York qui se réinvente tous les 10 ans ou un Boston qui a investi des milliards pour panser ses plaies ? Il est où le plan ? Et si jamais plan il y a, pourriez-vous le suivre et ne pas avoir besoin d'une couche dès qu'il y a deux protestataires aux abords du pont Jacques-Cartier ?

Avoir de l'ambition et des rêves devrait être valorisé. Si tous les projets ne sont pas de même intérêt, castrer systématiquement ceux qui ont le courage de sortir du lot n'est pas très stimulant. Pour moi, une belle ville c'est d'abord un état d'esprit. Montréal doit être un lieu de liberté artistique, sociale et économique. Un endroit où l'urbanité fait du bien, où la proximité sécurise. Comme maire, je ne veux pas quelqu'un qui fait l'unanimité, mais l'unité. Et si rien ne fonctionne, Chambly devrait peut-être penser à annexer Montréal et en faire un quartier piétonnier !

6

Une ville fière qui a du caractère

John Parisella

Directeur exécutif du Campus Montréal
(HEC Montréal, Polytechnique Montréal et Université de Montréal)

La signature de Montréal au début des années 80 était : *La fierté a une ville.* Ces jours-ci, nous sommes loin de cette époque où, à peine quelques années après la construction du métro, l'inauguration de l'Expo 67, l'arrivée du baseball majeur avec nos Expos de Montréal et les Olympiques de 1976, tous les rêves étaient permis.

Aujourd'hui, cette ville unique considérée comme la seule ville « améropéenne » de notre continent peut sembler en panne de fierté… Jour après jour, on fait état des problèmes de gouvernance, des rues remplies de nids-de-poule et du comportement de nos gestionnaires.

Avant de perdre espoir, il faudra prendre une grande respiration et se demander : « À la veille de son 375e anniversaire, Montréal peut-elle retrouver sa magie qui en fait une ville unique en Amérique du Nord ? » Pour répondre, il faudra d'abord revoir notre amalgame de traditions, de modernité, d'audace, de diversité, de créativité et de réussites. Peut-être Montréal a-t-elle encore beaucoup à offrir ? Se peut-il que Montréal soit l'un des secrets les mieux gardés de la planète sans que nous sachions le reconnaître ? Que les manchettes des journaux des derniers temps cachent une réalité fort attachante et prometteuse ? Se peut-il que vivre à Montréal soit quelque chose d'unique et d'enrichissant ?

Montréal n'a peut-être pas l'envergure de Londres, de Paris, de Rome ou de New York, mais chaque ville a son histoire. Notre Montréal unique, qui loge en bordure de l'incontournable fleuve Saint-Laurent, qui est le domicile de commerçants, de créateurs, de rêveurs et d'explorateurs depuis plus de trois siècles et qui est devenue la terre d'accueil de milliers d'immigrants à la recherche d'un monde meilleur, définit bien l'essence de notre métropole.

Aujourd'hui, Montréal est une ville de savoir, de design et de créativité, en plus d'être la première ville universitaire au Canada. Nous avons développé avec succès deux grands réseaux (francophone et anglophone) en santé et en éducation de calibre mondial tandis que nos artistes, qui sont l'expression de nous-mêmes et par conséquent nos meilleurs ambassadeurs, prennent leur place dans le monde. Que ce soit le Cirque du Soleil, nos festivals, nos musiciens, dramaturges, et chanteurs de tous genres, nos écrivains, nos comédiens, ou encore nos artistes peintres, ils font tous leur marque ici et ailleurs au même titre que nos entrepreneurs qui œuvrent dans des secteurs d'avenir et de pointe.

Il fait bon vivre ici dans nos quartiers qui se distinguent par leur variété, leur caractère et leur qualité de vie. Nos pistes cyclables, nos magnifiques parcs, notre belle montagne avec son oratoire et ses universités, notre Quartier des spectacles, nos nombreux musées, notre port d'eau qui attire le commerce et le loisir, nos restaurants qui se démarquent par leur originalité en gastronomie et leur ambiance… tous ces atouts font de vivre et visiter Montréal une expérience unique et inoubliable.

Tout récemment, au retour d'un séjour professionnel à New York, j'ai décrit Montréal comme le New York du nord. Pourquoi ? Parce que tout comme New York, Montréal est avant tout une ville qui a du caractère et qui vit à l'année au cycle de ses saisons. Sa beauté s'exprime surtout par ses valeurs, qui se définissent par la cohabitation de deux grandes cultures (française et anglaise) ainsi que par la diversité de ses citoyens et leur créativité.

Vivre à Montréal et être Montréalais, c'est célébrer cette créativité qui nous entoure et c'est aussi vivre dans une ville sécuritaire. C'est accueillir comme une richesse la diversité et le pluralisme. C'est s'exprimer naturellement en français avec l'assurance et la fierté d'être dans la plus grande ville francophone au monde hors de France. C'est aussi la ville la plus naturellement bilingue sur le continent. C'est le contact avec les cultures et les langues d'ailleurs, sans oublier notre grande ouverture à l'international. C'est croire au savoir, avoir des rêves et avoir la conviction qu'on peut faire une différence ici et partout sur la planète.

C'est cela une ville qui a du caractère. Montréal… il y a de quoi en être fier !

7

Grand corps malade cherche amour (propre)

Rafaële Germain
Auteure

Pour connaître un nouveau souffle, Montréal n'a besoin selon moi que d'une chose : un peu plus d'amour (propre).

Partout, tant dans les médias que dans mon entourage, j'entends des Montréalais s'apitoyer sur le sort de leur ville. C'est un apitoiement suintant de bonne volonté et de vœux pieux. On cherche des solutions. On propose des pistes de réflexion. On se penche sur ce grand corps malade avec compassion, mais aussi avec colère. Je sens mes concitoyens déçus par leur ville et courroucés par le manque de bonne volonté de cette grande ado qui n'est pas à la hauteur de leurs exigences.

Si seulement Montréal était écolo comme la Californie du nord. Branchée comme Williamsburg ou *cool* comme Portland. Si seulement Montréal imitait plus diligemment Copenhague, Oslo, Stockholm. J'entends et je lis des gens qui voudraient que leur ville se moule à l'image qu'ils ont d'une cité idéale et utopique. Noble souhait. Ma vision utopique est sans doute moins constructive mais je me dis : pourquoi ne pas essayer d'aimer notre ville avec une telle fierté qu'elle ne puisse qu'en ressortir grandie?

Dans tout le grand blabla humoristique des émissions de fin d'année, la meilleure blague revenait selon moi à Régis Labeaume qui a proposé à Jean-René Dufort, avec une suffisance parfaitement assumée, de venir gérer Montréal « à contrat ». Pourquoi ne pas adopter nous aussi, dans une certaine mesure, cette outrecuidante attitude de *winner*? Pourquoi trouvons-nous la démesure et le pétage de bretelles compulsif d'un Régis Labeaume vulgaire alors que notre propre mépris de nous-mêmes nous semble vertueux?

Il y a quelques années, David Letterman, dans le cadre son *talk-show*, proposait au maire Rudoplh Giuliani une série de nouveaux slogans pour la ville de New York. Giuliani, sans hésiter, a choisi : *New York City : we can kick your city's ass*. Traduction libre : « New York : notre ville plante la tienne. »

J'entends déjà les Montréalais détracteurs de leur ville faire valoir que New York peut, elle, se permettre une telle arrogance.

Mais je sais que nous sommes plusieurs à trouver que Montréal, elle aussi, mérite qu'on la regarde avec ces yeux d'enfants choyés et presque trop fiers. Fiers de cette culture unique, de ce lumineux métissage et cette inébranlable dignité de roturière qui sont l'âme de cette ville que nous bafouons si allègrement. Une ville tendre, *tough* et imparfaite, dont la beauté transparaît au travers de ses mille failles, à l'image des meilleurs êtres humains que je connaisse. Aimons-la donc sans réserve de temps en temps.

8

De mouton à lion

Liza Frulla
Ancienne ministre libérale

C'était en 1983. Jacques Bouchard, le publiciste et père des *Trente-six cordes sensibles des Québécois,* répondait publicitairement à la volonté du maire Jean Drapeau qui trouvait qu'après Expo 67 et les Jeux olympiques de 1976, les Montréalais montraient de l'apathie face à leur ville. La publicité, réalisée par Claude Jutra, montre des images inspirantes de l'Orchestre symphonique jouant le *Boléro* de Ravel, des gens dynamiques et souriants sur le Plateau et le boulevard Saint-Laurent, diversité culturelle oblige, et des amuseurs publics dans le métro et l'effet y était.

Ah oui, on était fier de cette fierté qui donne aux résidants un sens d'appropriation, d'invincibilité citoyenne, de chauvinisme gentil et accueillant du genre «venez nous voir, nous avons la plus belle ville au monde». Vingt ans plus tard, c'est Québec, la capitale nationale, qui le «Labeaume» haut et fort sur le toit de son futur Colisée.

Il est vrai qu'après le printemps érable, la casse et les casseroles, la collusion, la commission Charbonneau, la mafia et son 3 %, les démissions des maires de nos grandes villes, nous sommes un peu gênés, pas très fiers...

surtout devant la visite. Et pourtant, faire un gros ménage, ouvrir les fenêtres, aérer, rénover, peinturer, se débarrasser des « extras », revenir à l'essentiel et tourner la page pour mieux se projeter dans l'avenir, c'est courageux et stimulant.

En faisant le point, on remarque ce que l'on ne voyait plus. Un Montréal plus créatif, plus dynamique, plus vibrant, plus gourmet, plus festival, plus techno, plus BIXI, beaucoup plus *cool* et plus « wow » qu'en 1983. Il faut maintenant recommencer à la chérir, notre ville, et s'assurer que ceux qui sont nos fiduciaires pour la gérer se sentent appuyés, surveillés et redevables. Ils doivent être à notre image, uniques, déterminés et visionnaires. Ils doivent de nouveau nous rendre fiers.

Cette fierté que l'on doit retrouver (tiens, tiens, le mot fierté revient dans le discours...), elle doit par la suite devenir contagieuse. Elle doit surtout être partagée avec le « boss », le gouvernement du Québec. Tout un défi puisqu'en tout temps, les gouvernements successifs ont parlé de la métropole en termes vides. Tous les chefs de parti, sans exception, se sentent obligés de complémenter leurs discours sur Montréal avec une mention sur la capitale et les régions. Comme s'il fallait toujours s'excuser de se préoccuper de la métropole de temps en temps.

Pourquoi? Parce que Montréal n'a pas de poids politique « stratégique ». Depuis des années, l'électorat est figé dans ses choix. Résultat : les élections se gagnent par les régions. La capitale peut devenir électoralement menaçante, Laval et la Montérégie peuvent en faire autant. Montréal, on peut la fusionner, la défusionner, l'affliger d'une gouvernance lourde et invraisemblable alors que l'objectif premier était d'en simplifier le fonctionnement. Pas grave, c'est seulement Montréal ! On sait toujours comment le 514 votera.

Montréalais, la fierté se traduit par une volonté de se tenir debout, de passer de mouton à lion. Cela tombe bien. L'affaiblissement du bipartisme et la multiplication des partis nous donnent une occasion en or de rugir. Finis les compliments timides, les fausses excuses pour développer la métropole à son plein potentiel, les non-promesses électorales, le manque de courage pour réparer une erreur de gouvernance créée par Québec. Les Montréalais ont le choix de faire trembler le gouvernement. Ce jour-là, Montréal, par son nouveau maire, pourra enfin mettre son poing sur la table et affirmer son rôle « politique » de métropole du Québec et... en être fier.

GOUVERNANCE
BRISER LA TUTELLE IMPLICITE

9

Vive Montréal, vive Montréal libre!

François Cardinal

Loin du cliché plein de forêts, de plaines et de prairies qu'on s'en fait, le Canada est un pays foncièrement urbain.

Tout près de 70 % de la population habite dans une agglomération urbaine. Plus de 90 % de la croissance démographique se concentre dans ces mêmes régions métropolitaines. Si bien que le Canada se classe tout en haut des pays les plus urbanisés de la planète.

Et pourtant, que ce soit Montréal, Toronto, Calgary ou Ottawa, elles sont toutes négligées par les partis fédéraux et provinciaux. Elles sont toutes désavantagées par les cartes électorales. Elles sont toutes soumises par leur province à un régime fiscal qui date de l'époque des calèches. Elles sont toutes reléguées au rang de vulgaires « créatures » soumises aux diktats et aux humeurs des élus des paliers supérieurs.

Comme si le pays n'avait pas encore assumé les changements qui l'ont traversé depuis sa fondation.

« Les villes n'ont pas d'existence selon la constitution, car celle-ci a été élaborée en 1867 alors que nous étions un pays rural et agricole, m'a rappelé le maire Naheed Nenshi, lorsque je lui ai rendu visite à l'hôtel de ville de Calgary en 2012. Or, aujourd'hui le pays est très urbanisé, un fait qui ne

reusement pas dans les relations qu'entretiennent les
ʳec les villes.»

exemple lors de la dernière élection fédérale, en 2011,
ᵗ formations ciblaient «les régions». Les conservateurs
avaient pour slogan *Notre région au pouvoir,* les libéraux citaient «le Canada
rural» comme priorité mais pas le Canada urbain. Le Bloc affichait le slogan
Parlons régions mais n'avait pas l'équivalent dans la métropole.

Pire, les partis s'étaient même sentis obligés de séduire les régions *en opposition* aux métropoles.

L'exemple le plus flagrant est survenu lors du débat des chefs en français,
lorsque le chef conservateur a harponné son adversaire libéral sur sa promesse de construire un nouveau pont Champlain: «Je n'adopterai pas
l'approche de M. Ignatieff qui dit qu'il va détourner l'argent des régions
pour financer les infrastructures de Montréal», a lancé alors M. Harper...

Les libéraux ne brillaient pas plus, citant «le Canada rural» dans leurs
enjeux principaux, mais pas le Canada urbain. Ils s'engageaient à élaborer
un plan pour les transports en commun... mais ne précisaient jamais à quoi
il pourrait ressembler. Ils promettaient de l'aide au logement social... mais
en pigeant dans les sommes destinées aux infrastructures urbaines.

Ce n'est pas sorcier, les villes sont tellement prévisibles dans leurs appuis
électoraux que les partis se concentrent sur les régions, parfois sur les banlieues. Mais rarement sur les villes-centres.

Au provincial, la situation n'est guère différente. Au point où le gouvernement Charest a pu soustraire à Montréal son titre de «métropole» et
son ministère attitré, il y a près de 10 ans, sans que cela fasse sourciller.
Montréal devenait alors une simple «région» parmi d'autres, la région
administrative 06.

Certes, l'élection québécoise de 2012 a permis à Montréal de reprendre du
galon. On a davantage parlé de la métropole. Mais il est encore trop tôt
pour voir si cela se transformera en gestes concrets au-delà de la nomination d'un ministre volontaire, en la personne de Jean-François Lisée.

Encore plus qu'ailleurs au pays, Montréal est un terrain conquis (PLQ) ou
perdu (PQ), ce qui limite considérablement l'intérêt que les formations
lui portent.

Bref, au Québec comme au Canada, on traite encore aujourd'hui les grandes
villes comme autant de bourgades dont il faut certes s'occuper, mais pas

davantage que les autres municipalités. Au risque de perdre de précieux votes en région ou en banlieue...

Et pourtant, les grandes villes ne sont plus de simples municipalités dans le sens où on l'entendait jadis.

On demande aujourd'hui à Montréal et Toronto de concurrencer Paris et New York, d'attirer et de retenir leurs entreprises, de courtiser les créatifs à l'étranger, d'attirer le plus d'investissements privés, de livrer de plus en plus de services à la personne comme le logement social ou le transport collectif.

Que ce soit l'accueil des immigrants, le développement de l'économie du savoir, la construction de logements sociaux, l'encadrement des manifestations contre le gouvernement ou l'adaptation aux changements climatiques, toutes ces responsabilités reviennent aux villes... qui n'ont donc plus rien à voir avec ces « créatures » au 19e siècle.

***

« Il n'y aura pas de relance de l'économie québécoise sans relance de la métropole québécoise. »

Lucien Bouchard ne pouvait être plus clair lors de son discours inaugural de 1996. Pour une fois, le gouvernement du Québec allait assumer le caractère spécifique de la métropole et lui accorder un traitement préférentiel.

« La complexité des problèmes de la métropole nécessite un traitement particulier et, je dirais plus, la création d'un pouvoir métropolitain spécifique », poursuivait-il alors. Un propos sans équivoque qui ouvrait la porte sur une nouvelle ère emballante.

Un ministre était désormais responsable de « la métropole ». La Commission de développement de la région métropolitaine de Montréal était créée. Des pouvoirs importants devaient lui être dévolus. Une véritable décentralisation de pouvoir se préparait. Montréal international était alors mis sur pied, de même que l'Agence métropolitaine de Montréal (AMT).

Montréal, enfin, avait droit à une attention et un traitement particuliers... jusqu'à ce que les bonnes vieilles habitudes du gouvernement reviennent au galop.

Comme un parent qui en a trop donné à un de ses enfants, Québec décida alors de rétablir l'équilibre rompu en donnant aux régions de la main gauche ce qu'il avait donné à Montréal de la main droite.

La Politique de soutien au développement local et régional voit le jour en 1997. Puis, on crée le ministère des Régions et les centres locaux de développement. Quelques mois plus tard s'ajoutent des mesures pour les trois régions métropolitaines de la province et, enfin, pour l'ensemble des agglomérations urbaines.

«La réforme démontre, encore une fois, l'effort du gouvernement pour traiter de la spécificité montréalaise sans toutefois négliger les besoins du reste du Québec», note la politologue Mariona Tomàs dans son excellent livre *Penser métropolitain?*

Le résultat est une politique gouvernementale similaire à toutes les autres avant elle qui privilégie le mur-à-mur, qui privilégie un Québec formé par un ensemble d'agglomérations plutôt qu'une province organisée autour de son principal pôle économique.

«La volonté gouvernementale d'assurer l'équilibre territorial est confirmée par l'étude des compétences des structures métropolitaines, explique Mme Tomàs. Au moment de créer les communautés urbaines en 1969, et ensuite les communautés métropolitaines en 2000, la loi prévoit le même type de pouvoirs.»

Or, en accordant le même type de pouvoirs à l'Outaouais qu'au Grand Montréal, on réduit ce dernier à une simple région, une parmi tant d'autres. On fait en sorte que la métropole ne porte ombrage à aucune agglomération. On s'assure de ne jamais trop lui en donner, de ne jamais lui porter plus d'attention qu'à d'autres, de l'empêcher à s'élever au-dessus de qui que ce soit...

***

On néglige donc les villes, les régions urbaines, les métropoles. Et pourtant, les moteurs de l'activité économique du pays sont les «villes de convergence», concluait récemment le Conference Board, c'est-à-dire les quelques grands centres urbains, dont Montréal.

L'étude signale en effet les gains collatéraux d'une métropole forte en démontrant qu'une poussée de croissance dans les grands centres urbains engendre une poussée de croissance dans les municipalités avoisinantes, puis dans le reste de la province.

Question: comment espérer que Montréal joue son rôle de locomotive si on ne la traite pas comme telle?

Il n'y a qu'à jeter un œil à l'étranger pour se convaincre de la nécessité de dérouler le tapis rouge pour la métropole. Que ce soit aux États-Unis, où les centres urbains ont l'attention des dirigeants. En Asie, où le traitement accordé aux grands centres frise parfois l'obsession. Ou même en France, un pays qui, comme le Québec, vit une importante dualité entre «la métropole» et «la province».

On en a eu une preuve éclatante au début de l'année 2013, quelques mois après l'arrivée au pouvoir du gouvernement de François Hollande. Le pays a beau être mal en point, souffrir d'une dette publique abyssale et être contraint de revoir les précieux acquis sociaux, il n'a pas hésité à lancer un chantier pharaonique pour débloquer Paris. La facture: 35 milliards de dollars canadiens pour un tout nouveau «super métro», auxquels s'ajoutent 10 milliards pour étendre et améliorer le réseau existant.

Complètement fou? Plutôt logique, et visionnaire.

Voilà un pays qui a compris l'importance de miser sur sa métropole, parfois qualifiée de «région capitale» dans l'Hexagone. Voilà un pays qui est prêt à s'occuper des régions et des autres agglomérations urbaines, tout en assumant un traitement privilégié pour Paris. «L'intérêt des régions françaises est que Paris soit forte», écrivait ainsi *L'Express* en mars 2013. Avec raison.

On cite, par exemple, le fait qu'une grande partie des revenus créés à Paris se dépensent en réalité dans les régions. Tourisme, salariés qui se déplacent, redistribution nationale, peu importe, tous les chemins financiers mènent à Paris... au profit de «la province». On cite aussi le cas d'Eurodisney. Avant de choisir Paris, les dirigeants n'hésitaient pas entre quelques villes françaises, mais bien entre Paris et Barcelone. D'où l'importance pour tout le pays d'avoir une métropole forte.

«La réussite du Grand Paris n'est pas seulement un enjeu pour la région capitale, mais pour tout le pays, précisait *L'Express*. Car affaiblir Paris serait ralentir la locomotive de la France. Et rares sont les trains dont les wagons avancent plus vite que la locomotive...»

***

Ce dont Montréal a besoin, clairement, c'est d'un traitement privilégié, d'une autonomie nouvelle, d'une diversification de ses revenus.

Bref, d'un premier ministre qui se présentera au balcon de l'hôtel de ville en clamant: Vive Montréal! Vive Montréal libre!

Certes, le contexte qui prévaut actuellement à Montréal – avec la corruption, la collusion, les révélations et insinuations – incite plusieurs observateurs à exiger plutôt de Québec un resserrement de la bride. À leurs yeux, une plus grande implication du gouvernement est nécessaire pour contenir la propension de la métropole pour le vice...

Or, au contraire, la seule manière de responsabiliser Montréal est d'accroître son imputabilité, d'améliorer la reddition de comptes en lui donnant plus de pouvoirs, plus de latitude, plus d'argent...

Le problème de Montréal, en effet, c'est qu'elle a tous les atouts d'une métropole, mais qu'elle est traitée comme une banale municipalité assujettie au grand patron, le gouvernement. Son maître est donc à la fois le maire, le ministre des Affaires municipales, ses collègues des autres ministères impliqués dans la métropole et, bien sûr, le premier ministre.

Dans les faits, Montréal est sous tutelle implicite. Ce qui encourage, voire alimente la déresponsabilisation de ceux qui ne la dirigent donc qu'à moitié.

« À la lumière de la théorie de l'organisation, la Ville de Montréal est clairement et objectivement dysfonctionnelle parce qu'elle répond à des sources d'autorité qui ne cessent de se multiplier et de se transformer avec les fusions et défusions des 20 dernières années », explique Denis Saint-Martin, professeur et chercheur spécialiste de l'administration et des politiques publiques à l'Université de Montréal.

« Le problème qui en découle en est un de reddition de comptes, ajoute-t-il. D'absence de reddition de comptes, en fait. Il y a tout simplement trop de maîtres politiques pour Montréal, ce qui incite clairement à la déresponsabilisation. »

Le cas le plus flagrant est certainement celui de l'ancien directeur général de la Ville de Montréal, Guy Hébert, à qui l'on a montré la porte en mars 2013. Il avait auparavant téléphoné au ministère de la Sécurité publique pour demander la tête du chef de la police, Marc Parent.

Tout est là. Le grand patron des fonctionnaires municipaux appelle le sous-ministre de la Sécurité publique, lui-même grand patron des fonctionnaires du Ministère, pour discuter de l'avenir du chef de la police de Montréal qui, lui, relève à la fois de la Ville de Montréal, du conseil municipal de Montréal, des municipalités de l'agglomération et du gouvernement du Québec...

Question : comment le directeur général de la Ville, de qui relève le service de police (SPVM), pouvait-il se croire permis de discuter de l'avenir du SPVM avec un haut fonctionnaire du Ministère, de qui relève aussi le service de police ? Après tout, le directeur général fait partie du comité de sélection du chef de police. Mais, en même temps, ce dernier est officiellement choisi par le conseil municipal, puis par les villes liées de l'agglomération et, enfin, par le gouvernement...

Autrement dit, qui est redevable à qui? Où sont les limites d'actions de chacun? Et où, exactement, commence et finit l'imputabilité?

«Ce n'est pas compliqué, Montréal est actuellement un *no man's land* d'imputabilité», indique Denis Saint-Martin.

«Il y a un problème d'immaturité politique et organisationnelle qui explique l'irresponsabilité politique à laquelle on assiste depuis plusieurs années, ajoute-t-il. Il faut donc plus de pouvoir pour Montréal, pas moins. Il faut que Montréal soit plus redevable, imputable.»

En un mot, la métropole doit être traitée comme telle. Avec les pouvoirs et les revenus qui accompagnent un tel statut.

***

Montréal est une quêteuse en limousine.

Immanquablement, après une élection municipale, le nouveau maire ne peut s'empêcher de dresser une liste de ses besoins, puis d'emprunter l'autoroute 20 avec son chauffeur pour frapper à la porte du gouvernement et tendre la main en espérant un peu de générosité...

Cela est dû au statut de simple municipalité de la métropole. Aux nombreux encadrements du gouvernement, aux délestages passés de responsabilités sans crédits additionnels, et à la centaine de lois qui régissent chacun des gestes que peuvent poser les villes de la province.

«Au Québec, une partie très importante de l'appareil normatif s'appliquant aux villes est du ressort du gouvernement provincial, situation interprétée par les villes comme une restriction à leur autonomie», expliquait en 2004 la politologue Laurence Bherer, lors du 50ᵉ anniversaire du Département de science politique de l'Université Laval.

«Loin de diminuer au cours des dernières années, ces interventions se sont étendues à une grande variété de secteurs, par exemple en environnement et en sécurité publique, confirmant ainsi le rôle d'opérateur plutôt que de concepteur des villes.»

Voilà pourquoi l'ensemble des municipalités tente avec raison d'obtenir une plus grande autonomie, une plus grande liberté d'action. Et voilà pourquoi la métropole mériterait de voler de ses propres ailes. Il est en effet inacceptable que le gouvernement soit «l'opérateur» d'une métropole qui devrait plutôt jouir d'un véritable statut particulier. Précisément ce qu'ont commencé à appliquer d'autres provinces comme l'Alberta, avec son Municipal Government Act, la Colombie-Britannique avec son Community Charter, et, surtout, l'Ontario avec sa plus récente «loi sur la cité de Toronto».

«L'Assemblée (législative de l'Ontario) reconnaît que la cité de Toronto, en tant que capitale de la province, est un moteur économique de l'Ontario et du Canada, peut-on y lire. Elle reconnaît que la cité joue un rôle important dans la création et le maintien de la prospérité économique et de la haute qualité de vie de la population de l'Ontario.

«L'Assemblée reconnaît que la cité est une administration qui est en mesure d'exercer ses pouvoirs en pratiquant une saine gestion assortie de l'obligation de rendre compte.»

La métropole québécoise mérite un traitement similaire: une bonne reddition de comptes, en échange d'une reconnaissance de son statut de gouvernement autonome et d'une diversification des revenus.

Car la raison principale pour laquelle Montréal est obligée de passer régulièrement le chapeau à Québec est sa forte dépendance à l'endroit de l'impôt foncier. Créature de la province, elle vit toujours sur le bon vieux modèle fiscal britannique et tire ainsi la majorité de ses revenus des taxes foncières (67 %).

Cela ne posait pas problème il y a 100 ans, quand Montréal n'offrait que des services à la propriété. Mais depuis, ses responsabilités se sont élargies, les normes imposées par Québec se sont multipliées et la part des services à la personne s'est considérablement accrue.

Et pourtant, son assiette fiscale est toujours la même et toujours aussi dépendante d'un secteur: l'immobilier.

Cette situation a des avantages, mais aussi un énorme inconvénient: la métropole est coupée des retombées dont elle est responsable. Elle peut bien mettre de l'argent dans le Grand Prix ou les festivals, investir pour attirer plus de congrès ou de touristes, aménager son espace public pour se faire plus attrayante et conviviale, elle n'en tire pas un sou. Au contraire, elle augmente ses dépenses en entretien, sécurité, infrastructures... pendant que les gouvernements récoltent les taxes de vente.

Prenez le Festival de Jazz. Montréal doit payer pour la sécurité, l'entretien des lieux, le transport collectif qui amène les visiteurs sur place, l'impact des festivités sur la circulation. Mais que reçoit la Ville en échange? Des festivaliers et des touristes heureux qui consomment, vont à l'hôtel, mangent au resto, qui payent ainsi beaucoup de taxes provinciales et fédérales... mais aucun impôt foncier. On enrichit ainsi les gouvernements à Québec et Ottawa, mais pas la Ville qui paie pourtant l'addition.

Le phénomène touche toutes les municipalités. Mais il est encore plus criant pour Montréal... une situation qui creusera de plus en plus le trou dans lequel les métropoles s'enfoncent tranquillement.

L'économie des grandes villes se dématérialise, en effet. L'économie du savoir, dans laquelle brille la métropole, s'appuie sur l'innovation, la recherche, les cerveaux, non pas sur les usines. Or, l'impôt foncier ne s'applique toujours pas sur la matière grise...

Ajoutez à cela une population vieillissante dont les besoins en logement rapetissent, la montée du télétravail, du travail autonome et des transactions virtuelles, et vous maintenez Montréal non seulement dans une situation de tutelle administrative implicite, mais aussi dans une situation financière de plus en plus précaire.

Et après, on se demande pourquoi la métropole ne joue pas le rôle qu'elle devrait jouer...

10

Besoin d'air...

Jean-Paul L'Allier
Ancien maire de Québec

Comment relancer Montréal? La question, aussi simple soit-elle, demande une réponse complexe mais compréhensible. Montréal, d'une part, et l'administration locale et municipale, d'autre part, ne sont pas une seule et même chose. Quand on fait cet effort de ne pas confondre les deux, ville et administration, on a déjà un premier pas de fait.

Montréal, la ville dans ses populations et ses battements de cœur, sa vie culturelle et sa diversité économique, cette ville va bien. Mais ce n'est pas de celle-là dont on parle dans les médias. On parle de l'administration, de la politique et de certains milieux d'affaires, ce qui nous fait honte.

Ce dont Montréal a besoin, c'est d'un leadership fort et d'une intégrité sans compromis qui fera passer le message, partout dans le corps de l'administration publique, que la qualité de la Ville est un objectif non négociable.

On a besoin d'autorités politiques imputables, mais, en même temps, capables de prendre des décisions, d'avoir, de partager et de réaliser les visions de la Ville qu'elles veulent transmettre, capables de mobiliser et de garder le cap parce qu'elles ont la confiance de la population... Or, actuellement, tout cela fait appel à la magie et à l'incantation, à la politique-spectacle.

Mais rien n'est vraiment possible sans obtenir d'abord les changements que les gouvernements refusent sournoisement et plus ou moins ouvertement de faire. Lucien Bouchard a pris en son temps la décision d'aller de l'avant avec les fusions. Ce n'était pas facile mais c'était essentiel. Aujourd'hui, il faudrait autant de courage mais il est plus facile de faire porter le blâme de l'absence de perspectives aux autorités locales. Trop facile.

Le problème lancinant de la désuétude de la fiscalité des villes et des municipalités est une source majeure de notre incapacité à «faire ensemble», il doit être réglé et les modèles repensés : il ne s'agit pas d'ententes de cinq ans par lesquelles les villes doivent accepter plus de tâches et moins d'argent. Il faut partager les efforts et les risques mais aussi les bénéfices.

Un proverbe africain dit : *Ce que tu dis vouloir faire pour moi, si tu le fais sans moi, tu risques de le faire contre moi.* C'est aussi vrai ici. Il faut développer un authentique et durable partenariat entre le gouvernement du Québec et les administrations locales. En acceptant de faire de ces dernières, de celles qui le veulent et le peuvent, de vrais gouvernements locaux avec des pouvoirs et des obligations, des devoirs et des ressources, on entre dans l'ère moderne.

Le système actuel ne peut être revu et repensé en six mois, c'est évident, et il faudra prendre le temps qu'il faut pour éviter les improvisations. Mais on doit ouvrir le chantier, ensemble, maintenant.

Le projet de Charte Québec-municipalité est LE point de départ. C'est un contrat solennel enchâssé dans une législation et dans laquelle on ne pourrait pas jouer facilement, au gré des ministres et des gouvernements. Si cette base était acquise – et elle ne demande pas de budget –, le gouvernement et les villes pourraient alors, ensemble, définir l'avenir souhaitable, sans avoir toujours à prendre en compte les jurisprudences passées et dépassées.

Il faut éradiquer le profond goût des politiques de mur-à-mur tellement plus faciles à vivre, dans l'administration provinciale... Sans une véritable autonomie, pas de vraie responsabilité, pas d'imputabilité et... pas de leadership possible et fort.

Un nouveau souffle pour Montréal? Les fusions des villes réalisées au fil des ans, partout ailleurs au Canada, auraient pu réussir à Montréal comme ce fut le cas ailleurs au Québec. Mais voilà : alors que le but était d'avoir une grande ville, plus forte, plus équitable, plus ouverte et respecteuse de ses communautés culturelles, les Frankenstein de la défusion sont arrivés, mus par des intérêts aussi divers que nébuleux et à court terme. Non seulement la Ville de Montréal, née de ce festival du compromis à tout prix, en est-elle sortie abîmée, déchirée et engluée dans une toile d'araignée dont chaque fil est un règlement, une loi, une présomption de suspicion et de méfiance, mais elle est, sur le plan administratif et politique, PLUS faible que la ville d'avant les fusions...

On a, gouvernement après gouvernement, ministre après ministre, écrasé les villes qui sont devenues impuissantes à dégager une vision de leur avenir, de la relation entre elles et leurs voisines concurrentes.

Les maires, à genoux devant les «paliers supérieurs» comme ils se définissent, ne peuvent ni voir très loin devant ni s'imposer comme leader du développement harmonieux de leur territoire et de leur région.

Champlain, le pont, c'est « mon pont » et j'en ferai ce que je veux, dit Ottawa; la province n'a pas d'idée claire quant à l'urbanisme de sa métropole et se replie derrière un « ce n'est pas mon pont » pour laisser aller... et la Ville, si elle veut parler de transport en commun, d'aménagement intelligent, se fait rappeler qu'elle n'est qu'une administration, pas un palier de gouvernement, impuissante à voir chacun faire à sa façon et à triturer les budgets pour en extraire tout ce qui pourrait ressembler à une dépense d'embellissement et à une belle occasion de fierté.

On les fait beaux ailleurs, on en fait une signature de ville pour l'avenir? Aux États-Unis et en Europe, en Chine et en Russie oui, mais pas ici. On se demande plutôt ce que cela peut coûter de faire beau. On refuse les concours mais on ne se demande pas ce que cela peut aussi coûter de faire laid ou tout simplement ordinaire... Je pense à la promenade Samuel-De Champlain, à Québec, d'abord autoroute mais ensuite sauvée par le 400e.

Les maires auront beau pleurer et se fâcher, ils devront finalement se soumettre, sinon on viendra leur parler de plus près. Et en plus, on leur demandera de porter le blâme si on n'a pas choisi de faire mieux.

Ce dont a besoin Montréal, ce sont des décideurs capables de décider et d'assumer, sans se faufiler, le bon et le moins bon qui découlent de leur peur de se tromper... Les termites qui vivent de contrôle, de surveillance et de délation auront beau jeu de dire alors que, finalement, le statu quo peut survivre encore à la condition qu'on leur donne, à eux, les moyens de calmer cette grogne qui dure depuis près de 50 ans !

La décrépitude morale des acteurs mis en scène par la commission Charbonneau devient facilement un prétexte hypocrite pour confirmer dans leurs convictions la poignée de fonctionnaires des ministères qui soufflent à l'oreille dans les couloirs et corridors de l'Assemblée nationale que, libres et autonomes, les villes seraient un désordre éthique et un danger pour la quiétude de ce couple politico-administratif centralisateur.

Ce dont Montréal a besoin pour un nouveau souffle ? J'aurais dû y penser au début de ce texte : Montréal a besoin d'air... Elle ne pourra pas continuer ainsi, comme maintenant, même si la commission Charbonneau donne un traitement choc à l'eau brune de la piscine municipale...

Or, toute l'attention est maintenant concentrée sur les symptômes... Il faut, en même temps, trouver les sources des problèmes et faire les changements essentiels.

11

Qui est au service de qui?

Benoît Dutrizac

Animateur des émissions *Dutrizac* au 98,5 FM et *Les Francs-Tireurs* à Télé-Québec

Au Québec, c'est toujours la même question qui me revient. Et à Montréal, au surplus… Est-ce que ce sont les citoyens qui sont au service de la Ville ou c'est la Ville qui est au service des citoyens?

Le jour où on aura une réponse claire à cette question, les choses vont changer à Montréal.

Est-il possible de changer la structure politique de la Ville? Dix-neuf arrondissements. Dix-neuf roitelets. Chacun joue au monarque dans sa bourgade. Au détriment du petit peuple. Complète incohérence de quartier en quartier dans l'offre de services aux citoyens.

Donc, d'abord rappeler aux maires qu'ils sont au service des citoyens.

Est-il possible d'avoir des fonctionnaires municipaux dévoués? Sont-ils capables de faire passer le citoyen avant leurs avantages sociaux, leurs conditions de travail, leurs privilèges, leurs définitions de tâches, leurs revendications, leur grosse fatigue?

Les syndicats peuvent-ils faire preuve d'initiatives au profit des citoyens avant de blâmer les superviseurs qui ne les envoient pas sur les bons chantiers? Les citoyens peuvent-ils s'attendre à ce que leurs employés travaillent pour eux, avec le foutu sourire? Oui, mets-toi une banane dans la face quand on te paie si cher pour ramasser les vidanges.

Mais pourquoi devrait-on demander aux travailleurs de sourire quand 32 % des cadres obtiennent des *jobs* sans passer par des concours? Et ces cadres, qui sont-ils? Nommés par qui? Selon quels critères? Les cadres de la Ville qui marchent dans l'ombre, mais qui croient que le soleil leur obéit, ne sont-ils pas foutus de s'assurer que les services de base sont offerts au citoyen?

Et s'il y a autant de nids-de-poule dans les rues, c'est que le travail a toujours été fait soit par des «sacramouilles» de crosseurs qui coupaient sur les matériaux et la qualité afin de pouvoir refaire le même travail trois ans plus tard et à 30 % de la valeur réelle du chantier, soit par des employés de la voirie qui s'en fichaient.

Les familles quittent Montréal. Ben coudonc... Pourquoi ? La qualité de vie. C'est quoi la qualité de vie ? Des détails. Comme les piscines publiques qui n'ouvrent pas quand il fait chaud. C'est simple. Pas quand la convention collective le permet ni quand les cadres à l'air climatisé daignent le mettre au budget. Quand il fait chaud. Quand le citoyen a chaud, tu ouvres les saloperies de piscines publiques.

Qui gère les espaces magnifiques dont dispose Montréal ? Ottawa et la Société immobilière du Canada gèrent désormais le Vieux-Port et s'apprêtent à y construire des condos. Une société bidon et flanc-mou, celle du parc Jean-Drapeau, gaspille un endroit bucolique que les familles pourraient fréquenter. Mais non. Rien. Le désert. Quelques activités «pic-pic». Mal géré. Même pas foutu d'y avoir des parcs pour enfants, des jeux, des glissades, des balançoires, des carrés de sable. Pourquoi ne pas aménager une patinoire publique sur le bassin olympique ? C'est trop demander ? C'est un superbe espace vert fermé la plupart du temps. Gaspillé. À la solde des incapables qui le gèrent.

Nous assistons à la mort des rues Sainte-Catherine, Mont-Royal, Saint-Denis, au boulevard Saint-Laurent. Pourquoi ? Parce que le citoyen consommateur n'y a plus accès. On a fermé l'accès à Montréal aux rives nord et sud. Comment se fait-il que le Canadien de Montréal ait choisi Brossard pour s'y entraîner ? Comment se fait-il qu'on bâtisse un aréna de luxe à Laval ? Vive le DIX30 !

Montréal est géré par le Canadien National (CN) et le Canadien Pacifique (CP) à qui appartiennent les voies ferrées. La marchandise avant les voyageurs. Arrogants et non négociables, le CN et le CP font retarder les travaux de l'échangeur Dorval depuis deux ans. Qui est le patron à Montréal ? Pas le maire. Et surtout pas le citoyen en tout cas. Le CN et le CP.

On pourra dire que la Ville est au service des citoyens quand on saura à qui profitent toutes les hausses de taxes et de tarifs qu'on leur impose.

Souvenez-vous : en 2010, augmentation des taxes municipales de 5,2 %, en 2011, de 4,3 %, en 2012, de 3 % et en 2013, après un tollé du tonnerre, la hausse aura été de 2,2 %. Et il s'agit de hausses moyennes! Dans neuf arrondissements sur 19, les roitelets ont imposé une surtaxe aux citoyens. Par exemple, en 2012 à Anjou, la surtaxe était de 2,52 %. Donc, les citoyens d'Anjou ont dû payer 5,52 % de hausse.

Depuis 1996, les usagers du Grand Montréal paient trois cents le litre pour financer l'excellent service de l'Agence métropolitaine de transport (AMT). Les ex-maires Vaillancourt et Tremblay, vous vous souvenez de ces deux Prix Nobel, disaient que « les automobilistes ont un choix, ils peuvent payer un peu plus ou utiliser les transports en commun ».

Avec cette taxe on disait aussi financer une partie des dépenses de la Société de transport de Montréal. Parlant du loup... En 10 ans, l'administration Tremblay aura haussé le prix de la carte mensuelle régulière (CAM) de 51 %, soit de 50 $ à 75,50 $, et la carte mensuelle tarif réduit de 75 %, soit de 25 $ à 43,75 $. Quel incitatif ! Et en plus, on prévoit que la Société de transport de Montréal (STM) augmentera ses tarifs de 3,1 % pour 2013. Donc, la carte mensuelle passera de 75,50 $ à 77,75 $.

En deux ans, les usagers de l'AMT auront encaissé une hausse de 6,25 % des tarifs. Le 1er janvier 2012, l'Agence avait augmenté ses prix de 3,25 %. Ainsi, la carte TRAM zone 3 offerte à 113 $ en 2011 coûtera 121 $ en janvier prochain.

Et on n'oublie pas de saigner les automobilistes montréalais. En octobre 2012, d'après une étude de la société immobilière Colliers International, Montréal était la deuxième ville la plus dispendieuse au Canada pour une place de stationnement mensuelle non réservée. Le tarif a fait un bond de 11,7 % depuis l'an dernier.

Eh bien, stationnez-vous dans la rue, vous entends-je dire. Dans certains arrondissements, pour ne pas dire le Plateau-Mont-Royal, c'est 3 $ l'heure. Et n'oubliez pas les résidants qui ont eu droit à une hausse de 87 % du prix des vignettes de stationnement, de 75 $ à 140 $ par année.

En août 2012, dans un article de *La Presse,* on apprenait que Montréal était la capitale canadienne des amendes. On donne deux fois plus de contraventions à Montréal qu'à Toronto. Et l'amende est de 52 $, contre 30 $ à Toronto et 39 $ à Québec.

Un dernier mot sur les hausses de taxes pour les résidants de Montréal. Les revenus de la taxation scolaire sont passés de 1046,9 millions en 2001-2002, à 1392,7 millions en 2009-2010, soit une augmentation de 345,8 millions en huit ans.

Et vous allez me dire qu'on fait passer les citoyens en premier à Montréal. Pour les saigner, ça, il n'y a pas de doute...

12

Vivement un musée de la corruption!

Martin Petit
Humoriste

« Bonjour, je m'appelle M et j'ai un gros problème de corruption. » Si Montréal, comme un alcoolique, allait à une réunion de CA, les Corrompus Anonymes, elle en aurait long à dire.

Montréal, débauchée depuis l'époque où mon grand-père y était policier, n'a jamais réussi à enrayer son problème de corruption grimpante. Comme toute maladie honteuse, Montréal a même réussi à exporter son modèle de « morpionnage » des finances publiques à sa couronne nord avec une absence de subtilité qui force l'admiration (d'un point de vue mafieux).

L'humour me manque pour embrasser l'ampleur du phénomène. Car le rire est d'abord du côté de ceux qui s'en mettent plein les bas. On dit que l'argent n'a pas d'odeur mais à Montréal, il sent un peu les petits pieds de Nicolo Milioto... Mais au-delà des révélations récentes sur les tractations « subtiles » des cartels de la botte italienne, il y a un devoir de mémoire.

Je lance l'appel pour la création à Montréal du Musée de la corruption. Une réponse culturelle à un problème qui est devenu culturel. La mafia a pignon sur rue alors que les forces qui les traquent vivent cachées? C'est symbolique. Un musée de la corruption, instructif, vivant, ludique, qui serait comme un phare, tout le contraire d'un *bunker*, pour aider les nouvelles générations de Montréalais à prendre leur ville en main. Une sorte d'unité permanente de diffusion sur la corruption.

Car, comme un diabétique, Montréal doit prendre son taux de corruption non pas tous les 10 ans, mais tous les jours. Le Musée de la corruption ne manquera ni de sujets, ni d'histoires rocambolesques, ni de figures connues pour raconter comment les Québécois se sont laissé tondre, pour ne pas dire raser.

À Budapest, il y a le Musée de la terreur qui témoigne des années passées sous les régimes nazi et soviétique. Les Hongrois ne veulent pas qu'on oublie les jougs russe et allemand. Cet endroit sert et servira à entretenir le souvenir sombre de leur histoire pour qu'ailleurs dans la ville, les Hongrois puissent savourer leur liberté. C'est ce que je souhaite pour Montréal, changer cette posture culturelle qui semble croire que l'intégrité tue la joie de vivre. C'est le rôle de l'élite culturelle de débanaliser le crime organisé.

Qu'il y ait un phare, qui rendrait honneur à ceux qui se sont battus et se battent encore contre tout ce qui érode notre ville depuis presque 100 ans, et qui contribue au déclin de Montréal, de sa banlieue et du Québec, par conséquent. Pour que le rire soit du côté des justes.

L'idée a été lancée sur le blogue de François Cardinal et sur le mien et, pour l'instant, aucun politicien d'aucun parti ne l'a reprise, ce qui me dit, d'ailleurs, que c'en est une très bonne.

13

Les élus en bus et en métro, ou prêcher par l'exemple

François Cardinal

Faites ce que je dis, pas ce que je fais...

C'est un peu le message que lançaient les élus de Montréal, en avril 2008, en se faisant les porte-étendards du Défi Climat, une vaste campagne incitant les entreprises et les Montréalais à réduire leurs émissions de gaz à effet de serre.

«La seule façon de se donner un futur à la hauteur de nos espérances, c'est de prendre conscience des gestes que nous posons et de leurs conséquences sur l'environnement», lançait alors le maire Gérald Tremblay.

Puis vinrent les inévitables questions des enquiquineurs, les journalistes...

Et vous monsieur le maire, ai-je osé demander, vous faites quoi au juste pour réduire vos émissions? Pas grand-chose fut sa franche et néanmoins désolante réponse...

Certes, il disait éteindre les lumières lorsqu'elles sont inutilement allumées. Il ajoutait avoir banni le système d'air climatisé de son bureau. Mais à part cela, on pouvait bien regarder un à un les 24 « défis » du Défi climat, ils lui étaient tous étrangers, incluant le no 18 : un déplacement en transport en commun par semaine...

Bon, il s'agit tout de même du maire de Montréal, me suis-je dit, indulgent. Il est très occupé, concentré sur sa tâche de premier magistrat. Je suis donc allé voir les deux autres élus présents lors de la conférence de presse, Claude Dauphin et Alan DeSousa. Pas de chance là non plus. Les deux m'avouaient ne pas être des usagers réguliers des transports en commun...

Or, comment les conseillers municipaux, de qui relèvent la Société de transport de Montréal (STM), la planification du transport en commun et son développement, peuvent-ils prendre des décisions éclairées s'ils n'utilisent jamais le bus ni le métro ?

Les chefs d'entreprise le savent bien : pour s'assurer de la qualité de leurs produits, ils doivent les tester eux-mêmes. Ils doivent se mettre dans la peau du client, expérimenter le service à la clientèle, vérifier la fiabilité de leur marchandise.

De la même manière, donc, les élus municipaux doivent se mêler à la foule pour tâter le pouls de leurs concitoyens, arpenter les trottoirs pour constater leur étroitesse, déambuler au centre-ville pour évaluer sa propreté... et prendre le transport collectif pour en mesurer les forces et faiblesses.

***

« Il est urgent d'agir ! » titrait la brochure du Défi Climat brandie par Gérald Tremblay lors du point de presse. Le message était clair, les gestes proposés tout autant.

Pourquoi donc le maire n'agissait-il pas en conséquence ? Pourquoi ne prenait-il à peu près jamais le transport en commun ?

« Je travaille de 6 h à 23 h, ce serait bien difficile pour moi, me répondait-il alors. Mais vous avez raison, ajoutait-il après un court silence, je devrais le prendre. »

Le prétexte de l'horaire chargé, en effet, ne tient pas la route quand on jette un regard à l'extérieur de l'hôtel de ville de Montréal.

Le maire de New York Ed Koch, mort cette année, prenait régulièrement le transport collectif. L'ancienne mairesse de Hambourg, une ville de même taille que Montréal, le prenait tous les jours. Le maire de Londres, dont on soupçonne également l'agenda chargé, prend le « tube » le plus souvent possible.

Des exceptions du genre granos que ces maires ? Dans ce cas, citons l'actuel maire de New York, le richissime Michael Bloomberg, qui se fait un devoir d'emprunter le *subway* au moins une fois par semaine. Exactement ce que suggérait le Défi Climat...

Avec raison. Car, en plus de ses vertus environnementales, cette habitude de vie permet aux élus de se mettre dans la peau des usagers, d'expérimenter le service à la clientèle, d'évaluer l'accueil des changeurs et la fréquence des autobus, de vérifier la fiabilité du réseau et la propreté des stations.

Lorsqu'il était conseiller municipal à Toronto, c'était précisément la force de Jack Layton : s'exprimer en toute connaissance de cause, en tant qu'usager.

Voilà ce que signifie prêcher par l'exemple. En plus de donner aux élus une expérience concrète du métro et de l'autobus, cette habitude envoie un signal clair aux citoyens en plus de rehausser l'image des transports collectifs, trop souvent perçus comme un moyen de transport de pauvres.

Comment demander aux citoyens de relever le Défi Climat, de prendre les transports en commun quand on ne le fait pas soi-même ? Comment demander aux banlieusards de s'entasser dans un train bondé quand on prend l'auto pour se déplacer à l'intérieur de l'île ?

Entendons-nous, personne ne s'attend à ce que les élus prennent le métro tous les jours. Leurs horaires ne sont pas nécessairement compatibles avec ceux des autobus de la STM, rigides et limités. Leur travail les oblige à zigzaguer d'un arrondissement à l'autre, alors que le réseau privilégie les déplacements vers le centre.

Mais un déplacement en transport en commun par semaine, cela serait tout de même réaliste. Pour ne pas dire hautement souhaitable.

2017
RÊVER DE GRANDS PROJETS

14

En attendant 2042

Alexandre Taillefer
Entrepreneur en série, associé chez XPND Capital,
président du Musée d'art contemporain de Montréal,
mécène et collectionneur d'art

Montréal fêtera ses 375 ans en 2017. À notre échelle, c'est un chiffre important, qui fait de notre ville une des plus anciennes d'Amérique du Nord. En plus de célébrer cet anniversaire de manière remarquable, ce sera aussi l'occasion de se pencher sur où on veut aller et de réunir les forces vives de Montréal pour déterminer ensemble ce que nous voulons et pouvons devenir au cours des 25 prochaines années. Ces 25 ans passeront très vite et nous aurons intérêt à avoir les idées claires pour qu'à l'occasion de nos 400 ans, en 2042, nous soyons une ville fière, efficace, prospère.

Je me permets ici de citer 10 enjeux et opportunités qui m'interpellent et auxquels je propose que nous réfléchissions.

1. Le développement du caractère nordique

On dirait que Montréal renaît chaque mois d'avril. Nous avons misé sur une infrastructure souterraine pour nous cacher de l'hiver. Mais notre caractère nordique fait de Montréal une ville vraiment unique. Pouvons-nous réfléchir à nous approprier l'hiver plutôt que de s'en cacher ? Des patinoires, des terrasses ouvertes et chauffées, l'utilisation ingénieuse de la géothermie, des solutions intelligentes pour limiter le transport de la neige.

2. Miser sur nos espaces différents

Bien entendu, des progrès énormes ont été réalisés pour faire de Montréal une ville différenciée et rayonnante. Le Quartier international et le Quartier des spectacles n'en sont que deux exemples. La revigoration du Parc olympique et de son frère, l'Espace pour la vie, est très encourageante.

Mais Montréal compte des atouts sous-exploités. Deux attraits majeurs qui se doivent d'être mieux développés : le mont Royal et le Vieux-Port.

Dans le cas du mont Royal, notons tout d'abord que la montagne s'améliore constamment. La Ville s'en occupe beaucoup plus qu'auparavant, mais il reste beaucoup à faire pour le mettre en valeur. Pourquoi ne pas installer un funiculaire, comme il y en a déjà eu un au tournant du 20e siècle ? Cela permettrait notamment aux visiteurs qui ne connaissent pas les subtilités de l'accès à la montagne de se rendre au sommet. Pourquoi ne pas attirer un restaurateur de haut calibre pour exploiter le Chalet de la montagne, qui propose une vue époustouflante sur la ville ? On sait qu'Olmstead a conçu à la fois Central Park et le mont Royal. Pourquoi ne pas voir le mont Royal comme les Newyorkais voient Central Park : à la fois obsédés par sa sauvegarde ET bien décidés à s'en servir le plus possible ?

En ce qui concerne le Vieux-Port, un mot sur le Silo no 5. Ceux qui ont eu la chance de se rendre à son sommet considèrent que la vue à 360 degrés qu'il offre est aussi extraordinaire que celle offerte par le Chalet du mont Royal. Vivement que la Société immobilière du Canada réalise un projet spécial pour 2017, pas pour 2042 !

Par ailleurs, l'accès au bord de l'eau doit être la priorité. Il est essentiel de protéger du développement immobilier le territoire actuel du Vieux-Port, qui est déjà un espace public très fréquenté par les Montréalais, quitte à se reprendre sur la rue Mill, à l'ouest des structures qui entourent le Silo no 5.

Il faut aussi penser à nos quartiers. Permettre aux élus de continuer à développer le caractère propre à chacun de nos quartiers. Des exemples ? La place Simon-Valois dans Hochelaga-Maisonneuve, la rue Masson dans Rosemont, le Mile-End et le Mile-Ex. Communiquons davantage cette typicité auprès des touristes, mais aussi des Montréalais.

3. La densification de Montréal

Densifier la ville pour séparer les coûts d'infrastructure entre plus de personnes est une priorité. Assurons-nous par contre de ne pas créer de quartier cloisonné par des attributs démographiques ou sociaux. Les monocultures sont tout aussi dangereuses en habitation qu'en agriculture. Ramener les familles en ville doit être une priorité, comme d'intégrer mieux nos concitoyens issus de l'immigration à travers tout le tissu urbain montréalais.

4. Des partenariats publics privés gagnant-gagnant

Comment imaginer des partenariats où l'entreprise privée et la société vont gagner ? Par exemple, en augmentant le coefficient de densité auquel les promoteurs immobiliers pourraient avoir droit en échange de la construction de logements sociaux intégrés à leur projet ou d'autres avantages pour la Ville ? La densité est aujourd'hui arbitrairement limitée à 12 fois la superficie du terrain. Est-ce un chiffre qui devrait être réexaminé ?

5. Montréal, ville de design et d'architecture

Cesser de tergiverser et bien faire comprendre que Montréal n'acceptera pas de projets qui n'auront pas une composante architecturale contemporaine solide. Il faut tuer dans l'œuf tout projet qui ne s'en soucierait pas, qui ne pousserait pas vers l'avant sous le simple prétexte que le beau, que l'innovation et que l'audace coûtent plus cher. Il est temps d'inclure tous les bénéfices intangibles dans le calcul des infrastructures publiques. À ce titre, il est impératif que le pont Champlain devienne une porte d'entrée majestueuse de laquelle on peut être fier, pas un pastiche d'une autre époque, un « néo-égaré ».

6. Des infrastructures solides et adaptées à nos conditions

Montréal est une ville où la température varie de 60 degrés entre janvier et juillet. Nous n'y pouvons rien. Mettons nos ingénieurs au défi de trouver des solutions durables, performantes et adaptées à cette situation. Des solutions existent, d'autres doivent être inventées.

La créativité n'est pas le domaine exclusif des arts ou des médias. Utilisons-la pour développer des infrastructures durables, adaptées à nos hivers. À ce que je sache, les pistes de l'aéroport Trudeau ne comportent pas de nids-de-poule, pourquoi nos rues le devraient-elles ?

7. Favorisons un climat entrepreneurial

Montréal se doit d'être une ville où les entrepreneurs peuvent se développer avec succès en offrant un environnement simple, efficace. Être la ville la plus efficace et accueillante au Canada pour un entrepreneur devrait être une obsession. L'entrepreneuriat est le moteur de l'économie. Et seule la vigueur de notre économie nous permettra de maintenir les programmes sociaux et de développer nos infrastructures. Comment passer de la piètre 42e position que nous occupons aujourd'hui à la première ? En simplifiant les tracas administratifs, en donnant des congés de taxes et d'impôts, en tissant des liens encore plus serrés entre les « start-up » et les universités, en permettant d'accueillir plus facilement les nouveaux arrivants qui possèdent des compétences que les entreprises innovantes recherchent. Pouvons-nous réfléchir à d'autres façons d'y arriver ?

8. Construire des industries innovantes qui s'appuient sur nos atouts fondamentaux

Montréal doit développer une industrie solide dans le secteur de l'énergie. Hydro-Québec est un joyau basé ici. Notre énergie est renouvelable. L'arrivée des centrales électriques au gaz de schiste aux États-Unis va créer un surplus énergétique auquel nous ne nous attendions pas. Comment créer des entreprises qui vont tirer parti de cette immense opportunité ?

La même réflexion s'impose concernant le développement de notre pôle en santé à la suite de l'arrivée des deux nouveaux hôpitaux universitaires.

Et que dire de l'incroyable force de notre industrie du savoir ? Aucune autre ville au Canada ne peut se targuer d'avoir une population étudiante aussi dynamique.

Montréal a la capacité d'influencer Québec afin de créer d'autres pôles industriels aussi importants qu'elle l'a fait dans le multimédia. Mais assurons-nous qu'ils sont solides et permettent aux Montréalais non seulement de bénéficier des impôts et des taxes que les salariés vont payer, mais aussi de récolter les impôts que les sociétés ainsi créées vont payer sur leurs bénéfices. Cette considération a durement manqué dans le passé.

9. Avoir les moyens de ses ambitions

Montréal est le poumon du Québec. Il est primordial qu'elle trouve comment élargir son assiette fiscale afin de lui permettre de prendre elle-même les décisions qui ont une incidence sur son avenir. La Ville doit jouer un rôle clé au chapitre des infrastructures, certes, mais aussi à tous les niveaux décisionnels qui influencent son développement. Comme les types d'industrie qui s'y développeront, la modulation dans l'application de ses programmes sociaux, l'approche sur le plan de l'éducation, la gestion du budget alloué à la culture. C'est un nouveau pacte fiscal et un nouveau mode d'opération qui doivent être mis en place entre Montréal, la banlieue et le gouvernement du Québec. Personne n'est mieux placé que le maire de Montréal pour influencer les décisions qui ont de l'impact sur la vie des Montréalais. Le maire doit absolument faire preuve de davantage de leadership dans tous les aspects de la vie des Montréalais, même si le financement provient d'autres paliers gouvernementaux. La gestion de Michael Bloomberg à New York est à ce titre exemplaire.

10. Le centre-ville du Grand Montréal

La rue Sainte-Catherine est l'artère commerciale la plus importante au Québec. Elle va bien, mais elle devrait aller beaucoup mieux encore. Il faut permettre aux commerçants de retrouver l'oxygène qui leur manque. Embrassons les forces propres aux grandes galeries marchandes implantées en banlieue qui connaissent du succès et utilisons-les nous aussi. Notamment, travaillons sur la disponibilité et le coût du stationnement; transformons Sainte-Catherine en une rue chauffée où les trottoirs ne connaîtront jamais la neige. Assurons-nous de régler une fois pour toutes l'accès aux infrastructures sous les artères au cœur de Montréal en créant des voûtes accessibles par les employés de la voirie, d'Hydro-Québec et autres.

De la même façon que les Montréalais ont utilisé la période durant Expo 67 pour rêver et imaginer le Montréal des années 2000, je lance un appel à ceux qui comme moi ont Montréal tatouée sur le cœur, et qui veulent s'impliquer à réfléchir à des solutions créatives pour positionner Montréal comme ville d'avenir, une ville où il fait bon vivre, une ville de tous les possibles. Optimiste par nature, j'ai voulu ce texte optimiste par écriture. Je mentionne certaines idées, bien conscient que pour chacune d'entre elles, de nombreuses difficultés, voire d'apparentes impossibilités, existent. Je ne les cache pas, mais je me refuse à croire qu'impossible soit devenu français. Développons ensemble une vision et un plan clairs, parce que quand on ne sait pas où on veut aller, tous les chemins y mènent.

15

Rêver en grand

Gilbert Rozon

Président de Juste pour rire et commissaire aux célébrations 2017

J'aime Montréal telle qu'elle est aujourd'hui.
Je l'aime malgré la tourmente, malgré le doute et un peu la honte.
Montréal est belle mais j'aime rêver à elle en mieux.

Je rêve alors de fierté

De ses citoyens ayant retrouvé la confiance.
Je vois une gouvernance simplifiée.
Je vois la corruption et la collusion enrayées.

Je rêve à une ville de créateurs

Celle des artistes, bien sûr.
Mais aussi celle de tous les créateurs de savoir, de richesses et patenteux.
Et pour ce :
- je nous vois valoriser l'entrepreneuriat et les *start-up* ;
- je nous vois attirer plus de sièges sociaux ;
- je nous vois soutenir la recherche ;
- je nous vois diversifier notre économie ;
- je nous vois miser sur notre statut de grande ville universitaire et investir dans la qualité de notre enseignement.

Je rêve de Montréal encore plus belle

Je salue les constructions sans précédent, récentes et en cours.

Je nous vois poursuivre en étant plus exigeants sur l'urbanisme, l'architecture et l'esthétique.

Il faut que chaque bâtiment et infrastructure publique soient exceptionnels : le pont Champlain, l'échangeur Turcot, l'autoroute Bonaventure, le toit du Stade olympique, etc.

Je nous vois inciter financièrement le privé à construire du beau.

C'est notre quotidien, c'est notre image, ce qui nous définit.

C'est notre devoir et notre héritage.

Je vois l'art public beaucoup plus présent.

Je vois plus de fantaisie au quotidien dans notre décor.

C'est ainsi que je nous ressens.

Je rêve de Montréal sûre d'elle
Montréal a l'immense privilège de voir cohabiter deux grandes cultures, française et anglo-saxonne. Cette confrontation dialectique est riche et pour elle et ses habitants. Montréal est aussi une terre d'immigrants qui ont choisi de devenir Québécois.

Je nous vois assumer Montréal et sa biculture, sa diversité, ses diverses cités et ses quatre saisons.

Je nous vois accueillir à bras ouverts cette diversité déterminée qui, à l'image de l'Amérique, puise sa force économique et créative dans l'immigration.

Je vois Montréal comme une courtepointe. À cet égard, et au risque de décevoir les partisans des fusions, je considère que Montréal trouve son humanité dans l'appartenance aux villages qui composent l'île et la communauté urbaine.

Je rêve en vert
Je vois une ville qui donne un plus grand accès à l'eau.

Je vois une ville qui chérit sa montagne.

Je vois plus d'espaces verts.

Je vois une ville qui parie encore davantage sur son transport en commun.

Je vois une ville où les taxis sont verts de couleur et aussi d'énergie, qu'elle soit électrique ou au gaz.

Je rêve de qualité, de qualité de vie. Il faut noter combien l'Espace pour la vie incarnera symboliquement Montréal comme ville verte.

Je rêve à une ville encore plus *le fun*…
Je nous souhaite une plus grande concentration de festivals, nous rendant ainsi incontournables.

Je rêve de nuits blanches.

Je rêve de retrouver les nuits de Montréal. Pourquoi fermer à 3 h ?

Montréal a une réputation de ville de party, de ville de joie. Il y a pire comme image......

C'est ainsi que je nous vois.

Je rêve d'être un touriste dans des attractions impeccables :

- le Vieux-Montréal ;
- le Vieux-Port ;
- les berges du fleuve ;
- les îles ;
- le Parc olympique avec son toit ! ;
- l'Espace pour la vie ;
- le Quartier des spectacles ;
- le Village gai ;
- l'ouest de Sainte-Catherine ;
- le mont Royal ;
- le Palais des congrès ;
- nos musées ;
- nos festivals ;
- nos restaurants ;
- nos magasins ;
- notre aéroport ;
- nos taxis ;
- les transports en commun ;
- notre accueil...

Tout cela, c'est l'expérience d'un touriste !

Je rêve de grands projets

Mais ça, je vous le dirai une autre fois.

16

Trois autres idées

Alain Simard

Président fondateur de l'Équipe Spectra, du Festival International de Jazz de Montréal,
des FrancoFolies et de MONTRÉAL EN LUMIÈRE

À la veille de l'an 2000, j'avais lancé quelques idées pour améliorer l'image de Montréal et accroître son potentiel d'attraction touristique. La première s'est déjà réalisée avec la création de la place des Festivals et du Quartier des spectacles. La deuxième est devenue MONTRÉAL EN LUMIÈRE et la Nuit blanche. En voici trois autres qui ont suscité des froncements de sourcils mais qui demeurent néanmoins des pistes intéressantes.

Un accès direct au Chalet de la montagne. Anathème pour Les amis de la montagne?

J'avais alors aussi proposé de relier le magnifique belvédère de la montagne directement au centre-ville par un télésiège débrayable partant du haut de la rue Peel, dans le stationnement du Royal Vic. Contrairement à un funiculaire, cette solution a l'avantage de ne pas couper de sentiers ni d'arbres et coûterait bien moins cher. Il suffit de déposer par hélicoptère deux pylônes sur des socles de béton préalablement coulés, comme le font les centres de ski. Les Montréalais pourraient possiblement y accrocher leurs bicyclettes ou leurs skis de fond et reprendre vraiment possession de leur montagne. Il faudrait aussi que les taxis puissent se rendre jusqu'au Chalet de la montagne si l'on veut un jour y aménager un grand restaurant touristique, chose impossible tant qu'il ne sera pas plus facilement accessible.

Terre des Hommes. La plus grande exposition internationale de sculptures géantes! Où ira le Calder? Pour célébrer le triple anniversaire de 2017, l'idée serait de créer dans le parc des Îles un grand symposium international de sculptures monumentales ou architecturales qui deviendrait par la suite une attraction touristique permanente pour Montréal. Le dôme géodésique de Buckminster Fuller et notre incontournable Calder seraient désormais en bonne compagnie (mais il faudrait abandonner l'idée de déménager ce dernier en ville...)

À l'occasion du 50e anniversaire d'Expo 67, nos gouvernements pourraient officiellement demander aux pays y ayant participé d'ériger sur le site de leur ancien pavillon une sculpture ou une installation grand format, créée par un de leurs meilleurs artistes ou architectes nationaux et conçue pour résister aux intempéries. On peut aussi imaginer des œuvres technologiques alliant interactivité virtuelle et projections 3D. Il faudrait de plus mettre en valeur les créateurs d'ici et inviter les provinces et le gouvernement du Canada à offrir à Montréal une œuvre d'un de leurs artistes ou concepteurs à l'occasion du 150ᵉ anniversaire du pays.

Sans nous coûter des centaines de millions, le prestige de cet événement plus grand que nature nous assurerait un rayonnement international majeur et provoquerait au fil des ans un accroissement de notre achalandage touristique. Toutes ces œuvres parsemant le parc des Îles le rendraient encore plus attrayant tout en préservant sa beauté naturelle avec ses magnifiques canaux entourés d'arbres matures. Cette grande exposition internationale préserverait ainsi l'esprit d'inclusion et d'ouverture culturelle qui a marqué Terre des Hommes et donnerait une nouvelle vocation à ce lieu historique qu'on pourrait visiter à pied, en bateau, à vélo ou même en ski de fond l'hiver. Nous aurions ainsi comme legs du 375ᵉ anniversaire de Montréal un musée à ciel ouvert unique au monde qui viendrait confirmer la réputation de Montréal métropole culturelle.

Remplacer le Silo no 5 par un horizon élargi autour des écluses ? Hérésie pour Héritage Montréal! Il a beau être le témoin du passé industriel glorieux de Montréal dans le transport du blé canadien, cet ensemble de silos demeure, pour moi et bien d'autres, une triste structure en béton et métal rouillé qui défigure depuis 100 ans le Vieux-Montréal et nous prive d'une magnifique vue sur le port et Habitat 67. On pourrait aménager dans ses fondations un centre d'interprétation avec maquettes, films et photos pour perpétuer cette facette de l'histoire de Montréal en association avec Pointe-à-Callière. Imaginons un instant que cet immense mur de béton disparaisse du paysage pour agrandir le parc des quais du Vieux-Port et son accès à l'eau tout en redonnant à la rue de la Commune sa splendeur d'antan et élargir son ouverture naturelle sur le fleuve... Tentant, non ?

17

Développer un sentiment d'appartenance

François Cardinal

Mandaté par le Bureau du 375ᵉ anniversaire de la métropole, l'Office de consultation publique a tenté de cerner la perception qu'ont les Montréalais de leur ville. Il a ainsi rencontré plusieurs centaines de citoyens. Il a tenu des dizaines et des dizaines de rencontres. Et il a abordé une foule de sujets, de l'identité à la qualité de vie, en passant par la culture, le savoir et la créativité. Un exercice fascinant.

Une des conclusions les plus intéressantes porte sur le sentiment d'appartenance à la grande ville. Ou plutôt, l'absence de sentiment d'appartenance à la grande ville.

« La commission a constaté un réel détachement de plusieurs citoyens et un manque d'identification à la ville dans son ensemble, écrit l'Office. Les résidants de certains arrondissements périphériques utilisent même l'expression *aller* à *Montréal* lorsqu'ils parlent de leurs déplacements vers les quartiers centraux. »

Ce qui est tout de même paradoxal, étant donné que même les lointains banlieusards se disent « de Montréal » dès qu'ils se trouvent à l'étranger...

Cela dit, ce phénomène a ses avantages et ses désavantages auxquels il faudrait penser remédier.

Le bon côté, c'est que les Montréalais s'identifient beaucoup à leur quartier, ce qui permet à ces derniers de conserver une certaine singularité. L'Office souligne que les Montréalais connaissent bien leur quartier de travail ou leur lieu de résidence, qu'ils apprécient le fait que Montréal soit une ville diversifiée sur les plans culturel et géomorphologique, qu'ils y voient un véritable atout. Avec raison.

Mais, en même temps, ce phénomène a son revers. Car les résidants de Rosemont ne connaissent pas Hochelaga, les résidants du Centre-Sud ne visitent pas Ahuntsic, et les résidants d'Outremont ne connaissent pas vraiment Rosemont...

Ce qui n'est pas très surprenant quand on sait que les seuls efforts de la Ville pour faire « découvrir les quartiers » est une activité annuelle de quelques jours qui sert à vendre des maisons. Résultat : les Montréalais « ne réussissent pas à se faire une représentation globale des enjeux de la Ville et à différencier les problématiques entre les arrondissements », écrit l'Office.

De même, cela se traduit par un faible sentiment d'appartenance à la grande ville. Selon la Fondation du Grand Montréal, « le sentiment d'appartenance des habitants du Grand Montréal s'est érodé entre 2010 et 2011 : 54,3 % d'entre eux disent ressentir un sentiment d'appartenance fort ou plutôt fort à leur communauté, contre 56 % en 2010 ».

Or, si les Montréalais apprécient leur quartier parce qu'il possède une histoire, des perspectives et une culture qui lui est propre, ils devraient aussi apprécier celui de leurs voisins.

Pourquoi ne pas en faire un projet du 375ᵉ, justement ? On parle beaucoup d'œuvres artistiques et architecturales en vue de 2017, mais il ne faut pas oublier les Montréalais et leurs quartiers. Afin que tous les arrondissements se sentent concernés par le 375ᵉ et qu'ils aient envie de s'y engager et d'y participer, pourquoi ne pas avoir une portion décentralisée des célébrations, comme l'ont suggéré certains participants des rencontres de l'Office ?

L'idée est intéressante : mettre en valeur les particularités de chaque quartier (le moulin d'Ahuntsic, par exemple, les rapides de Lachine, les parcs nature, etc.), utiliser les infrastructures et équipements de chaque arrondissement, choisir un thème central rassembleur pour le 375ᵉ qui peut ensuite être décliné localement, miser sur le dynamisme et la fierté des composantes de la métropole pour mieux la connaître, pour développer le sentiment d'appartenance de chacun. Et pour, ainsi, mieux la célébrer.

MÉTROPOLE

UN OBJET DE DÉSIR

18

Montréal n'est pas une île

Lise Bissonnette

Ancienne directrice du quotidien *Le Devoir*

Il m'arrive de me trouver ailleurs qu'à Montréal et de me rendre ailleurs qu'à Québec. Je suis originaire de Rouyn-Noranda. Un colloque m'amène à Trois-Rivières ou à Rimouski. Des tournées régionales m'ont fait atterrir aux Îles-de-la-Madeleine ou à Sept-Îles, m'ont conduite à Sherbrooke ou à Mont-Laurier. Tous ces lieux m'absorbent aisément, je les entends bien et je crois les comprendre comme si je leur appartenais.

Songeant à ce que je pourrais dire de Montréal, qui est très inquiète de son statut et de sa valeur de «métropole», je me suis demandé si, pour tous ces lieux si lointains et si proches à la fois, Montréal était un objet de désir. Comme Paris l'a été pour le Julien Sorel de Stendhal, comme New York l'a été pour la chanteuse du film de Scorsese – «*I want to be a part of it*» – comme Londres l'est au centuple pour l'écrivain contemporain Peter Ackroyd qui n'en finit plus de se laisser prendre par ses paradoxes et ses profondeurs. Je n'ai pas le souvenir d'un instant où, au Québec hors Montréal, j'aurais entendu parler de notre ville comme d'un aimant, d'un imaginaire, d'un lieu auquel l'un aspire et que l'autre espère.

Que s'est-il passé pour que le creuset vibrant qu'explorait Gabrielle Roy ne séduise plus son propre pays? Les littéraires trouveraient mieux la réponse que les politiques mais ces derniers ne sauraient être quittes. Montréal se comporte comme une île, définie par sa géométrie plutôt que par une idée généreuse d'elle-même. Dans les grands réseaux qui tissent le Québec en culture, en environnement, en santé, en éducation et où se définissent des solidarités, ne serait-ce que timides, elle est absente ou distraite. Dans les centaines, peut-être les milliers de documents stratégiques, plans d'action, feuilles de route et autres labyrinthiques chemins d'avenir que génère d'abondance sa prospère bulle bureaucratique, on ne trouve pas de propos un peu soutenu qui la ferait s'arrimer au territoire québécois. Mais pour conquérir le « monde », « l'international », « la planète », les passeports de nos « forces vives » sont à jour. Allez consulter le plan d'action issu du dernier rendez-vous Montréal métropole culturelle. Vous n'y trouverez qu'une poignée de mots sur un rôle national et encore, ce national se nomme le Canada, fourre-tout pour les voisinages qui ne sont pas trans-atlantiques. Les autres « sommets » montréalais ne visent guère mieux.

De quoi, de qui, Montréal est-elle la métropole ? Pour l'instant, elle demeure celle des plates ambitions plutôt que des désirs. Il pourrait en être autre-ment si elle s'avisait de sortir de son île, tout simplement par les ponts existants, et sans péage.

19

Il faut féminiser le nom de Montréal !

François Cardinal

C'est Jean-Pierre Ferland qui a raison : Montréal est bel et bien une femme. Pourtant, l'Académie française soutient le contraire. Montréal, prétend-elle, est un nom masculin qui doit être utilisé comme tel. On doit donc dire : « Montréal est vibrant ». Ou encore : « Montréal est plein de trous. »

Ça sonne drôle, comme dirait l'autre. En effet. C'est pourquoi 98 % des gens qui écrivent ou chantent Montréal le font au féminin. J'ai donc tenté de tirer la chose au clair : pourquoi un nom que l'on féminise naturellement est-il masculin ?

« Les noms de villes sont tantôt masculins, tantôt féminins, explique mon dictionnaire Antidote. De façon générale, le masculin est privilégié dans la langue courante, alors que la langue littéraire privilégie plutôt le féminin. On note cependant une tendance marquée vers le masculin, considéré comme neutre, et, dans le doute, c'est ce genre qui doit l'emporter. »

Hum… Pas très clair. J'ai donc appelé Lucie Côté, correctrice et conseillère linguistique à *La Presse*. « Seules les villes dont le nom finit par *e* ou *es* sont au féminin », m'a-t-elle indiqué. Sont donc masculins tous les noms de ville (ou presque) qui se terminent par une consonne, tous ceux qui se terminent avec une voyelle autre que *e,* et tous ceux qui commencent par un article défini masculin.

Bon. Le français étant ce qu'il est, il y a quelques rares exceptions. « Par exemple, Alger est féminin. On écrit aussi la Rome éternelle, mais le vieux Nice », précise Lucie Côté.

En revanche, le féminin l'emporte pour les villes qui se terminent par *e* ou *es,* comme Londres par exemple. Et aussi pour les noms qui commencent par un article défini féminin, comme La Tuque et La Prairie.

Donc, on fait quoi ? On laisse Maurice Druon et ses collègues de l'Académie décider ce qui est bon pour Montréal ? Je propose plutôt qu'on lance une campagne virale pour faire pression sur la vénérable institution. Après tout, c'est l'usage qui commande la rectification.

Les réformateurs de l'orthographe ont bien réussi à transformer oignon en ognon, événement en évènement et nénuphar en nénufar, pourquoi ne pourrions-nous pas exiger notre propre réforme à la pièce, juste pour Montréal ?

J'appelle tout de suite Jean-Pierre Ferland…

20

Yvon Deschamps, ambassadeur

Daniel Thibault

Coauteur de la série *Mirador*, auteur et metteur en scène en humour

Je viens de Port-Cartier sur la Côte-Nord, petite municipalité de 7000 habitants près de Sept-Îles, ville plus costaude de 25 000 âmes. À l'époque où j'y habitais, la rivalité entre les deux villes était intense. Port-Cartier trouvait que Sept-Îles était snob et peuplée de parvenus, et Sept-Îles nous considérait comme un village bucolique, mais arriéré. Ça ne vous rappelle rien ?

La rivalité entre Québec et Montréal procède donc d'un trait humain universel : la jalousie entre voisins. Celui qui a la piscine creusée est suspecté d'arrogance, celui qui a un cabanon démodé, de consanguinité. La haine de la métropole est programmée dans le reptilien des Québécois. C'est triste, mais c'est anatomique. Le problème, c'est que cette détestation instinctive a des effets réels et nuisibles sur le développement de la métropole. Que ça plaise ou non, Montréal est le centre névralgique du Québec. Et quand le système nerveux est négligé, la paralysie menace.

Je ne vois qu'une solution pour dissiper ce malaise persistant : il nous faut une ambassade de Montréal à Québec. Rien de moins.

Un ambassadeur est traditionnellement chargé de développer les relations économiques, culturelles et scientifiques entre deux territoires. J'exclus d'emblée l'aspect militaire, car nous n'en viendrons sans doute pas aux coups, quoique si le retour des Nordiques est officialisé, ne présumons de rien. En bref, l'ambassadeur aura pour mission de tisser des liens avec la capitale.

D'abord, il faudra prévoir des rencontres protocolaires avec le haut dirigeant de Québec. Le but avoué de l'ambassadeur sera de l'appeler « Rég » avec un accent anglais, et d'obtenir la permission d'aller se baigner dans sa piscine l'été, sans invitation. On veut du rapprochement.

Des tournées médiatiques ponctuelles seront nécessaires pour expliquer que l'argent public dépensé à Montréal n'est pas toujours à mettre dans la colonne des pertes des Québécois. Oui, le Stade olympique. Mais les subventions et cadeaux de l'État engrangés par l'empire Quebecor lui auront permis d'acquérir puissance et influence avec le résultat que l'on sait : un bel amphithéâtre négocié derrière des portes closes. Si ce n'est pas un avantage collatéral, je me demande ce que c'est.

Le premier diplomate d'Hochelaga s'attaquera également aux mythes qui affligent les Montréalais. Par exemple, celui de l'omnipotence de la clique du Plateau. Nombreux sont ceux croyant que cette «secte» exerce un contrôle occulte sur le discours médiatique et, ce faisant, sur l'exercice du pouvoir par les élites. En langage québécois, on nomme cette force mystérieuse la «pensée unique». Il sera aisé de démontrer, peut-être à l'aide d'une exposition interactive, que cette «clique» n'a aucun pouvoir : elle a élu Amir Khadir.

Afin de donner une apparence d'humilité à l'opération – et Dieu sait que la condescendance des Montréalais à l'égard de la région est réelle –, les locaux de l'ambassadeur seront situés dans la Basse-Ville, sur les ruines du mail Saint-Roch. L'ambassadeur pourra s'amuser en secret avec sa Smart dans le stationnement souterrain du Complexe G, mais au vu et au su de tous, il roulera en Honda Civic, son autocollant «Écœuré de payer» placé bien en évidence sur le pare-brise.

La question qui tue : à qui confier ce rôle délicat ? Car un échec pourrait provoquer le prolongement du mur de la Citadelle pour couper la 20 et la 40 à la hauteur de Laurier-Station. Il faut un candidat fédérateur, admiré de tous, à la réputation impeccable. Je n'en vois qu'un : Yvon Deschamps. L'humour est rassembleur, le rire est connivence. Mais, surtout, il permet d'enfoncer le doigt dans la plaie sans trop de douleur pour le patient.

«Les chicanes entre voisins, qu'ossa donne ?», ça s'écouterait bien, un soir de juillet sur les plaines d'Abraham, non ?

CRÉATION
LA MARQUE MONTRÉAL

21

Le regard des autres

Andrew T. Molson
Président du conseil de RES PUBLICA et de Molson Coors

Que faire pour donner un nouveau souffle à Montréal ? Cette question me touche réellement, bien qu'elle révèle un certain état d'esprit qui a tendance à masquer en partie le vrai potentiel de Montréal. Je ne peux pas passer sous silence les enjeux soulevés par tout ce qu'on apprend depuis quelque temps sur la corruption et par les perturbations sociales, économiques ou politiques récentes. Mais Montréal, ce n'est pas que cela, c'est beaucoup plus. C'est une ville riche de son histoire, de sa générosité et de son ouverture d'esprit, de ses milieux créatifs, de la mixité de ses cultures et d'un savoir-faire et être recherchés dans de nombreux secteurs de pointe, notamment celui des industries culturelles.

Évidemment, quand le quotidien et les tensions sociales s'en mêlent, il est souvent difficile d'apprécier les atouts de Montréal, comme le milieu de vie et l'environnement qui sont les nôtres. Et comme souvent l'estime de soi découle en partie du regard des autres, pourquoi ne pas innover ? Pourquoi ne pas inviter une ou quelques personnalités respectées mondialement à venir séjourner chez nous, à Montréal, pour une période de plusieurs mois, à l'occasion d'un projet de recherche, d'un grand film à réaliser, de collaborations à de grands projets, comme la conception du nouveau pont Champlain ?

À la lumière du regard et des impressions qu'ils dégageront de leur séjour parmi nous, ces «invités» pourront nous faire connaître à leur manière, sous différents angles, des côtés de nous et de notre ville que nous connaissons mal et que nous ne parvenons pas à apprécier pleinement. Je suis persuadé que c'est en s'ouvrant à de nouvelles perspectives, à de nouvelles façons de concevoir les choses, que tout ce qu'il y a de solide et de porteur à Montréal servira de révélateur à ce que nous sommes véritablement. Voilà une avenue intéressante pour mettre en valeur ce qui chez nous permet, année après année, à de nombreux talents de s'illustrer et à de multiples réalisations d'être associées à ce Montréal qui interpelle et séduit. Et à partir de leur séjour ici, ces personnalités seront à même de témoigner à l'échelle mondiale de ce qui se fait ici et de l'intérêt d'y prendre part.

Peut-être qu'ils vont nous révéler certains défauts. Et pourquoi pas! Dans la vie comme en toute chose, c'est souvent en prenant conscience de ce qui va moins bien que nous parvenons à passer à la prochaine étape, à faire un pas en avant. Si je me fie à tous ces talents qui se sont joints à nous au cours des dernières décennies, à commencer par des groupes comme Arcade Fire et les créatifs de l'industrie du multimédia, les atouts de Montréal sauront bien surpasser les inconvénients propres à un milieu urbain.

C'est un pari que Montréal saura remporter, j'en suis convaincu!

22

Communiquons davantage

Benoît Berthiaume
Président-directeur général de C2-MTL

Établissons notre leadership mondial créatif et communicationnel.

Mettons la priorité sur le développement de nos compétences communicationnelles, les nouveaux médias et la créativité sociale. Un des grands défis de ce début de 21e siècle est de s'armer pour faire face à la lutte économique avec les New York, Boston, Paris et Londres et ainsi attirer chez nous les talents et les investissements. L'appropriation et la maîtrise d'outils de communication créatifs sont une solution. D'ici le 375ᵉ de Montréal, en 2017, donnons à Montréal un arsenal de communications digne de l'ère actuelle! Il nous faut revoir le modèle de relations publiques établi, promouvoir une conversation collective et une collaboration créative, favoriser un chaos créatif structuré et délaisser le contrôle absolu afin de rester connectés au monde actuel. Il ne faut pas hésiter à sonder quotidiennement les Montréalais, à les inviter à imaginer des solutions et à poser des gestes créatifs sur les problématiques architecturales et sociales, n'en déplaise aux conservateurs. C'est en impliquant les citoyens que la Ville retrouvera leur respect et leur motivation.

Montréal doit établir son leadership par la communication, voire devenir la référence de modèles communicationnels dans le monde. Et, par des actions concrètes, coaliser les citoyens et augmenter leur sentiment d'appartenance afin qu'ils deviennent les fiers et premiers ambassadeurs de Montréal. Créons des zones de contenu culturel et créatif propres à chaque quartier; renforçons la valeur identitaire des quartiers et de leurs nouvelles cultures pour transmettre intelligemment les bonheurs et plus-values de la diversité, tout en respectant les législations. À quand un Plateau sans automobile? Une foire extérieure de Noël unique à Outremont? Des activités collectives de nettoyage dans Griffintown, le quartier de l'innovation? La création d'un pont-passerelle pour piétons et cyclistes, à la signature architecturale iconique, et reliant le Vieux-Port aux îles Notre-Dame et Sainte-Hélène?

Concentrons-nous pour mieux communiquer, plus rapidement et efficacement, pour positionner notre ville à l'international, lui donner une identité forte. Faisons briller la marque «Vivez Montréal», comme le font nos voisins avec leur *I Love NYC* ou les grandes sociétés telles Apple et Adidas. Tourisme Montréal excelle dans cet art de mettre en valeur nos attraits touristiques et le gouvernement municipal devrait lui emboîter le pas. Priorisons cette stratégie et cette arme économique et sociale.

Les perspectives pour Montréal sont innombrables et nous avons les ressources pour lui assurer un avenir radieux. Il suffit d'accepter d'intégrer intelligemment un soupçon de chaos culturel et conversationnel, en embrassant la nouvelle donne de l'ère des communications mondiales. Accélérons la communication, mais surtout, communiquons davantage!

23

Le Quartier des spectacles, point de départ créatif

Jacques Primeau
Président du Partenariat du Quartier des spectacles

Au tournant des années 2000, si on m'avait demandé quel était l'avenir de Montréal, j'aurais certainement souligné l'importance de consolider la vocation culturelle du centre-ville. Les festivals occupaient des terrains vagues inadaptés, les nombreux lieux de diffusion ne se parlaient pas et l'on ne s'attardait pas dans le secteur après avoir assisté à un spectacle. Cela aura demandé plusieurs efforts pour confondre les sceptiques face à cette idée d'un Quartier des spectacles qui permettrait d'actualiser, sur la base de son héritage culturel centenaire, l'expérience du centre-ville.

Près de 10 ans plus tard, on a vu naître de véritables théâtres extérieurs qui nous offrent un cadre urbain plus agréable lors des festivals, et l'occasion d'y prolonger nos sorties avec des animations surprenantes le reste de l'année. Le Quartier des spectacles connaît un boom immobilier et résidentiel important. Ses principaux acteurs sont regroupés au sein d'un organisme qui assure une cohésion d'action. Ses salles de spectacles comptent pour 25 % du total des ventes de billets de spectacles au Québec. Et que dire de son Parcours lumière, dont les points rouges sur les trottoirs, l'éclairage et les projections sur les façades guident notre découverte.

Le Quartier des spectacles a déjà d'énormes retombées, mais il nous reste encore plusieurs défis à relever ensemble. L'amélioration de l'accessibilité du centre-ville par tous les moyens de transport, l'achèvement des projets d'infrastructures culturelles en cours et le soutien mieux adapté à la situation particulière des salles de spectacle comptent parmi les chantiers auxquels nous devrons faire face avec la collaboration des trois paliers de gouvernement. Nous devons garder le cap pour décupler l'impact culturel, mais aussi social, économique et touristique de ce projet d'envergure.

Fort des succès des dernières années et confiant en notre capacité à réaliser de façon concertée une vision commune, j'envisage l'avenir de Montréal avec optimisme. En 2017, le Quartier des spectacles témoignera de la grande richesse culturelle et artistique de Montréal, peu importe qu'elle vienne de Rosemont ou de Côte-des-Neiges. Il sera reconnu comme laboratoire de création et d'innovation artistique voué à la diffusion, notamment en arts numériques. Source de fierté et lieu de rassemblement pour les Montréalais, il sera la porte d'entrée vers la découverte de la métropole culturelle du 21ᵉ siècle.

À l'heure où la Ville de Montréal réalise un autre grand chantier visant la mise en valeur du pôle Quartier latin, nous avons tous les outils en main pour que notre métropole se taille une place de choix dans le palmarès des villes du monde qui ont fait le pari de mettre culture et créativité au cœur de leur développement.

24

Imaginer Montréal

Yves Desgagnés
Comédien, metteur en scène

De l'imagination. C'est la seule issue possible. Montréal est une ville qui a du talent. Et le talent exige qu'on le cultive, qu'on le développe et qu'on le protège.

Il est désespérant d'entendre ce lieu commun : « Il faut à la tête de Montréal quelqu'un qui a une vision ! » Non. Il faut tout simplement quelqu'un qui a autant de talent que sa ville, c'est-à-dire un être sensible à la beauté, qui a du goût, de la culture, de l'envergure. C'est impératif, l'élu devra avoir des idées folles, des projets à première vue irréalistes (Drapeau a fait construire une île au beau milieu du fleuve pour son Expo...) et surtout, surtout, l'élu devra avoir du raffinement. Beaucoup de raffinement. Avec un sens inné du détail. Car c'est dans ses détails que l'on reconnaît la grandeur d'une ville. L'élu devra nous tirer vers le haut, non vers le bas. Incontournable : l'élu se devra d'être francophile et s'en vanter. Il devra brandir à chaque souffle la seule réelle particularité de cette ville nord-américaine : le fait français.

La culture française n'est pas monolithique. Montréal témoigne de ses mutations en terre d'Amérique depuis 400 ans. C'est ce qui constitue son unicité et l'essentiel de son supplément d'âme. C'est son fonds de commerce. C'est à travers ce prisme qu'il faut sans cesse réinventer la vie de la ville. Ne nous laissons pas distraire par le multiculturalisme de Montréal. Ce n'est pas la panacée de notre identité et il sert trop souvent de prétexte à justifier notre paresse collective à ne pas lutter pour notre propre identité. « C'est que nous sommes ouverts aux autres cultures. » J'en suis. Mais qu'en est-il de l'ouverture sur soi-même ? Pari beaucoup plus engageant, car il suppose une véritable introspection et le courage d'assumer notre différence dans toutes ses imperfections. Il suppose aussi de renouer avec notre histoire de conquis et d'en tirer des leçons. Sans cette exigence, l'ouverture à l'autre est factice et stérile. Il faut que toutes les communautés culturelles sachent qui nous sommes, comment nous rêvons, comment nous agissons.

J'en appelle à toutes ces cultures qui choisissent Montréal comme terre d'épanouissement et de paix. J'en appelle particulièrement aux anglophones de souche montréalaise ; il faut, toutes affaires cessantes, se mettre à la tâche pour préserver, protéger, cajoler notre bien le plus précieux, j'ai nommé notre langue et notre culture francophone d'Amérique. Et c'est alors seulement que Montréal prendra son envol et deviendra cette cité unique où il fait bon vivre à hauteur d'homme. Ne répétons pas nos erreurs de *casting*. Méfions-nous de ces politiciens de carrière « qui savent comment faire ». Au contraire, soutenons les libres penseurs, les originaux, les allumés ; il nous faut un être de talent, sans modèle de gestion préétabli, capable d'imaginer Montréal dans toute sa fulgurance.

DÉMOCRATIE
PASSER À L'ACTION

25

Vivement un premier ministre « vice-maire » de Montréal!

François Cardinal

Les électeurs de la région de Québec sont plutôt sanguins. Ils sont prêts à faire et défaire des gouvernements, selon leur humeur.

Les députés provinciaux ont pris acte. Les Montréalais devraient, eux aussi, prendre acte…

Quiconque s'est attardé aux relations qu'entretiennent le gouvernement du Québec et la Ville de Québec depuis dix ans s'est aperçu que la capitale a eu droit à un traitement privilégié. Les ministres se mettent en ligne pour offrir au roi Labeaume (presque) tout ce qu'il désire.

Cela a beaucoup à voir avec Régis Labeaume lui-même, évidemment. Le maire est un habile stratège, il sait où il s'en va et il jouit d'une extrême popularité. Non seulement s'est-il classé parmi les cinq meilleurs maires au monde (!) en 2012, mais il était l'année précédente le troisième maire le plus populaire au pays, selon un sondage du *National Post*. (Gérard Tremblay s'y classait bon dernier…)

Mais aussi populaire soit-il, le maire Labeaume n'est pas l'unique responsable de cet énorme tapis rouge que les élus de l'Assemblée nationale ont déroulé devant la porte de son hôtel de ville.

L'autre grand responsable est l'électeur de la région de Québec, capable de changer d'allégeance politique au gré des vents.

Certains appellent cela «le mystère de Québec» et montrent du doigt le caractère plus conservateur, plus populiste des électeurs de la capitale. Ils évoquent la présence des radios-poubelles, l'omniprésence d'un discours antigouvernement.

Mais ce «mystère», à mes yeux, est justement mystérieux parce qu'il n'est pas aussi clair et immuable qu'on le voudrait. Les électeurs de Québec ont aidé à porter au pouvoir le plus à gauche des partis fédéraux, le NPD, lors des élections de 2011. L'année suivante, lors des élections provinciales, ils ont gardé une certaine distance avec la Coalition Avenir Québec, digne remplaçant de l'ADQ à droite de l'échiquier. Plutôt, ils ont distribué leurs 18 circonscriptions entre les formations : 9 à la CAQ, 7 aux libéraux et 2 au PQ.

Certes, le comportement électoral de la région de la capitale est souvent différent de celui du reste de la province, mais il est surtout différent d'une élection à l'autre.

Ce qui explique en bonne partie l'intérêt des partis politiques, qui multiplient ainsi les promesses à la capitale pour qu'elle finisse par pencher de leur bord...

***

Nous étions en mars 2006. Le ministre français des Affaires étrangères, Philippe Douste-Blazy, était de passage dans la province pour discuter des fêtes du 400ᵉ anniversaire de Québec. Jean Charest l'a donc reçu... à Montréal.

Scandale! Nulle autre que la députée péquiste Louise Harel, aujourd'hui chef de Vision Montréal, houspille alors M. Charest en se portant à la défense de... Québec! Elle l'attaque durement sur «cet exemple choquant» du manque de considération qu'il a pour la capitale.

Le premier ministre explique alors en détail ce qui l'a forcé à recevoir M. Douste-Blazy à Montréal. Puis, il ajoute : «Je suis non seulement fier d'habiter la capitale nationale pour la moitié de mon temps, mais je me considère presque vice-maire de la Ville de Québec.»

Voilà, très précisément, ce que doivent viser les Montréalais. Non pas remplacer Québec comme capitale (encore que...), mais plutôt réussir à mettre un premier ministre tellement de leur bord qu'il en vienne à se qualifier lui-même de « vice-maire » de Montréal.

C'est tout l'inverse qui est survenu au cours des dernières années. Parce que le lien entre Gérald Tremblay et le Conseil des ministres s'est amenuisé. Mais surtout parce que les élus provinciaux n'ont aucun gain politique à faire en courtisant la métropole.

Au contraire, ils risquent ainsi de s'aliéner le reste de la province sans pouvoir espérer ne serait-ce qu'un siège de plus.

Ce n'est pas sorcier, la carte électorale de l'île de Montréal est verrouillée à double tour : le PLQ tient Montréal pour acquis tandis que le PQ a capitulé depuis bien longtemps.

À peine 5 des 27 circonscriptions de l'île ont changé d'allégeance au cours des 25 années précédant l'élection de 2012, si on exclut les 4 circonscriptions anglophones qui avaient opté ponctuellement pour le Parti Égalité en 1989.

Puis, en 2012, rebelote, pas moins de 19 des 28 circonscriptions de l'île sont demeurées libérales, soit une seule de moins qu'aux élections de 2008. Et ce, malgré un vent de ressentiment des anglophones envers le Parti libéral.

En un mot, Montréal n'est pas un champ de bataille électoral. Et l'intérêt politique qu'on lui accorde est à l'avenant.

***

C'est par la voie d'un manifeste que François Legault a lancé son parti politique, en février 2011. Un manifeste qui taisait l'existence de la métropole, sinon pour dire qu'elle doit « retrouver son dynamisme d'antan ».

« Il faut appuyer vigoureusement les meilleurs projets. Chaque région, incluant Montréal et Québec, forme un territoire riche et diversifié », précisait-on dans ce jargon politico-électoraliste qui dit tout et son contraire pour plaire au plus grand nombre sans déplaire à quiconque.

Puis, 10 mois plus tard, se rappelant l'existence de Montréal, M. Legault s'est permis un discours portant en grande partie sur la principale ville du Québec. « Il est temps que Montréal soit représentée par des voix fortes et audibles au sein du gouvernement », lançait-il.

Il proposait une série d'engagements : augmentation des investissements privés non résidentiels, création d'un guichet unique au sein d'Investissement Québec pour les entrepreneurs et investisseurs étrangers, adoption d'un plan de développement dans lequel on retrouverait la navette vers

l'aéroport et un objectif de réduction de la circulation de 20 % à 30 % en
10 ans.

Intéressant. Mais ce qui l'était plus encore se trouvait entre les lignes : il ne
considérait pas Montréal comme perdue d'avance.

J'ai alors pris la perche tendue par M. Legault et j'ai demandé aux lecteurs
de mon blogue ce qu'ils en pensaient. Plus précisément, je voulais savoir
comment faire en sorte que Montréal se taille une place de choix dans les
programmes politiques de l'ensemble des partis. Que faire pour que la
métropole devienne un véritable enjeu électoral au Québec ?

Bonne question, m'ont-ils répondu en chœur. Si, habituellement, le niveau
des réponses est assez élevé, cette fois, tous se grattaient la tête sans
grandes trouvailles. Plusieurs suggéraient de revoir la carte électorale,
mais, la dernière refonte étant toute récente, cette solution ne semblait pas
très porteuse.

Pas sorcier, à part durant l'ère de Jean Drapeau, le seul ayant réussi à faire
plier l'échine des gouvernements supérieurs, Montréal a toujours été négligée, parce que tous les gouvernements l'ont dépréciée. « L'histoire de
Montréal, tant au 19ᵉ qu'au 20ᵉ siècle, est parsemée d'anecdotes sur les relations tendues avec Québec ou Ottawa », écrit Claude-V. Marsolais dans
son *Histoire des maires de Montréal*.

D'où mon appel au chauvinisme des électeurs de Montréal, seule façon de
s'assurer que la métropole soit entendue à l'avenir.

Bien sûr, il faut un maire fort, qui trace la voie, qui oblige le gouvernement
à écouter. Mais, plus encore, il faut des électeurs prêts à évaluer les formations politiques selon ce qu'elles offrent – ou pas – à Montréal.

L'amphithéâtre de Québec en est le plus bel exemple. Non seulement a-t-il
été livré sur un plateau d'argent par les libéraux, mais encore, il a poussé le
Parti québécois vers la crise tant Pauline Marois multipliait les courbettes
pour plaire aux électeurs de la capitale.

Montréal n'a peut-être pas besoin d'un gros aréna, mais il profiterait certainement de la courtisanerie qui l'a rendu possible à Québec.

26

Commençons par voter...

Christiane Germain
Coprésidente et cofondatrice du Groupe Germain Hospitalité

Montréal a tout pour se classer parmi les métropoles mondiales : arts, technologie, architecture, économie... Nous avons des acquis solides mais après une année de tourbillon politique, nous avons l'occasion de redéfinir notre ville, de la réinventer. Par où commencer ? Je crois fermement qu'il faut commencer par la base : en s'impliquant tout un chacun.

Commençons par voter. Soyons au rendez-vous le 3 novembre. Selon les dernières statistiques sur les élections municipales de Montréal, seulement 39,4 % des citoyens se sont présentés aux urnes en 2009. C'est loin du 74,6 % atteint lors des récentes élections générales québécoises. Le pouvoir municipal est celui qui est le plus près des citoyens, il devrait donc être celui ayant le plus d'importance pour chacun d'entre nous.

Si nous voulons consolider nos acquis et développer notre ville davantage, nous devons attirer des leaders dotés de l'expérience et de la volonté requises pour le faire et leur donner le pouvoir nécessaire pour l'entreprendre. Nous devons attirer des gens d'action, qui oseront inventer une communauté durable avec et pour ses résidants. Comment s'y prendre ? En s'investissant et en les accompagnant. Montréal a besoin de nous pour se retrouver, pour redevenir le pôle d'innovation et de création qu'elle devrait être. Prenons notre responsabilité citoyenne à cœur. Informons-nous et exerçons notre droit de vote.

Réalisons de petits projets ensemble. Montréal doit se donner des bases solides pour mener à terme les grands projets durables auxquels nous rêvons. Réapproprions-nous la ville et réalisons de petits projets qui nous aideront à retrouver notre solidarité. Nous avons déjà implanté les BIXI et créé un réseau de ruelles vertes. Nous créons des murales pour contrer les graffitis, étendons les pistes cyclables et plantons de la végétation pour contrer les îlots de chaleur.

Maintenant, rassemblons-nous, citoyens, entreprises, organismes sans but lucratif et élus pour créer notre environnement de demain. Nous voulons des ruelles blanches pour y patiner ? Passons à l'action. Nous voulons avoir accès aux berges du Saint-Laurent ? Multiplions les actions bénévoles pour les entretenir. Rappelons-nous que Montréal, c'est notre ville. Soyons fiers de notre milieu de vie. Traitons notre ville comme notre demeure et nous y serons bien. Rappelons-nous que les grands projets ne sont que l'aboutissement de plus petits projets à succès.

Attaquons-nous ensuite aux projets porteurs. Avec un maire ou une mairesse qui a été véritablement choisi par l'ensemble des résidants, une ville en santé avec les bases solides, des citoyens impliqués et mobilisés, il sera alors temps de réaliser de grands projets. Par exemple, nous pourrions lancer un concours de design international pour faire du pont Champlain un symbole de notre créativité, ou encore construire un train reliant l'aéroport à la ville. Réunissons les citoyens et les partenaires gouvernementaux, publics et privés nécessaires pour se donner les moyens de réussir. Mais avant tout, commençons par voter.

27
L'avenir du Grand Montréal repose dans sa démocratie

Phyllis Lambert
Directeur fondateur et président du conseil des fiduciaires
du Centre Canadien d'Architecture (CCA), président de l'Institut des politiques alternatives
de Montréal (IPAM) et président du Fonds d'Investissement de Montréal (FIM)

La démocratisation de Montréal a connu un essor remarquable depuis 50 ans. Ce phénomène majeur à la croissance exponentielle s'est développé sous l'influence des artistes et des intellectuels des années 50 et 60 qui ont porté un regard neuf sur la société.

Cependant, il faut rappeler que ce n'est qu'en 1970 que tous les Montréalais ont obtenu le droit de vote dans les élections municipales, jusqu'alors réservé aux seuls propriétaires. Dès lors, les années 70 furent marquées par de grandes batailles entre les citoyens et la Ville, contestation surtout contre la destruction des quartiers entiers, des institutions et de résidences populaires au centre-ville.

Rappelons l'importance incontestable des initiatives de la société civile qui ont suscité les grands succès d'aménagement à Montréal. Citons pour mémoire la fin des démolitions d'édifices, d'habitations et de quartiers entiers à la fin des années 70; la revitalisation des sites patrimoniaux; l'arrêt du projet voulant privatiser l'avenue McGill College; le réaménagement du Vieux-Port et l'initiation de processus rigoureux de consultation publique. On lui doit aussi la protection de la montagne et le développement du Quartier international et du Quartier des spectacles. Toutes ces initiatives sont nées sous l'impulsion de la société civile. Leur évolution dans le temps a permis d'instaurer entre la société civile et les élus un climat de collaboration plutôt que d'opposition constante.

Dans les années 50, il semblait hautement improbable qu'une ville si longtemps réprimée et déprimée puisse se laisser réimaginer avec un tel dynamisme et que Montréal allait enfin voir « grand » dans les années 60; c'était sans compter le défi lancé par les artistes radicaux qui vont mener une révolution culturelle essentielle. Comme tout changement important, la renaissance de Montréal s'annonçait déjà au cours des décennies précédentes par plusieurs signes avant-coureurs, dont le célèbre Refus global (1948), manifeste signé par Paul-Émile Borduas, son auteur, et une douzaine d'autres artistes montréalais, qui proclamait la nécessité de rompre avec les conventions sociales de l'époque et de secouer la tyrannie que l'Église catholique canadienne-française faisait peser sur tous les aspects de la vie quotidienne et de la pensée politique au Québec.

La politique féodale et corporatiste imposée par Maurice Duplessis, premier ministre du Québec durant plus de vingt ans (1936-1959), à une province rurale pauvre a eu pour effet d'écraser les citoyens en tentant de protéger l'autonomie provinciale et de développer les investissements étrangers. L'absence d'une bibliothèque nationale du Québec et la rareté des éditions locales d'ouvrages littéraires et critiques d'auteurs canadiens-français avec tout ce que cela pouvait signifier pour l'état de la culture d'expression française au Canada avaient créé une situation qui ne pouvait plus durer.

Les années 50 ont effectivement vu naître des revues d'idées progressistes, dont *Cité libre* et *Liberté*, ainsi que les Éditions de l'Hexagone. Émergent également à cette époque de nouveaux établissements voués à l'essor de l'art dramatique et du cinéma, tels le Théâtre du Nouveau Monde (1951) et le Programme français de l'Office national du film du Canada (ONF) en 1958. Dans les années 60, le sentiment du nationalisme québécois – que clament les chansonniers Félix Leclerc et Raymond Lévesque, tous deux applaudis en France dans les années 50, bientôt suivis par Pauline Julien, Gilles Vigneault et bien d'autres – se répand comme une traînée de poudre dans toute la province.

La Révolution tranquille a été la principale source d'inspiration des grandes infrastructures économiques à travers la création d'organismes destinés à fortifier l'économie québécoise; ainsi, la Société générale de financement du Québec met des capitaux d'investissement à la disposition des entreprises; Hydro-Québec nationalise dix sociétés hydroélectriques privées en 1963 pour tirer parti de la richesse naturelle clé de la province; et, en 1965, la Caisse de dépôt et placement du Québec est fondée. Trente ans plus tard, cette institution va amorcer, puis mener à terme, l'élaboration d'un plan stratégique complexe de localisation de son siège en consultant le quartier environnant afin de mieux contribuer à sa mise en valeur par ce projet. À l'époque de la création de cette institution, on aurait cherché en vain les instruments de planification voulus pour réaliser une revitalisation urbaine aussi réussie.

Le rattrapage institutionnel en culture et en éducation était tout aussi primordial que la formation et la concertation active des citoyens. À la demande d'artistes et de collectionneurs, le Musée d'art contemporain de Montréal (MACM) est fondé par le gouvernement du Québec en 1964. La Bibliothèque nationale du Québec est créée en 1967 et elle inaugurera, en 2005, sa première grande bibliothèque à Montréal sous la présidence de Lise Bissonnette qui a milité pour son établissement. En 1968, l'Université du Québec crée un réseau d'universités, en commençant par l'UQAM qui devient la deuxième université francophone à Montréal; en 1974, la deuxième université anglophone de la métropole voit le jour, sous le nom de Concordia University. L'exposition *Montréal, Plus ou Moins ? Plus or Minus ?*, tenue au Musée des beaux-arts de Montréal en 1972, propose une première réflexion sur la transformation sociale et matérielle de la ville. Son auteur, l'artiste-architecte Melvin Charney, a repris ce thème en organisant une gigantesque exposition à ciel ouvert – intitulée *Corridart* – tout au long de la rue Sherbrooke, entre la rue Atwater et le boulevard Pie-IX. Les installations sont démantelées sur ordre du maire Drapeau dans la nuit du 13 juillet 1976.

En revanche, les organismes de citoyens militant contre la démolition urbaine et en faveur de plus grands moyens pour retisser le tissu urbain se forment les uns après les autres. Citons entre autres Sauvons Montréal, un regroupement de 24 organismes formé en 1973, et Héritage Montréal, né en 1975, qui visent à financer les initiatives des groupes, faire reconnaître le patrimoine et opter pour des règlements propices à un sain aménagement de la ville. Fondé en 1979, le Centre Canadien d'Architecture (CCA) va ouvrir ses portes 10 ans plus tard pour prendre sa place d'établissement culturel avant-gardiste dont la mission consiste à sensibiliser le public au rôle de l'architecture dans la société, à promouvoir la recherche de haut niveau dans ce domaine et à favoriser l'innovation dans la pratique du design.

Il a maintes fois été prouvé que seules les sociétés ouvertes peuvent réussir. La sagesse collective et le savoir-faire des citoyens issus de diverses disciplines face aux problèmes urbains dépassent de très loin l'apport d'une poignée de bureaucrates. À l'encontre d'un maire qui considère que la participation des citoyens aux décisions se limite à leur vote pour élire le conseil municipal tous les quatre ans, Héritage Montréal lance le processus de consultation publique en 1983 avec le dossier McGill College. Instauré puis aboli par les régimes municipaux successifs, le processus essentiel de la consultation publique est enfin, grâce aux pressions constantes des citoyens, enchâssé dans la Charte de la Ville avec la création, en 2002, de l'Office de consultation publique de Montréal (OCPM). Cet organisme indépendant, dont les membres ne sont ni des élus ni des employés municipaux, joue un rôle de tiers neutre entre la population, les promoteurs et la Ville. Son processus rigoureux exige des séances d'information, l'inscription de tous les intervenants et la retranscription de toutes les présentations qu'il rend accessibles en ligne.

Après plusieurs années de discussions avec la société civile, la Ville s'est dotée d'autres organismes constitués de citoyens. C'est le cas du Conseil du patrimoine de Montréal (CPM) qui assume la tâche indispensable d'identifier et d'inventorier le patrimoine bâti et naturel à travers toute l'île de Montréal, de l'Île-Bizard jusqu'à Pointe-aux-Trembles et de Lachine à Montréal-Nord, et de militer pour sa mise en valeur afin de permettre aux musées, aux sites et bâtiments patrimoniaux, aux parcs et aux sites archéologiques de tracer les voies d'avenir en donnant une forme positive à la ville dans sa croissance.

Dès son élection, en novembre 2001, le nouveau maire de Montréal, élu grâce à un programme qui promettait de travailler avec les citoyens en mettant en place les outils nécessaires, invitait la fonction publique municipale et les représentants de la société civile à réaliser un événement majeur – le

Sommet de Montréal – pour convenir d'une vision commune du devenir de la ville. Presque un an plutôt, le 1ᵉʳ janvier 2001, un autre pas important avait été réalisé avec la création de la Communauté métropolitaine de Montréal (CMM). Comprenant la ville, l'île de Montréal, les couronnes nord et sud et Laval, la CMM est l'organisme principal de planification, de coordination et de financement qui remplace dans les faits l'idée étriquée d'une île, d'une ville, sans fusions structurantes, tout en traitant des sujets essentiels d'une grande ville du 21ᵉ siècle.

Toutefois, rendu évident par les dissensions au sujet du rôle de la CMM et de l'influence de la Ville de Montréal qui règnent dans les couronnes nord et sud, le besoin criant de consultation publique a mené à un partenariat entre l'Institut de politiques alternatives de Montréal (IPAM) et la CMM, ainsi qu'à une collaboration élus/citoyens pour poursuivre la mobilisation citoyenne. Établi en 2009, l'IPAM est une initiative citoyenne qui a pour mission de contribuer à la planification urbaine viable de Montréal, à son développement économique et durable et à la démocratie locale. Il met de l'avant la nécessité d'une administration dotée d'une vision sur ce que la Ville doit être pour favoriser une société métropolitaine équitable et prospère. En décembre 2010, de concert avec Héritage Montréal, l'IPAM a invité la société civile et les citoyens de la région métropolitaine à une première Agora citoyenne sur son aménagement et son développement. Quelque 400 personnes de la ville et des couronnes ont participé, s'informant et débattant des enjeux de la métropole à la lumière d'expériences concrètes d'ici et d'ailleurs. Pour la première fois, la société civile et les élus ont eu l'occasion d'élaborer ensemble une vision globale sur les enjeux du développement durable de la métropole.

Après plus de 30 ans de tergiversations, l'adoption du Plan métropolitain d'aménagement et de développement (PMAD) en 2011, à la suite des consultations publiques de la CMM et à sa reconnaissance par le gouvernement du Québec, a marqué une étape majeure du développement du Grand Montréal et mené à la tenue de la première Agora métropolitaine les 28 février et 1ᵉʳ mars 2013. Le programme de celle-ci a été bâti autour de trois thèmes essentiels d'aménagement et de développement métropolitain : 1. La densité à l'échelle humaine; 2. La prospérité et la valeur ajoutée du PMAD; 3. La Trame verte et bleue et les paysages métropolitains. Le dernier thème incluait des paysages identitaires tels que le mont Royal et le fleuve. Avec plus de 725 personnes inscrites, issues des différents secteurs de la société civile, et la présence d'élus et de maires venant des couronnes nord et sud, de l'île de Montréal et de Laval, cette agora novatrice a été un énorme succès. L'enthousiasme débordant que l'événement a suscité montre que les citoyens du Grand Montréal se mobilisent de plus en plus pour l'avenir de la ville et témoigne de la solidité grandissante du concept de démocratie.

En réunissant élus et société civile, ces agoras jouent un rôle essentiel dans l'instauration d'une nouvelle façon de travailler. Elles constituent un mécanisme novateur qui nous offre l'occasion de poursuivre le processus de démocratisation. Acceptée par tous les participants, la décision d'organiser une Agora métropolitaine tous les deux ans a été retenue par le ministre responsable de la région métropolitaine du gouvernement du Québec. Mais pour y arriver, nous devons y impliquer activement tous les lieux de concertation et de consultation, les ateliers, les tables rondes, les organismes de logement dans les arrondissements, les villes ou les agglomérations, autrement dit partout où se discutent les grands enjeux d'aménagement et les actions de proximité à mettre en place.

Les réussites du processus de démocratisation de Montréal-ville doivent s'étendre à toute la région métropolitaine : le processus de consultation rigoureux; le bureau de l'ombudsman ainsi que l'OCPM; la Charte montréalaise des droits et des responsabilités doit devenir la Charte montréalaise des droits et des responsabilités de la communauté montréalaise. Des chantiers de suivi serviront à créer un partenariat durable entre l'administration de la Ville de Montréal et la société civile, avec un calendrier approuvé prévoyant des rencontres annuelles entre les partenaires, qui discuteront des enjeux importants et chercheront des solutions aux problèmes qui se posent. Un tel protocole a été établi à Lyon, en France : outre les véritables partenariats que les rencontres régulières ont permis d'instaurer, elles ont aussi servi à éviter la tenue des réunions épisodiques déterminées par l'Hôtel de Ville selon le besoin. De plus, il faut mettre en place un budget de participation pour les 82 municipalités de la CMM et chaque nouvelle administration de la Ville de Montréal, ainsi que celles de toutes les municipalités d'une certaine taille, qui doivent se réunir afin de se doter d'une vision et d'objectifs pour les quatre années à venir; il s'agira de structurer et d'établir des objectifs et des thèmes. Ces questions doivent «brûler» à l'agenda des candidats aux élections municipales, sachant que le maire de Montréal est aussi le président de la Communauté métropolitaine.

QUARTIERS
LA MÉMOIRE DES LIEUX

28

Vive la Montréal bigarrée!

MC Gilles
Fier locataire dans Hochelaga-Maisonneuve

Montréal, tout le monde veut te changer. Et c'est bien le pire. Car le plus beau de toi, c'est ce dont on n'a pas encore touché, toute ta diversité originale. Tes quelques vieux néons restants rue Sainte-Catherine, tes vieilles tavernes qui respirent le passé, certains « snacks à patates frites » qui nous plongent dans ton passé industriel et ouvrier, tous tes éléments bigarrés et colorés qui représentent si bien ce que nous sommes, nous, tes habitants.

D'ailleurs, tes coins et racoins les plus intéressants sont ceux où on ne t'a pas « bulldozée » : Hochelaga, Saint-Henri, Pointe-Saint-Charles et quelques rares lieux du centre-ville, là où on peut encore découvrir dans le même quadrilatère une vieille bâtisse aux pignons sculptés et des allées d'arbres le long desquelles les chevaux trottaient pour t'amener tes milliers de nouveaux arrivants.

On veut souvent te faire neuve, te faire propre. On critique ton manque d'unité architecturale. Mais tes plus beaux attraits résident pourtant sans conteste dans cette authenticité qui nous empêche d'oublier ton passé, tes origines, ce que tu es. Que ce soit tes bains publics qui nous replongent dans tes années difficiles, tes vieilles usines du quartier des fourrures qui tiennent toujours tête au nouveau bitume du Quartier des spectacles et tes vieilles banques, rue Notre-Dame, transformées en antiquaires et autres brocantes.

N'est-il pas mieux d'aller au cinéma chez toi dans l'ancien forum que chez le voisin dans une réplique de soucoupe volante faite de papier mâché? Poser la question, c'est y répondre.

Mais on a la démolition rapide chez toi et l'appel du neuf bétonné blanc nous happe encore trop souvent. On a beaucoup fait disparaître, c'est vrai, mais cette destruction n'aura pas servi à rien. Elle doit nous permettre de chérir les éléments de notre patrimoine que nous avons préservés, volontairement ou par accident. Que ces vestiges nous apportent les arguments et les énergies nécessaires à la préservation de toutes ces émotions urbaines qui t'accordent ton âme et ton charme.

Et par-dessus tout, cette volonté profonde de conservation doit se faire sans snobisme. De l'Orange Julep au Stade olympique en passant par le cinéma Snowdon et le théâtre Rialto, il y a une magie dans la contemplation de tes éléments urbains disparates et multiculturels. Ta force vive, Montréal, ressort d'une critique que l'on te fait trop souvent : ta diversité, ton quasi-chaos. Tu as pourtant la qualité de ce défaut. À l'image de tes citoyens, aucune convention ne semble t'appartenir et le *patchwork* urbain que tu représentes tue la monotonie habituellement accolée aux grandes métropoles. Ton anarchie est superbe puisque empreinte d'histoire, bien plus que toute perfection issue d'une table à dessin.

Avec tes empreintes européennes, américaines, asiatiques et africaines qui peuvent surgir du coin de chacune de tes rues, tu es, Montréal, comme nous, complexe et paradoxale, de tous les styles, de tous les temps, à la fois centenaire et jeune, rapide et relax, blessée, cicatrisée et jolie, presque humaine, résolument vivante.

Nous devons maintenant te protéger et te défendre. Mais pour ça, il faut savoir te redécouvrir, comme un vieux couple qui doit recommencer à se fréquenter et à se faire la cour comme aux premiers jours. Nous devons donc réapprendre à nous aimer avec nos jolis défauts. Et construisons ensemble. Ne te détruisons plus.

29

S'approprier l'hiver

Michel Hellman
Bédéiste

Bien que Montréal possède toutes les caractéristiques d'une ville nordique, elle semble, contrairement aux grandes métropoles scandinaves, n'avoir jamais pleinement su comment «s'approprier» l'hiver. On a l'impression que la ville vibre surtout en été avec ses festivals et événements spéciaux. Mais le reste de l'année, tout paraît languir, stagner. L'hiver est pour beaucoup une période qu'il faut subir ou même fuir si on en a les moyens. C'est bien dommage. Je pense qu'en s'inspirant de ce qui se fait dans certains pays nordiques, tout en gardant notre spécificité, on pourrait par quelques simples innovations permettre aux citoyens montréalais de mieux profiter des beautés et des plaisirs de la saison froide. Montréal doit tirer avantage à la fois de sa nordicité et de son multiculturalisme.

Je ne pense pas nécessairement ici à de grands projets – il y en a déjà quelques-uns comme le festival MONTRÉAL EN LUMIÈRE ou la Fête des neiges, au parc Jean-Drapeau, qui vont dans le bon sens – mais bien à des initiatives relativement simples, qui pourraient être réalisées dans tous les arrondissements de la ville. Des célébrations locales auxquelles on pourrait participer sans avoir à prendre la voiture ou le transport en commun et qui amuseraient aussi bien les jeunes enfants la fin de semaine que les travailleurs qui rentrent chez eux, le soir.

On pourrait, par exemple, fermer de temps en temps certaines rues à la circulation, comme on le fait en été, pour organiser des fêtes de quartier. Les commerçants y trouveraient leur compte en installant de petites tentes pour vendre leurs produits. Ce serait l'équivalent d'un marché à ciel ouvert avec des terrasses chauffées, de la musique, des dégustations de «menus arctiques» agrémentés aux couleurs locales (pourquoi pas des sushis de phoque, avec bière de microbrasserie et tire d'érable?).

La fermeture des rues serait également l'occasion d'organiser des manifestations sportives, comme un «tour de l'île» en traîneau à chiens ou à skis de fond. Et, si la neige n'est pas au rendez-vous, pourquoi pas un marathon hivernal la nuit, sous les flambeaux? Ce serait un beau spectacle qui montrerait qu'il est possible d'apprécier le manque de luminosité, l'une des grandes causes de déprime saisonnière.

Dans le même ordre d'idées, on pourrait profiter des journées courtes en créant des petits festivals artistiques avec projections de films extérieures dans différents lieux. Ces festivals pourraient être agrémentés d'un volet arts visuels avec des interventions éphémères illuminées, une forme de «sculpture sur glace» nouveau genre.

Au Danemark, on distingue trois types de lumière : la lumière «naturelle», provenant du soleil, la lumière «artificielle», émanant d'une ampoule électrique, et la lumière «vivante» projetée par une bougie. Dans ce pays nordique, cette distinction très poétique donne une idée de l'importance accordée à cette petite flamme qui parvient, grâce à l'ambiance qu'elle génère, à dissiper la morosité hivernale et qui rappelle la flamme du feu de camp.

En suivant cette idée, on pourrait aménager périodiquement certains petits parcs de la ville pour l'hiver, avec des barbecues en location et des petites cabanes pour encourager les pique-niques hivernaux, des balançoires et autres jeux d'enfants, mais, surtout, des feux de bois et de la musique pour rappeler aux passants que malgré ses désagréments, l'hiver a toujours été dans notre pays un moment d'échange et de rapprochement entre voisins.

L'excellente initiative Noël dans le parc du comédien Reynald Bouchard prouve que cette idée est faisable. Depuis quelques années, le parc Lahaie, au coin des rues Saint-Laurent et Saint-Joseph, se transforme durant le mois de décembre. On y vend des sapins de Noël mais aussi des saucisses et du vin chaud. Il y a des musiciens, des spectacles de marionnettes et un petit enclos avec des moutons. Les arbres sont recouverts de lumières et parents, enfants, étudiants, bobos du quartier et itinérants se réchauffent autour d'un gros feu de bois. En revenant de la garderie, mon petit garçon et moi aimons nous arrêter quelques instants dans ce lieu un peu magique, hors du temps, où l'on ressent la véritable chaleur de l'hiver.

30

Multiplier les villages et quartiers verts

François Cardinal

Griffintown est l'exemple parfait de ce qu'il ne faut pas faire, de ce qu'il ne faut plus faire à Montréal.

Secteur ingrat que le passage du temps n'a pas choyé, le quartier occupe une place fondatrice à Montréal et possède, en ce sens, une richesse historique insoupçonnée et clairement sous-estimée que la Ville a malheureusement négligée, piétinée. Jadis peuplé d'Irlandais qui y avaient élu domicile, le temps de creuser le canal Lachine, Griffintown est, avec le quartier Sainte-Anne, le berceau industriel de la métropole.

Quartier résidentiel populaire, Griffintown a été frappé une première fois par le changement de zonage brutal qui lui a été imposé par la Ville en 1963. Du jour au lendemain, il obtenait une vocation industrielle mur à mur. Puis, le canal Lachine a fermé. Et l'autoroute Bonaventure a été construite en surplomb, portant ainsi le coup de grâce au secteur.

Après une période de jachère d'une quarantaine d'années, il a retrouvé la faveur des promoteurs, puis de la Ville. Ce fut un autre coup dur et brutal. Car Montréal a alors ouvert Griffintown au privé comme Brossard l'a fait pour le DIX30 : en abordant le territoire comme un immense champ en attente de construction.

Le quartier a alors laissé le privé dicter ses vues, sans égard pour la mémoire des lieux.

Vrai, la Ville de Montréal a adopté en 2008 un «programme particulier d'urbanisme» pour le secteur. Mais ce document calqué sur les besoins d'un unique promoteur – dont le projet initial est mort – ne couvrait qu'un tout petit quart des 10 millions de pieds carrés de Griffintown…

Le reste du quartier, on l'a alors offert sur un plateau d'argent aux promoteurs jusqu'à ce qu'on se réveille, en 2011, et qu'on commande enfin un rapport à l'Office de consultation publique. Mais il était minuit moins une : déjà, le tiers du quartier était visé par un lotissement !

Neuf projets étaient en effet en chantier, deux avaient reçu le feu vert et six étaient «en traitement d'autorisation». Et ce, même si l'Office n'avait pas encore entendu un seul mémoire. Même si on ne savait toujours pas quoi faire du secteur. Même si chacun avait sa vision des lieux qu'il tentait tant bien que mal d'imposer.

La chambre de commerce locale souhaitait ainsi une vocation d'affaires. L'École de technologie supérieure demandait plutôt un pôle d'innovation. Les groupes de défense du patrimoine espéraient un quartier qui mettrait le passé en valeur. Et les artistes, un îlot culturel axé vers la création et la diffusion.

Dans le doute, les promoteurs y sont allés de leur propre conception des lieux. Certains ont traité Griffintown comme une extension du centre-ville et y ont érigé des immeubles en hauteur. D'autres y ont vu une extension du Vieux-Montréal et ont bâti des lofts et condos luxueux. D'autres, enfin, n'y ont vu qu'un terrain à développer et ont construit des maisons de ville en rangées.

On a ainsi effacé à la hâte, lot par lot, un important pan de l'histoire de Montréal, sans aucune vision. Sans même une planification ou un encadrement digne de ce nom.

Pourtant, Griffintown méritait mieux. Loin d'être un trou qu'il importe de combler au gré des occasions d'affaires, Griffintown est plutôt un quartier, déjà loti, dont la mémoire doit absolument être préservée.

La trame orthogonale de rues, par exemple, qui a précédé celle de Manhattan (1804). La New City Gas, qui se classe parmi les plus grosses et anciennes usines à gaz de première génération au monde (1848). Le Horse Palace, qui représente l'une des dernières écuries urbaines en Amérique du Nord (1862). Et le vieux poste de police de la rue Young (1875).

Même chose pour le patrimoine immatériel dont regorge le quartier. C'est dans ce secteur qu'ont habité les Irlandais (dont le trèfle fait partie du drapeau de la Ville) venus bâtir le canal et le pont Victoria. Là qu'a eu lieu la première grève au Canada (1843). Là que s'est écrasé un bombardier polonais pendant la Seconde Guerre mondiale. Là que le célèbre fantôme d'une femme décapitée cherche sa tête aux sept ans...

Griffintown n'est donc pas qu'une collection de vieilles pierres, c'est aussi une âme, une histoire, une mémoire vieille de 200 ans.

Bref, un patrimoine vernaculaire essentiel à la compréhension du Montréal ouvrier que l'on a pourtant traité comme un champ abandonné ou une friche industrielle sans valeur.

***

Autre secteur abandonné, autre histoire...

À l'autre bout de la ville, dans le coin de l'immense Orange Julep, se trouvent les terrains de l'ancien hippodrome Blue Bonnets. Des terrains qui s'apparentent véritablement à un champ, cette fois, mais que l'on a décidé d'aborder avec toute la délicatesse, la planification et les ambitions nécessaires. Allez comprendre...

On a là deux secteurs à l'immense potentiel et deux approches complètement différentes, le quartier de l'hippodrome étant un exemple parfait de ce qu'il faut faire, de ce qu'il faudra toujours faire à l'avenir.

D'abord, réfléchir avant d'agir. Ce qu'on fait avec l'hippodrome, mais qu'on a refusé de faire avec Griffintown. Plutôt que de se plier aux diktats du privé, on pose ainsi les jalons nécessaires pour un développement dont Montréal a besoin. Non pas les promoteurs.

Il fallait donc, en premier lieu, se donner la marge de manœuvre temporelle pour bien agir, une condition *sine qua non* si l'on se fie à ce qui s'est fait de mieux au Canada et à l'étranger. Le Waterfront de Toronto a nécessité huit ans, le City Centre Redevelopment d'Edmonton, cinq ans, et le quartier Nordhavnen de Copenhague, quatre ans.

Pour l'hippodrome, on s'est ainsi donné un horizon de cinq ans à partir de la cession des terrains par Québec, en 2012. La mise en vente des lots ne se fera donc qu'à compter de 2017. Une excellente chose.

Déjà, la réflexion a permis à la Ville de s'interroger, puis de se doter d'une vision claire : concevoir un projet destiné en particulier aux familles avec enfants, précisément ceux qui quittent l'île en grand nombre depuis des années.

Ensuite, aborder le projet tel un tout. Il importe en effet de penser au futur quartier de manière «holistique», c'est-à-dire en abordant ensemble toutes les sphères d'activité urbaine : transport, aménagement, environnement, patrimoine, milieu de vie, design, commerce.

Il faut aussi ancrer le projet dans son temps en intégrant le transport collectif en amont, en tenant compte des plus récentes innovations en design urbain et en gestion écologique, en pensant à l'avance à la présence de la nature et des équipements collectifs, etc.

Et il faut promouvoir la couleur locale. On peut certes s'inspirer des Hammarby en Suède et Vauban en Allemagne, mais on ne peut les transposer tels quels. Montréal est une ville de talent, de savoir, de créativité et de design, cela doit se retrouver dans le projet.

Enfin, ouvrir le processus aux experts et aux citoyens. Il doit en effet y avoir une appropriation, contrairement à ce qu'on a fait de Griffintown, un lieu où les tours anonymes grimpent vers le ciel sans lien avec le sol, les citoyens, les racines de la ville.

Le développement de Montréal n'est pas qu'affaire de promoteurs...

Cette fois, avec l'hippodrome, on y va de manière exemplaire, je dois le dire. On a mis de l'avant une vaste démarche de planification participative sous l'égide de l'Office de consultation. On a créé un comité-conseil formé d'experts montréalais de renom pour accompagner l'équipe de planification tout au long du processus (on y trouve notamment les professeurs Florence Junca-Adenot, Nik Luka et Franck Scherrer, le président de Vivre en ville, Alexandre Turgeon, et le directeur général de l'Hôpital Sainte-Justine, Fabrice Brunet).

Et on a tenu un imposant forum réunissant une cinquantaine d'experts en urbanisme, en aménagement urbain et en architecture en provenance d'Europe, des États-Unis et du Canada. Celui-ci a permis de rappeler ou de mettre de l'avant des éléments essentiels, comme la nécessité d'une mixité des usages, d'une ouverture aux quartiers avoisinants et d'un développement axé vers le transport actif.

Certes, la grande difficulté sera de concilier l'avidité du privé et les besoins du public, de densifier tout en laissant une large place aux espaces partagés, verts et communautaires, de privilégier le transport actif même si le site est à la confluence de plusieurs autoroutes.

Mais à tout le moins, cette fois on a mis de l'avant tous les éléments pour faire de la réhabilitation du secteur un succès.

***

Griffintown et l'hippodrome sont les deux faces d'une même médaille : un urbanisme tantôt imposé d'en haut, tantôt provenant d'en bas. Un urbanisme qui est pensé en fonction des besoins des promoteurs et des voitures, et un autre conçu en fonction des citoyens, des citadins et des piétons, de concert avec les promoteurs.

Le plus ironique, c'est que les deux projets émanent d'une même administration, dirigée alors par Gérald Tremblay. C'est d'autant plus curieux que l'on doit à cette même administration un plan d'urbanisme (2004) et un plan de transport (2008) visionnaires, qui jettent les bases d'un développement beaucoup plus participatif, durable et planifié que ce qu'on a fait de Griffintown.

Le plan d'urbanisme faisait en effet la part belle au nouvel urbanisme : une façon de repenser la ville, les quartiers, la vie de quartier à échelle humaine. Quant au plan de transport, encore plus ambitieux, il axait le développement de la ville sur le transport actif : implanter un système de vélos en libre-service (comme à Lyon et Strasbourg), permettre aux vélos de rouler sur les voies réservées aux autobus (comme à Londres et Paris), quintupler le nombre de places de stationnement pour vélos (comme à Copenhague et Stockholm), ajouter des supports à vélo sur les bus et taxis (comme à Vancouver et Portland), etc.

Deux documents, donc, mais une même approche basée sur la création de « quartiers verts », l'apaisement de la circulation, l'amélioration de la sécurité, l'accroissement de la quiétude, le verdissement du domaine public. Autant d'objectifs qui devraient, aujourd'hui, constituer la base d'une requalification des secteurs existants comme ce fut le cas ces dernières années dans Mercier-Est, Parc-Extension, Plateau-Est et NDG Sud-Est, par exemple, mais aussi la réhabilitation des secteurs abandonnés... comme Griffintown.

« Il a toujours fallu se plier à la sacro-sainte fluidité des rues pour des raisons de sécurité, entre autres. Nous rompons clairement avec cette vision », indiquait le responsable du transport, André Lavallée, lors du lancement du plan de transport.

Il faut donc, dorénavant, penser en termes de « villages urbains » : des lieux où il fait bon vivre, où la mixité des usages permet une activité toute la journée, où les piétons et cyclistes peuvent cohabiter avec les automobilistes sans crainte d'être happés.

Comme le souligne l'architecte danois Jan Gehl dans son excellent livre *Pour des villes à échelle humaine*, la vie de quartier est l'objectif vers lequel tout le monde tend. La preuve étant les dessins en perspective des architectes qui montrent invariablement des passants, nombreux, heureux, qui donnent beaucoup d'humanité à leurs projets.

Pourquoi donc bâtir ensuite sans se soucier de la vie qui naîtra autour des immeubles, comme on l'a fait avec Griffintown ? Ou comme on l'a fait dans le passé avec Bois-Franc Saint-Laurent et Faubourg Québec, des cités-dortoirs sans âme en pleine ville ?

Heureusement, dans le cas de Griffintown, l'administration montréalaise a tenté de se rattraper. Elle a fini par lancer une consultation qui a été suivie d'une vision de développement pour le secteur, appelé « programme particulier d'urbanisme ».

Enfin, on envisage les lieux comme un véritable milieu de vie, un quartier où les résidants pourront vivre, travailler et consommer sans avoir à se déplacer en voiture. On mise ainsi sur la densité, la mixité et les espaces publics comme leviers de transformation urbaine. On souhaite accroître et diversifier l'offre de logements, construire du logement social, promouvoir la vie communautaire et coopérative.

Plus encore, le travail de réflexion qui a fini par se faire a pu dégager trois priorités pour l'avenir : le patrimoine, les piétons et les familles.

On préserve ce qui fait la spécificité de Griffintown, sa grille de rues, ses axes historiques, ses bâtiments patrimoniaux. Un souci qui va jusqu'à la récupération des pavés lors du réaménagement des rues !

On affiche un véritable parti pris pour les piétons, ce qui ne va pas nécessairement de soi dans ce quartier industriel délabré. On promet de doubler les endroits où les piétons auront priorité. On entend planter 1500 arbres. Et on exigera des promoteurs la création de dégagements et de « jardins urbains » propices à la rencontre.

Et on mise sur l'attrait du quartier auprès des familles... un pari intéressant, mais probablement trop tardif. Le prix des terrains et l'absence de planification en amont réduisent la marge de manœuvre de la Ville qui a pris trop de temps avant de prévoir une école, des services de santé, des équipements collectifs, etc.

Mais, au moins, on a fini par comprendre qu'il fallait contraindre les promoteurs à bâtir des logements offrant plusieurs chambres à coucher, transformer les rues en « milieu de vie » pour tous âges, aménager une piste cyclable et ajouter six espaces publics.

Et au moins, on a fini par tirer des leçons de cette occasion probablement ratée pour mieux envisager la prochaine.

31

Un réseau de promenades métropolitaines

Dinu Bumbaru
Directeur des politiques à Héritage Montréal

Au pays du *Je me souviens* et d'une fascination collective pour l'histoire, il est grand temps que la métropole renoue avec sa géographie exceptionnelle d'archipel dans un fleuve géant et de vaste plaine ponctuée par les collines Montérégiennes et d'autres belvédères, et que sa population redécouvre le plaisir citoyen de s'y promener.

Alchimistes des métropoles modernes, Paris, Séoul ou, récemment, New York avec son merveilleux High Line, ont transformé d'anciens viaducs en fabuleuses promenades de plusieurs kilomètres. À Helsinki, Sydney ou Québec, des services permanents de traversier permettent aussi de se promener sur l'eau. À Berlin, les « flâneurs » sont reconnus comme composantes intégrales du plan de transport !

À Montréal depuis le 19ᵉ siècle, malgré des progrès récents comme l'extension du réseau cyclable, on tablette les idées visionnaires – promenade autour du mont Royal, boulevards et giratoires urbains par Jacques Gréber, Réseau vert par Jean Décarie – pour se lamenter de notre image congestionnée, fruit des débats auto-vélo-métro-impôts-météo et des constantes réparations d'infrastructures mal conçues, mal construites et mal entretenues.

Pourtant, derrière les embouteillages, il y a une urbanité bien vivante qui s'incarne dans une diversité de lieux et d'usages – quartiers, villages, édifices communautaires, domaines institutionnels, fleuve, archipel, mont Royal, Saint-Hilaire, Vieux-Montréal, île des Moulins, bassin de Chambly, Parc olympique, chemins anciens, canaux, parcs, jardins, paysages urbains et ruraux, vergers... Ceux-ci restent cependant méconnus, victimes isolées d'une gestion et d'un développement fragmentaires qu'accentue le découpage du territoire par une accumulation d'infrastructures de transport et autres obstacles. Il faut impérativement relier ces lieux identitaires pour permettre à la population de transcender les frontières artificielles et d'apprécier à sa juste valeur le site exceptionnel de Montréal, sa géographie, son histoire, son patrimoine, ses paysages ou les produits des terroirs métropolitains !

Voilà la proposition de promenades montréalaises et métropolitaines, des parcours interarrondissements/intermunicipaux balisés, empruntant les rues, les parcs ou encore des viaducs, des friches ou des passages insolites et d'une architecture intelligente. Encourageant l'activité physique et culturelle, idéalement dotées de trottoirs généreux au lieu de mesquines bandes bétonnées ordinaires, ces promenades seraient ponctuées de fontaines, de vespasiennes et d'espaces de repos pour y favoriser la lecture, le dessin, le pique-nique ou d'autres activités selon les saisons. La participation de la population et d'artistes à leur conception, à leur réalisation et à leur maintien préviendrait l'«impossibilisme» tout en favorisant l'innovation sociale.

Il est grand temps d'arrêter de négliger notre territoire et son aménagement en lui reconnaissant la valeur de «service essentiel à la citoyenneté». L'adoption du Plan métropolitain d'aménagement et de développement (PMAD), en 2012, et l'approche du 375e anniversaire de Montréal, en 2017, offrent de belles occasions pour réaliser des promenades urbaines bien aménagées (la Ville de Montréal et la Communauté métropolitaine ont annoncé qu'elles y travaillent d'ailleurs).

Faisons-en une exigence citoyenne. Prenons plaisir à nous promener! C'est bon pour nous et bon pour la métropole!

32

Habiter Montréal

Gabriel Nadeau-Dubois

Résidant de Villeray, ex-militant étudiant, diplômé de l'UQAM en histoire culture et société et étudiant à l'Université de Montréal en philosophie

Montréal, Montréal, Montréal. La métropole culturelle, intellectuelle et économique du Québec fait beaucoup jaser. À l'heure où la capitale, sous la gouverne du clinquant Régis Labeaume, épate la galerie en attirant des supervedettes et des compétitions viriles de sport extrême, on écrit beaucoup sur le soi-disant déclin de la ville aux mille clochers. On s'inquiète, se questionne : la métropole est-elle malade ? Son économie est-elle en difficulté ? Attire-t-on assez de touristes, assez d'investissements ?

Ce sont là des préoccupations légitimes, mais il est frappant de constater à quel point le discours dominant sur l'état de santé de la métropole passe sous silence un aspect qui devrait pourtant figurer en tête de la liste des priorités : le logement. Car une ville, avant d'être un endroit où l'on investit et consomme, est, tout simplement, un lieu qu'on habite.

Or, c'est peut-être cela qui devrait nous préoccuper le plus lorsqu'on s'interroge sur la situation de notre ville. À Montréal, il est de plus en plus difficile de se loger convenablement. Cela fait maintenant 13 années consécutives que la métropole est officiellement en crise du logement : depuis 1999, le taux d'inoccupation des logements locatifs n'est jamais monté au-dessus de la barre des 3 %, considéré comme le point d'équilibre. Au moment d'écrire ces lignes, près de 22 000 ménages figuraient sur la liste d'attente de l'Office municipal d'habitation de Montréal pour un HLM.

Pendant ce temps, la Société canadienne d'hypothèque et de logement dénombrait la construction, en 2012, de 650 logements locatifs et de... 5999 unités de condominium. La même année, le Mouvement Desjardins s'inquiétait des signes persistants de saturation du marché des condos : selon une de ses chercheurs, c'est près de 1800 unités achevées qui étaient toujours inoccupées en mars 2012.

Montréal construit, mais ne construit pas ce dont ses citoyens ont besoin. Les familles en sont les grandes perdantes. Si je devais avancer une seule solution pour relancer Montréal, ce serait celle-là : un plan de logement ambitieux, financé par tous les paliers de gouvernements, visant à consolider le secteur non spéculatif fort, sous forme de logements publics, coopératifs et sans but lucratif. Certains trouveront cela trop peu ambitieux. C'est qu'ils ont peut-être oublié ce qu'était une ville. La métropole a tout avantage à revenir à un projet urbain certes plus humble, mais tellement plus humain : construire une ville où il fait bon vivre. Et cela ne peut commencer que par avoir un chez-soi propre, sécuritaire et abordable.

CULTURE
UNE MOSAÏQUE UNIQUE

33

Un festival international de formation en musique

Kent Nagano

Directeur musical de l'Orchestre symphonique de Montréal

Le Québec et plus particulièrement la ville de Montréal sont si riches historiquement, culturellement et socialement tout en étant complexes, généreux et visionnaires; de tant de façons, ils établissent un lien, autrement absent, entre l'Amérique du Nord et ses racines européennes. C'est à la jeunesse de cette société unique que s'adresse un souhait bien précis: que nous l'aidions à maximiser le développement de son potentiel en la préparant activement pour le monde professionnel et, ce faisant, en lui offrant le privilège d'avoir accès à un éventail de choix et d'options quant à son épanouissement.

Montréal et le Québec sont reconnus pour leur diversité exceptionnellement bigarrée, dont ils retirent une véritable fierté. Tant de générations aux antécédents variés se sont liguées pour construire ce qui a été défini comme une «mosaïque culturelle unique». Une de nos sources d'énergie et d'espoir les plus vives repose peut-être bien dans les mains de notre prochaine génération.

S'enorgueillissant d'un nombre important d'étudiants au postsecondaire, Montréal semble souvent vibrer de l'énergie de la jeunesse tant sur le plan de la création que sur le plan de l'engagement. Ces grandes institutions d'enseignement reconnues internationalement que sont l'Université de Montréal, l'Université McGill, l'Université du Québec à Montréal et l'Université Concordia offrent actuellement un enseignement du plus haut niveau; un prolongement naturel pourrait se trouver dans des programmes de formation professionnelle compétitifs.

Afin que soit reconnu le potentiel de Montréal en tant que centre international du développement des arts et lettres ainsi que de la culture au 21e siècle, je pourrais imaginer la mise sur pied d'un festival international et compétitif de formation professionnelle en musique. Un tel événement pourrait s'apparenter à divers festivals estivaux américains, tels que l'Aspen Music Festival and School. Le Tanglewood Festival du Boston Symphony, le Ravinia Festival du Chicago Symphony, le Blossom Festival de Cleveland et l'Academy of the West de Santa Barbara démontrent depuis plusieurs années que de tels programmes peuvent se révéler une phénoménale source d'enrichissement culturel et d'engagement au sein des communautés qui les accueillent.

Je suis d'avis qu'à Montréal nous pourrions aller encore plus loin en exploitant nos caractéristiques culturelles spécifiques, qui font que nous ne voyons pas l'Atlantique comme une barrière. Des pédagogues qui viendraient aussi bien du Québec, de l'Amérique du Nord, de l'Asie et surtout de l'Europe (dont la majorité de notre grande littérature musicale est issue) pourraient se joindre aux exceptionnels professeurs de l'Orchestre symphonique de Montréal (OSM) dans le cadre d'un festival qui offrirait un niveau de perfection, une expérience et du réseautage incitant nos jeunes talents à se dépasser, tout en leur donnant les moyens de réaliser leurs plus grands rêves et ambitions.

Alors que nous réfléchissons à l'avenir de Montréal, nous ne pouvons qu'être saisis par la qualité de la vie culturelle et artistique dont nous bénéficions déjà quotidiennement en cette ville. Avec le recul, on constate que plusieurs jalons ont marqué les dernières années. En 2011, l'OSM invitait le public à s'approprier sa nouvelle résidence, la Maison symphonique de Montréal, nouveau cœur culturel de la ville si longuement attendu. La métropole verra l'inauguration de son premier orgue de concert destiné au répertoire avec orchestre en 2014, à la fin de la 80e saison de l'OSM. De plus, alors que l'Orchestre célèbre cet anniversaire, il jouit de sa reconnaissance à titre de pilier de la vie symphonique au Canada et de digne représentant d'une grande tradition culturelle internationale.

Compte tenu de son implication de longue date, il est clair que Montréal dispose déjà des infrastructures, de l'expertise, de l'histoire, de l'enthousiasme et de l'intérêt public afin d'investir dans un tel forum pour notre jeunesse.

À titre d'exemple, on peut penser à la Virée classique, ce nouveau festival lancé par l'OSM et Montréal en 2012 et qui a obtenu un succès remarquable. Proposant une expérience de la musique classique à la fois informelle et novatrice, durant l'été, cet événement serait une plateforme idéale pour présenter les jeunes musiciens professionnels les plus doués, venus à Montréal de partout dans le monde pour étudier et partager avec nous, collaborer et participer à la saison des festivals.

Que Montréal – ce grand centre urbain animé, cette ville magnifique au confluent des cultures, des langues et de diverses traditions – s'engage afin d'offrir un environnement idéal pour la préparation et la stimulation des plus brillants talents de demain s'inscrirait naturellement en tant que partie intégrante de notre tradition.

J'ose espérer que soit maintenant venu le temps d'intensifier nos offres de projets et de perspectives à la prochaine génération du 21e siècle – notre avenir.

34

L'art comme lieu de rencontre

Phoebe Greenberg
Fondatrice et directrice de DHC/ART Fondation pour l'art contemporain et du Centre PHI

Je suis née ici, j'ai vécu sept ans à Paris et j'ai passé suffisamment de temps dans chacune des plus belles villes du monde pour statuer que Montréal est une des villes les plus vivantes de la planète. Quand on oublie les nids-de-poule et tous les travaux routiers qui paralysent parfois la ville, on réalise rapidement que Montréal n'a rien à envier aux grandes capitales du monde. Car Montréal a une énergie bien à elle, Montréal a une jeunesse que les autres n'ont pas. Montréal a un talent et une générosité artistiques de haut niveau.

Et c'est pour cela qu'il est si important que Montréal ait des centres d'art à la hauteur de l'énergie créative de la ville; des centres qui sachent inspirer les artistes, autant ceux d'aujourd'hui que ceux des générations à venir; des centres qui permettent à la ville de susciter l'excellence et de l'attirer tant par la technologie que par le côté inspirant des lieux.

Montréal a aussi un autre avantage sur le reste des grandes villes de la planète : c'est sans doute un des endroits où l'on est le plus conscient des enjeux planétaires et de l'importance de faire de la Terre un endroit où il fait bon vivre. Montréal est une ville ouverte sur le monde, une ville accueillante qui aime les échanges et les différences d'opinion et de culture.

Mais pourquoi passer par l'art, pour exprimer tout cela ? Parce que l'art est un lieu de rencontre. L'art a toujours été un initiateur de changement, un déclencheur de modernité et un créateur d'échanges. Parce que l'art unit les gens, et il les réunit. L'art est un rassembleur d'humanité.

Et c'est ce que j'ai voulu faire. Ouvrir Montréal à de nouvelles possibilités. Démocratiser l'art sous toutes ses formes. Donner à Montréal un lieu où tous les arts convergent, où tous les arts peuvent s'exprimer sans discrimination. Car j'ai toujours cru que meilleures sont les rencontres, mieux se porte le monde. Comme j'ai toujours cru que Montréal était l'endroit idéal pour les projets porteurs d'avenir.

35

Hausser le niveau du débat public

Simon Brault

Président de Culture Montréal, vice-président du Conseil des arts du Canada et directeur général de l'École nationale de théâtre du Canada

Montréal est objectivement la métropole déclassée d'un pays qui penche résolument vers l'Ouest. Elle est aussi la métropole mal aimée d'un Québec qui s'y reconnaît et s'y identifie de moins en moins. Mais elle est surtout une métropole émergente, bien branchée sur les réseaux planétaires grâce à son exceptionnelle effervescence créative dans les domaines culturel et scientifique.

Montréal est une ville complexe à orienter et à développer à cause de son histoire, de sa géographie, de sa taille, de son organisation, de sa diversité et de sa réalité linguistique.

Toute négation de cette complexité conduit à des échecs coûteux. La promotion de solutions simples et radicales, la tentation récurrente du « gros bon sens », l'imposition de projets urbains mal pensés, les coups de gueule préventifs ou réactifs contre les contestataires peu importe la valeur de leurs arguments, les crises d'allergie aux consultations populaires qu'on refuse de soigner, le rabaissement du discours de certaines institutions à des slogans aussi vides qu'interchangeables et la quête perpétuelle d'un messie pour diriger la cité continuent pourtant d'avoir la cote dans nos médias.

Il est impératif de hausser le niveau du débat public pour qu'on puisse prendre des décisions qui ne soient pas des compromissions ou pour rectifier le tir en cours de projet lorsque nécessaire.

Pour cela, il faut cesser de lancer des ultimatums, de faire gicler à la moindre occasion la pluie de statistiques et de chiffres qui confondent ou de stigmatiser ceux qui posent des questions et avancent d'autres hypothèses que celles retenues par les promoteurs que Montréal a tellement peur de contrarier, comme s'il était d'emblée exclu qu'ils peaufinent et améliorent leurs projets.

Les imperfections de nos projets et l'immobilisme sont solubles dans un débat public de haut niveau. Heureusement, de récentes avancées l'ont rappelé. C'est le cas, par exemple, du Plan métropolitain d'aménagement et de développement sur lequel on fonde beaucoup d'espoir, ou du Plan Montréal Métropole culturelle 2007-2017 dont les retombées sont déjà tangibles.

Montréal a plus que jamais besoin que ses experts, penseurs, artistes, journalistes et chroniqueurs nourrissent et élèvent tous les débats et consultations que ses citoyens sont prêts à assumer pour que les intelligences qu'elle recèle soient pleinement mobilisées afin de construire une ville complexe comme la vie qui y bat à toute force.

36

Créer un parcours d'œuvres d'art

Lorraine Pintal
Directrice artistique et générale du Théâtre du Nouveau Monde

Si on observe de près la dimension géographique de Montréal, on devine la relation que les citoyens entretiennent avec les arts et la culture. Il suffit d'avoir l'esprit ouvert et l'œil visionnaire pour immortaliser l'espace urbain par l'intégration de l'art public afin de faire apparaître les beautés anciennes ou cachées des lieux.

Montréal est une ville à la fois urbaine et rurale, bétonnée et minérale, moderne et ancienne. Ici, une rue lève le rideau sur le quartier des théâtres. Là, des espaces verts déploient leurs tréteaux pour une animation de rue. On a fait éclater l'asphalte pour y faire naître des couleurs dans le Quartier du musée. La cité affiche son modernisme en faisant chanter ses immeubles au son de la musique classique, du jazz, des sonorités électroniques. Montréal s'expose sous la lumière crue des canicules et hiberne sous la neige multicolore, éclairée par les créations lumineuses des artistes. Pétrie de paradoxes, Montréal est d'un esthétisme séduisant (le Quartier international), d'un kitsch déroutant (la rue Saint-Denis et le Village gai), d'une convivialité étonnante (Rosemont–La Petite-Patrie). Elle a des rides (le Vieux-Montréal) mais s'est fait faire un *lifting* (le Quartier des spectacles). Son curriculum vitae est riche en histoires et en traditions.

Le dilemme cornélien demeure : Montréal est-elle belle ou laide ? La désorganisation qui y règne semble refléter un manque d'intérêt pour certains de ses quartiers, ses stationnements à ciel ouvert, ses trous urbains, ses ruelles sales et sombres. Toutefois, ce constat m'amène à m'interroger sur ce réflexe incompréhensible de la rendre uniforme et, dans certains cas, uniformément laide. Pourquoi aplatir les contrastes ? Pourquoi vouloir que toutes les architectures se ressemblent ? La diversité n'est-elle pas synonyme de créativité ? N'est-elle pas le reflet de Montréal, la ville aux mille visages qui se dévoilent au rythme de ses fêtes, de ses événements, de ses manifestations ? Montréal est marginale par ses excès, son développement boulimique, mais au moins, son image n'est pas floue ! Elle est une île aux contours nets qui délimitent son territoire. Montréal est une ville ner-

veuse. Il faut donc dessiner son système nerveux par un parcours déambu-
latoire culturel et artistique.

Ce qui s'impose d'emblée pour faciliter l'appropriation du milieu urbain par
le citoyen, c'est la création d'un parcours d'œuvres d'art qui orneraient des
havres de paix bucoliques, des parcs de gratte-ciel liés entre eux par une
ceinture de sculptures, des fonds de ruelles rythmés par des raps psychédé-
liques. Il est primordial de mettre au centre du développement de Montréal
les besoins et l'intérêt du citoyen. Ce dernier a un grand besoin de culture
vivante pour se sentir vivant lui-même. Le citoyen montréalais est très
réceptif au rythme qui anime sa ville. Rien n'est plus décevant pour l'avenir
d'une ville que les occasions perdues de lui donner un éclat, que les non-
consensus, que les freins administratifs. Montréal a besoin de transformer
son histoire en instants présents. Les citoyens sont en marche pour imaginer les conditions gagnantes pour bâtir leur ville à leur image : spontanée,
curieuse, créative !

37

La culture, une œuvre collective

Manon Gauthier

Chef de la direction du Centre Segal des arts de la scène

Pour se sentir partie intégrante d'une société, il faut donner, à tous, le
sentiment que leurs différences sont les bienvenues dans le projet commun. Une ville, c'est un projet commun. Un bien public, une œuvre collective. La définition de cette œuvre collective passe indéniablement par
la culture.

Pour élever Montréal au statut de métropole culturelle, il convient *a priori*
d'en redéfinir l'espace culturel. Il faut, d'une part, promouvoir et célébrer
notre statut de métropole internationale francophone et, de l'autre, assumer
notre identité cosmopolite, cette vitrine globale qui nous permettra de
rayonner au-delà de la francophonie.

Il est temps qu'à Montréal, on élargisse la route culturelle pour y inclure à la fois ses artistes et ses principaux pôles de création et de diffusion, au-delà de son incontournable cœur culturel du Quartier des spectacles. Alors que l'attention populaire et les fonds publics affluent vers le centre-ville, plusieurs destinations culturelles s'épanouissent à travers ces quartiers qui bouillonnent de création, d'expérimentation, qui sont lieux de résidences pour les artistes, témoignant de la riche diversité culturelle, artistique et linguistique qui fait de Montréal une ville unique, exemplaire et résolument cosmopolite. Dans le Montréal de demain, la culture, pour rayonner, ne peut pas être dissociée des politiques d'aménagement, de mobilité et de mixité urbaines.

Si l'ambition est de mieux nous faire connaître, de mieux nous exporter et ainsi légitimement promouvoir un modèle de création et de diffusion riche et diversifié, il nous faut un Montréal de demain qui puisse d'abord et avant tout intégrer et assumer librement sa pluralité. La diversité fait partie de l'ADN culturel de Montréal. Encore faut-il comprendre que langue et diversité ne font pas qu'un. Pourtant, la vaste majorité de ses institutions culturelles ne reflète toujours pas cette diversité, ce vivre-ensemble, résultat de politiques culturelles exclusives et limitatives.

La place publique culturelle doit impérativement porter à la scène cette diversité, cette dualité qui nous tiraille et qui nous divise. La culture est ce lieu même de débat libre, d'expression démocratique et de rassemblement.

Et l'avenir, alors ? Peut-on imaginer un Montréal qui, à grands coups de culture, concilie et réaffirme sa fierté francophone, tout en reconnaissant sa diversité et sa liberté d'expression culturelle, artistique et linguistique ?

Le philosophe Emmanuel Levinas disait que comprendre une personne, c'est déjà lui parler. Poser l'existence d'autrui en la laissant être, c'est déjà avoir accepté cette existence, avoir tenu compte d'elle. Penser à autrui relève de l'irréductible inquiétude pour l'autre. Il est temps à Montréal de nous inquiéter les uns pour les autres, de dépasser nos « solitudes », au-delà du schisme culturel entre anglos et francos. Il s'agit de penser désormais au destin commun que les Montréalais, de toutes origines, veulent bâtir ensemble, riches de leur diversité. Au risque, sinon, de passer pour un vieux couple qui, se disputant depuis tellement longtemps, n'intéresse plus personne. Montréal est riche de cette dualité et elle doit être le terreau de son développement.

38

Jeter des ponts

Nathalie Bondil
Directrice et conservatrice en chef du Musée des beaux-arts de Montréal

Bientôt de nouvelles élections municipales : demandez le programme !

Montréal a besoin d'un sérieux leadership, car malgré ses atouts (à l'échelle de la province, c'est la métropole universitaire, financière, cosmopolite, internationale, technologique et avant-gardiste, à l'échelle du Canada, c'est la cité créative... n'en déplaise au *Maclean's*), elle fait face à la concurrence sévère qui se joue au 21ᵉ siècle, ville contre ville. Au défi de son insularité, Montréal doit jeter des ponts aux sens propre et figuré.

Jeter des ponts culturels pour que les investissements publics et privés dans les infrastructures culturelles profitent à l'ensemble des métropolitains. Ces outils collectifs appartiennent à tous les Québécois. Certaines actions sont espérées : concertation dans les travaux de voirie, aménagement d'horaires avec la Société de transport de Montréal, création de stationnements et de navettes, amélioration de la signalétique du réseau culturel (noms dans les stations de métro et panneaux urbains distinctifs...).

Montréal doit davantage « jeter des passerelles » vers la banlieue pour faciliter la venue de visiteurs, de scolaires et des familles. Sachant que les activités culturelles favorisent la réussite scolaire (étude Hill Strategies, 2012) alors que le seul coût de la location d'un bus empêche une majorité d'écoles d'effectuer ces sorties – qui sont, c'est un paradoxe, parfois offertes gratuitement – cette problématique d'accessibilité s'inscrit au-delà de l'économie culturelle, du développement touristique et du divertissement.

Facilitons l'accès du secteur éducatif à nos ressources collectives. Imaginons avec l'ensemble des acteurs institutionnels et les municipalités des moyens pour que le centre-ville ne soit pas un ghetto mais un carrefour, pour que le Grand Montréal ne soit pas une mosaïque de cultures mais bien une métropole (inter)culturelle.

Jeter des ponts aériens en renforçant les liaisons directes avec l'international avec l'aéroport de Montréal. Comme le soulignait récemment la Chaire de tourisme de l'UQAM, nous sommes nombreux à réclamer que Montréal soit reliée par des vols directs, aujourd'hui notoirement insuffisants, vers la Silicon Valley qui est stratégique pour nos entreprises technologiques et vers l'Asie-Pacifique et l'Amérique du Sud pour nos relations d'affaires, touristiques et culturelles.

De plus, si Montréal veut attirer davantage de congrès et de sièges sociaux, Aéroport de Montréal, Tourisme Montréal et la Chambre de commerce doivent tout mettre en œuvre pour conserver ou introduire des liaisons directes avec l'appui des ministres responsables du Tourisme, du Développement économique et de la Culture. Face aux économies émergentes, tout n'est pas perdu, au contraire : au-delà des erreurs passées, soyons proactifs et sans relâche auprès du fédéral; encourageons la chasse aux transporteurs aériens. Mobilisons-nous car la concurrence n'a pas fini de se durcir... et pas seulement avec le carrefour aérien torontois dominant mais bien avec d'autres villes plus compétitives.

Un exemple : le Musée des beaux-arts de Montréal est celui qui exporte le plus au Canada ses «expositions maison» (en 2013, deux fois plus de projets sont présentés à l'étranger qu'à Montréal). C'est un défi dont nous pouvons être fiers car il s'agit d'exporter des projets de conception complexe dans un contexte compétitif. Apprécié à l'international, ce savoir-faire conjure un marché local restreint, la recherche de partenaires financiers extérieurs permettant au final d'offrir à nos concitoyens des expositions majeures à moindre coût.

Pourtant, le manque de vols directs (parmi d'autres, San Francisco, Seattle, Portland pour les exportations Gaultier, Pérou, Venise toujours via Toronto, sans compter l'absence de vols directs vers l'Amérique du Sud). Ces coûts supplémentaires pénalisent l'entrepreneuriat. Cette situation particulière a cours pour bien des productions culturelles ainsi que pour de nombreuses PME québécoises qui s'exportent pour répondre au défi d'un marché local limité. Cet esprit d'entreprise qui vend la créativité et l'excellence doit être soutenu.

Quant au troisième pont qui pourrait devenir un symbole de Montréal, nous avons raison d'exiger un concours de design pour le nouveau pont Champlain afin de créer une architecture forte, une signalétique urbaine à l'image du Golden Gate de San Francisco, pour permettre à la métropole d'affirmer son identité dans le monde en un clic visuel.

RELÈVE
PLACE AUX ENFANTS

39

Redonner notre ville à tous les enfants

Dr *Gilles Julien*
Pédiatre social et Grand Montréalais
(grand seulement dans ce qu'il peut changer pour les enfants)

Nous sommes une belle grande ville devenue un peu terne.

Je ne parlerai pas de l'état des routes, ni de la collusion, ni des ruelles qui ne peuvent pas toujours se transformer en patinoires dans cette belle ville métropolitaine. Je ne parlerai que des enfants qui y habitent et qui peinent à y trouver leur place. Ce sont pourtant les citoyens de demain, qu'on le veuille ou pas !

Au début, on avait quelques quartiers pauvres comme Hochelaga et deux ou trois autres. On a maintenant une carte de ville criblée de poches de pauvreté où les enfants n'y vivent pas le plus grand bonheur.

Dans nos quartiers, les enfants ne trouvent pas beaucoup de place à eux où on respecte leur droit de vivre pleinement. La rue est dangereuse, les ruelles sont délabrées et peu fréquentables, les logements sont souvent inadéquats, les beaux parcs se font rares et les adultes non recommandables sont nombreux à tourner autour.

Même les écoles sont placardées par insalubrité et les enfants doivent être déplacés dans d'autres quartiers pas nécessairement plus sécuritaires. On annonce qu'on reconstruira une ou deux écoles, mais on ajoute qu'on ne trouve pas de budget. Les enfants pourront attendre leur tour encore une fois.

On y trouve bien sûr quelques oasis de paix menées à bout de bras par des bénévoles et des organismes du milieu. On y rencontre des intervenants qui se brûlent de trop vouloir en faire et, malheureusement, on n'y croise pas souvent l'espoir. Dans le chaos, car c'est bien de cela que l'on parle, rien ne va plus, mais des traces d'humanité réussissent heureusement tant bien que mal à maintenir le calme.

Il n'y a pas de « meilleure bonne idée » pour ramener Montréal en terre fertile. Il y en a une qui m'apparaît pourtant évidente : Montréal appartient à chacun de nous et c'est à nous tous qu'il importe d'en fabriquer le terreau.

Relancer Montréal, c'est ramener la créativité au centre de tous ceux qui y habitent, c'est ramener la liberté des initiatives des milieux et de l'entraide spontanée, c'est aussi et surtout ramener le savoir-vivre et le savoir-être tous les jours de l'année entre Montréalais.

Je propose de commencer par les enfants. C'est plus facile, car ils sont déjà en soi un terreau fertile. Ils sont prêts et pourront certainement nous influencer.

Commençons par les plus souffrants dans les nombreux quartiers défavorisés de Montréal. Demandons-leur ce qu'ils souhaitent de Montréal, leur ville. Ils la veulent belle et fière, ils souhaitent de beaux parcs et des endroits où ils peuvent jouer en toute liberté et sécurité. Ils optent pour un logement où ils ont un espace à eux sans moisissures, rats, coquerelles et autres rampants qui leur font tellement peur. Mais surtout, ils veulent des adultes qui s'intéressent à eux, qui se conduisent bien avec eux, qui les respectent et qui leur servent de guide et de mentor.

Puis, il y a tous ceux qui veulent découvrir leur ville, se l'approprier, parcourir ses ruelles, franchir sa montagne, explorer son île majestueuse et garder l'espoir d'y contribuer un jour.

Mon plus grand espoir, c'est celui de redonner notre ville à tous les enfants, une ville où ils sont aimés et privilégiés dans tous ses recoins, cachés ou non, une cité unique où on se préoccupe de leur bien-être et de leurs droits, en priorité.

Mon plus grand souhait, c'est que tous les décideurs de Montréal, toutes les personnes influentes et tous les adultes consentants se mobilisent pour le succès de tous les enfants, pas seulement une fois l'an, mais chaque jour dans leur milieu.

Ce serait le moyen de redonner à notre Montréal toute la fierté qui lui revient.

Elle se ferait belle pour ses enfants.

40

Rêvons une ville jeune

Dominic Champagne
Auteur, metteur en scène et père de trois garçons

Rêvons un peu. Montréal : ville jeune. Montréal : une ville où on mise sur l'air que déplacent les enfants, parce que ce déplacement d'air nourrit la plus belle influence sous laquelle il nous sera jamais donné de vivre et de nous brancher sur la suite du monde.

Faire le pari d'une société où les individus sont collectivement obligés envers les enfants, profondément engagés à vivre avec eux. Faire déborder leur présence partout où c'est possible. Renverser la tendance actuelle au vieillissement, au célibat et à la solitude ! Montréal, ville où les familles jugent qu'il est préférable d'y vivre plutôt que de s'exiler en banlieue. Montréal, ville où en matière d'aménagement, de transport, de construction, de rénovation, la place faite aux enfants est au cœur des choix, une exigence essentielle et incontournable.

On s'assure qu'un minimum d'appartements, de condos, de logements auront assez de chambres pour permettre aux familles d'y habiter. On multiplie les espaces publics agréables où on pourra jouer, lire, casser la croûte avec les enfants. On ferme nombre de ruelles à la circulation des voitures et on y plante des arbres qui pourront grandir jusqu'à maturité, en réservant une place royale au hockey bottine. Par exemple, on encourage les bars avec des sections aménagées de sorte qu'à la fin de la journée, de 5 à 7, on puisse y boire, y manger et où les enfants peuvent jouer !

De plus, on met tout en œuvre pour rapprocher les jeunes de Montréal, quelle que soit leur origine ethnique, des jeunes vivant dans les régions éloignées. Et vice versa. Multiplier les échanges, avec stages dans les familles, d'une école à une autre, d'une équipe sportive à une autre, d'un camp d'été à un autre. Pour que les jeunes de Montréal puissent se brancher sur la réalité des gens de Rimouski, de Rouyn, de Saguenay. Faire le pari que ce métissage des cultures nourrira la fierté de cette mise en commun et fera de Montréal le carrefour d'un art de vivre humaniste, un modèle d'ouverture et de bonne entente, à l'encontre de la perception décalée que les régions ont pu avoir de ce qui se passait dans les rues de Montréal-la-Rouge au printemps 2012.

Prenant pour guide, toujours, l'avenir de ses enfants, à contre-courant du désengagement navrant des Américains et des Canadiens, que Montréal devienne un chef de file dans la lutte au réchauffement climatique. En s'imposant des critères industriels parmi les plus élevés sur terre, intégrer dans le plan de chaque projet de développement le coût de son impact sur l'environnement, misant sur la nécessaire conciliation de l'économie avec l'exigence écologique pour faire arriver une réelle prospérité basée sur la qualité de la vie plutôt que sur la quantité de biens produits. Plutôt que de laisser le pipeline venir alimenter les raffineries de l'est de la ville, qui sont les deuxièmes plus grands émetteurs de gaz à effet de serre du Québec (après Ultramar près de Québec), libérer la ville de sa dépendance au pétrole. À Stockholm, le développement du biogaz, créé à partir d'une gestion intelligente des déchets organiques, a permis de bâtir un réseau de transport en commun parmi les moins polluants au monde.

Que les enfants fassent de l'air !

41

Un grand coup de fouet et du sang neuf

Martine Desjardins

Ancienne présidente de la Fédération étudiante universitaire du Québec (2011-2013)

L'avenir de Montréal, comme celui du Québec, passe par le soutien et la place qu'elle réservera aux jeunes. Ils sont les travailleurs, professionnels, parents et contribuables de demain. Ils sont les enfants, les étudiants, les nouveaux venus sur le marché du travail d'aujourd'hui. Trop souvent, ils sont les grands oubliés. Et cela, alors que l'inversion de la pyramide des âges nous rappelle justement que leur implication est de plus en plus importante pour permettre à la métropole de continuer à se démarquer sur tous les plans.

Pratiquement absents des grands lieux de décision, les jeunes de Montréal peinent encore aujourd'hui à faire entendre leur voix au sein des institutions de la métropole. Accorder une importance centrale au recrutement et à la valorisation de l'implication des jeunes au sein de leur communauté pourrait permettre à la Ville de se donner un souffle nouveau.

Que l'on se comprenne bien, il ne s'agit pas là d'une rhétorique opposée aux personnes plus âgées qui sont actuellement en poste. Il s'agit d'une proposition pour créer l'alliance entre la créativité et l'expérience, entre la spontanéité et la réflexion, entre les nouvelles idées et les bonnes vieilles recettes. Pourquoi ne pas remettre au goût du jour le mentorat ? Cela permettrait d'allier les forces de chacun et, surtout, de rendre plus dynamique le développement de nos institutions et communautés.

Pour que Montréal sorte du marasme, il va falloir un grand coup de fouet et une bonne dose de sang neuf. Or, à l'heure actuelle, on relègue les jeunes dans des postes d'arrière-plan, on les laisse au purgatoire pendant que les « grandes personnes » gèrent les « vraies affaires ». Pendant ce temps, Montréal s'enlise et la population qui y habite n'a de commun que le gentilé, les projets collectifs montréalais étant absents. Cette réalité a souvent comme conséquence le départ des jeunes et jeunes familles pour la banlieue, leur retour se faisant durant les aléas de leur horaire de travail chargé. Il est grand temps de remédier à cette situation en les impliquant davantage dans les choix effectués en leur permettant de discuter et débattre de leurs idées.

Pour que Montréal connaisse un second souffle, il faudra que sa population s'y rattache et qu'elle s'y sente écoutée et incluse. La métropole est l'endroit du Québec où la proportion de jeunes est la plus élevée. Or, comme ailleurs au Québec, la représentation de ce groupe d'âge est pratiquement absente. Cette formule ne fonctionne visiblement pas si l'on considère l'état actuel de la métropole qui veut se démarquer sur plusieurs fronts. L'important est de réfléchir sur les moyens de rendre les lieux de décisions plus accessibles aux jeunes, certes, mais aussi aux femmes, aux autochtones, aux minorités culturelles, bref à tous les groupes qui sont souvent les laissés-pour-compte. Montréal doit agir comme chef de file et elle peut compter sur des jeunes intéressés à s'engager. Il ne reste plus qu'à permettre et à encourager leur implication.

42

Notre meilleur atout : les jeunes

L. Jacques Ménard

Président de BMO Groupe financier Québec, président du conseil de BMO Nesbitt Burns et président du Groupe d'action sur la persévérance et la réussite scolaires

Montréal connaît sporadiquement des succès incontestables. Mais, trop souvent, ce ne sont que des bons coups isolés.

La solution : mettre en place les conditions pour assurer la pérennité du succès à Montréal.

Tout comme un édifice qui résiste au temps, pour s'avérer durable le succès d'une communauté doit être construit sur des fondations stables, solides et appropriées à la taille de l'œuvre projetée.

Pourquoi ne pas voir à la mesure des rêves de nos jeunes ?

Pour ce faire, nous disposons d'un élément stratégique capital, une sphère d'activité située au centre de tout succès durable où que ce soit dans le monde : l'éducation de notre population.

Déjà, Montréal est dotée d'un réseau d'enseignement supérieur enviable. Nos universités, si elles étaient mieux financées, pourraient faire un travail remarquable. La vraie faiblesse de nos fondations réside dans la couche inférieure qui soutient tout notre édifice éducatif : la persévérance et la réussite scolaires au secondaire et aussi au collégial.

La bonne nouvelle c'est que, depuis deux ou trois années, nous avons fait un travail considérable.

Peu de causes ont suscité autant d'efforts de la part de la collectivité que la lutte contre le décrochage scolaire. La machine est en marche et les progrès sont notables. Les organismes engagés dans le soutien aux jeunes sont nombreux, bien structurés et de plus en plus efficaces. Ils travaillent en collaboration avec les gens d'affaires et les milieux responsables de l'éducation.

L'action est solidement enclenchée.

Je vous invite à vous joindre à cet immense effort pour aider les jeunes à persévérer dans leurs études et contribuer à solidifier notre meilleur atout dans l'édification de nos fondations. Rien de plus simple.

Surtout quand on sait que chaque jeune a besoin d'encouragement, chaque jour. Ce jeune, c'est peut-être votre petit voisin, votre neveu ou votre emballeur à l'épicerie.

ARCHITECTURE
SERVIR LE BIEN COMMUN

43

C'est long quand c'est laid!

Jean-René Dufort
Animateur, Infoman

Ce qu'il manque à Montréal? Une injection intraveineuse d'audace. La ville est sympathique, vivante, mais ici nous construisons *cheap* et sans envergure. L'architecture de Montréal est soporifique, dénuée de toute touche de folie.

Il y a bien eu de belles réalisations comme Habitat 67, le complexe Westmount Square et la Place Ville-Marie, mais ce sont des projets d'une autre époque.

Les nouvelles constructions dépassent rarement le niveau d'audace d'une caisse populaire. Avez-vous visité Toronto dernièrement? C'est maintenant une ville excentrique comparée à nous.

DEVOIR : allez à votre ordinateur et tapez Royal Ontario Museum, Ontario College of Arts and Design et Art Gallery of Ontario (AGO), puis revenez lire la suite du texte.

Serions-nous capables d'une architecture aussi flamboyante ici? Comment diable sommes-nous devenus moins flyés que des Ontariens? (Placez ici des cris d'épouvante).

Sans farce, j'aimerais bien connaître le nom du maniaco-dépressif qui a désigné Montréal comme étant «ville UNESCO du design». Il l'a trouvé où son design? À l'Orange Julep? Je possède une bibliothèque complète remplie de livres d'architecture. JAMAIS on n'y parle de Montréal.

Avec raison.

La Place des festivals est totalement ratée. Je l'appelle affectueusement « le patio des spectacles » avec ses lampadaires en forme de brosses à dents géantes. Premièrement, ce n'est pas une vraie « place » puisque la rue De Bleury la traverse. Deuxièmement, une longue suite de terre-pleins neufs, ce n'est pas une place, encore moins du design.

DEVOIR : Tapez Millenium Park Chicago et Jay Pritzker Pavilion sur l'ordi, puis revenez en pleurant... Chicago, voilà une ville qui a compris comment créer un endroit rassembleur au centre-ville.

La Bibliothèque Nationale du Québec est, je vous l'accorde, très bien à l'intérieur mais vue de l'extérieur, on dirait une grosse thermopompe. Avez-vous vu celle à Mexico City (Jose Vasconcelos Library) ? C'est juste pour savoir...

La nouvelle salle de l'Orchestre symphonique de Montréal (OSM) est aussi l'incarnation tragique de ce manque d'audace. Encore une fois, l'intérieur est superbe. Mais, vue de l'extérieur, elle évoque au mieux un magasin Simons.

Quelle belle occasion ratée d'en faire le joyau du Quartier des spectacles ! Partout dans le monde, on utilise ce genre d'édifice comme phare architectural.

DEVOIR : Tapez sur l'ordi Opera Oslo Opera Copenhague et Elbe Philharmonic Hall of Hamburg, puis revenez en sanglotant...

Pour vous achever, retournez découvrir l'allure du Harpa Concert and Conference Centre de Reykjavik en Islande (capitale d'un pays de seulement 300 000 habitants). Vous serez surpris d'apprendre que cette salle et celle de l'OSM sont identiques et du même concepteur. Seule la coquille extérieure de l'édifice est différente... Mais quelle différence ! Ayoye...

Bon... Je peux comprendre que le Stade olympique ait quelque peu refroidi notre goût de l'audace architecturale mais il reste que c'est la dernière carte postale qui fut construite à Montréal. L'exemple des deux salles de concert de Reykjavik et Montréal illustre bien la différence entre un peuple qui ose et un qui construit le plus *cheap* possible. Un peuple qui achète le *toaster* à 20 $, même s'il est certain qu'il sera brisé dans six mois, et un peuple qui en achète un bon, sachant fort bien qu'à long terme, il sera gagnant. Rappelez-vous que ce genre d'erreur s'offre à nos yeux de 50 à 75 ans... C'est long quand c'est laid !

Mais sommes-nous vraiment conscients que c'est ennuyeux chez nous ? Quand l'ancien maire de Montréal, Gérald Tremblay, s'est extasié au sujet de «sa» Place des spectacles en déclarant que «Montréal n'a maintenant plus rien à envier à Barcelone», j'ai sincèrement pensé quitter le pays. Comment peut-on être déconnecté à ce point?

En terminant, une dernière question pour vous achever: qui a réalisé la gigantesque et majestueuse sculpture d'eau au centre-ville de San Francisco?

Armand Vaillancourt. Ça vous dit quelque chose?

44
Changer la culture du plus bas soumissionnaire

André Bourassa
Ancien président de l'Ordre des architectes du Québec

Bonne nouvelle: grâce aux révélations de la commission Charbonneau, nous pourrons dégager 2% ou 3% du montant des contrats de construction attribués à Montréal, sommes que nous pourrons détourner de la poche mafieuse pour réaliser des infrastructures plus durables et plus inspirantes.

Je plaisante à peine. Il faut saisir l'occasion des révélations sur la collusion et la corruption dans l'octroi des contrats pour changer à tout jamais la culture du plus bas soumissionnaire, qui ne mène nulle part. Dans une ville UNESCO de design, la créativité s'achèterait à rabais?

Montréal doit porter une vision et maîtriser ses outils de réalisation. Certes, la métropole aurait besoin d'une structure politique simplifiée. Mais, sans vision, cette structure «revue et améliorée» ne servira qu'à mettre en œuvre avec une meilleure méthode des projets qui ne seront pas forcément meilleurs.

Vous rêvez d'un maire-messie qui sauverait l'âme de Montréal et son aménagement urbain? Permettez-moi de ne pas y croire. Je privilégie plutôt la voie d'un partenariat réel entre les professionnels et les décideurs. Sous le couvert de saines règles de gouvernance – que certains n'ont par ailleurs pas hésité à piétiner au besoin, comme nous le rappelle l'actualité –, on a graduellement antagonisé ces professionnels chevronnés maintenant perçus comme des adversaires. Or, pourquoi ne pas imaginer les architectes, urbanistes et autres professionnels de l'aménagement compétents et passionnés aux côtés des instances dirigeantes ?

Il faut le rappeler : la recherche des meilleures idées, notamment au moyen de concours d'architecture ou de design, n'a pas pour but de faire plaisir aux professionnels concepteurs mais bien de réaliser un environnement attrayant et agréable de manière rentable. En d'autres mots, de servir le bien commun. Cette créativité, ces meilleures idées donneraient naissance à des projets qui seraient non seulement plus harmonieux, mais surtout plus réussis, plus fonctionnels et plus durables.

Très concrètement, Montréal et sa grande région ont besoin d'une densification qui doit être menée intelligemment tout en protégeant et en mettant en valeur la zone agricole de proximité. Le secteur Blue Bonnets doit être exemplaire et devenir la vitrine d'un quartier durable digne du Plan métropolitain d'aménagement et de développement récemment adopté : un premier pas qui nous permet d'entrer dans le 21ᵉ siècle. Enfin, Montréal ne doit absolument pas rater l'occasion qui lui est offerte de réaliser sur le Saint-Laurent un pont qui sera créatif, élégant et novateur.

La métropole n'est pas la ville canadienne la plus riche, mais elle ne manque pas de matière grise. Elle a l'avantage de compter sur une créativité qui lui permet de pouvoir faire plus avec moins. Tous ces gens créatifs doivent travailler de concert avec les décideurs, simplement.

45

Pour que la ville rêvée devienne la ville réelle

Éric Gauthier
Associé de la firme Les Architectes FABG

Il y a la ville que l'on rêve du dehors, celle qui existe sur papier et dans notre imaginaire.

Il y a la ville réelle que l'on habite chacun à sa façon, en sacrifiant un peu de confort domestique à cet idéal.

La ville que l'on rêve est une métropole, un lieu où convergent ceux qui laissent derrière eux un village trop petit, un milieu trop étroit. La métropole se nourrit de leur énergie, son dynamisme en dépend.

La ville que l'on rêve se porte bien, le nom de Montréal rayonne et suscite l'intérêt. Nous recevons chaque jour une dizaine de demandes de jeunes architectes étrangers prêts à tout quitter pour recommencer leur vie ici, dans un monde qui leur semble meilleur que l'Europe dévastée par la crise ou l'Asie livrée au développement sauvage.

La ville réelle est un assemblage de quartiers qui se porte moins bien dans la mesure où ceux qui y vivent acceptent plus difficilement les sacrifices qu'une métropole demande. Bars, restaurants et commerces dérangent, circulation et construction irritent la nouvelle classe de propriétaires éduqués qui a succédé aux locataires mobiles et dociles.

Le récent mouvement de décentralisation du pouvoir au profit des administrations locales a sans doute attiré l'attention sur la ville réelle et l'intérêt immédiat de ses occupants.

Après cette période de transition nécessaire à l'intégration des nouveaux territoires fusionnés, il faut s'assurer que la métropole retrouve plus d'autorité pour planifier la rénovation de ses infrastructures en même temps que se poursuit l'inexorable processus de densification et de croissance à partir du centre historique.

On a récemment vu émerger de nouvelles volontés de planification centralisée absolument nécessaires au dynamisme de Montréal, comme le Plan métropolitain d'aménagement et de développement (PMAD) ou le relèvement des hauteurs constructibles au centre-ville. Ces initiatives illustrent l'importance de légiférer en amont pour le bien commun plutôt que d'être le témoin passif des tensions suscitées par le développement en laissant citoyens, groupes de pression et intérêts privés s'affronter par médias interposés.

Souhaitons que la politique du laisser-faire soit en train de céder la place au désir de planifier et d'imaginer pour que la ville rêvée devienne la ville réelle.

46
Il manque un symbole architectural emblématique

Jean-Claude Poitras
Designer multidisciplinaire

J'aime trop Montréal pour être complaisant et flagorneur à son endroit.

Une balade dans notre Quartier des spectacles, fleuron de notre capitale culturelle et design, ainsi que dans ses abords dépeint la triste réalité d'une œuvre inachevée aux allures de ville bombardée avec ses terrains vagues (la démolition du Spectrum, une salle mythique, est une aberration dont plus personne ne parle).

Ces immeubles rasés ou placardés tout autour du Monument-National nous offrent une vision apocalyptique. Ces rues désertées devenues des *no man's land* (une balade sur Sainte-Catherine entre Saint-Laurent et Saint-Denis vous en convaincra) et puis tant d'autres laideurs qui viennent porter ombrage à la place des Festivals relèvent de l'absurdité. En parcourant la rue Saint-Alexandre, vous y découvrirez trois superbes églises entourées de stationnements à ciel ouvert, imaginez une telle situation autour de Notre-Dame à Paris ou encerclant le Duomo de Milan... La beauté de l'architecture de notre patrimoine religieux mérite mieux que cela.

Il faut cesser de saupoudrer les budgets çà et là à travers la cité et s'attaquer à l'idée de faire renaître un quartier dans son ensemble, sans compromis, avec audace et créativité, pour en faire une vitrine et une référence incontournable à mille lieues de l'hétéroclisme sauvage, typique de Montréal, où le meilleur côtoie inévitablement le pire. Il nous manque impérativement un symbole architectural emblématique pouvant nous permettre de nous démarquer sur la scène internationale à l'image du Musée Guggenheim à Bilbao ou de l'opéra de Sydney en Australie.

À l'heure où la vague de la tendance *rough luxe* déferle sur les capitales internationales, de New York à Berlin, et nous a valu entre autres la revitalisation du quartier industriel de Southwark s'articulant autour du Tate Modern, un musée-galerie hybride et avant-gardiste devenu un monument incontournable de Londres «nouvelle vague», pourquoi ne pas imaginer ce que pourrait devenir notre sinistre Silo no 5 abandonné en pleine décrépitude, et croulant sous le poids des affres du temps?

Idéalement, il faudrait bâtir un circuit nature, un chemin urbain, un parc linéaire comme un ruban au cœur de Montréal, parsemé d'œuvres d'art contemporaines, qui retracerait, d'hier à aujourd'hui, la fondation de Montréal, son évolution, ses transformations et son histoire ancienne et récente. Un parcours à travers ses quartiers, au départ du Vieux-Montréal vers le centre-ville, avec un détour vers Griffintown, le canal Lachine et le mont Royal via Westmount suivi d'Outremont, du Mile-End, du Plateau et du parc Lafontaine, avant de redescendre, avec émotion, jusqu'au fleuve, en s'enroulant autour des rues Saint-Denis et Saint-Laurent. L'engouement pour le High Line Park de New York est un exemple inspirant qui se doit d'être analysé.

Osons enfin déborder du cadre!

«Inventer, c'est penser à côté.» – Einstein

TOURISME

UNE IDENTITÉ PROPRE

47

Miser sur ce qui distingue Montréal

François Cardinal

La mondialisation uniformise les villes de la planète tel un énorme rouleau compresseur. Partout, les mêmes McDo, Starbucks et chaînes hôtelières. Partout, les mêmes projets de transport, les mêmes stratégies pour attirer les investisseurs, voire les mêmes « starchitectes »...

Et pourtant, ce qui rend les villes intéressantes et attrayantes, c'est leur singularité, leurs différences, leur identité... Plus que jamais, il importe donc aux villes de se distinguer, de cultiver leurs spécificités, de mettre de l'avant ce qui les distingue.

Dans un contexte d'hyper compétition, « les cités ne peuvent pas se contenter d'être belles, écrivait *Le Monde* en novembre 2012. Elles doivent "parler" : se réinventer, se bricoler une identité bien à elles, pour échapper à l'uniformisation. »

Elles doivent demeurer différentes pour attirer et retenir. Attirer les touristes, les investisseurs, les universitaires, les membres de la classe créative, les urbains sans attache, les citadins mobiles et connectés. Retenir les Montréalais, les jeunes familles, les étudiants étrangers, les entreprises, les sièges sociaux.

Bref, les villes doivent se différencier pour évoluer.

D'autant que les touristes, aujourd'hui, choisissent moins un pays qu'un ensemble de villes à visiter. Les entreprises font affaire avec des métropoles, non plus avec des gouvernements. Les travailleurs de la nouvelle économie favorisent souvent un lieu de travail, un centre-ville, un quartier plutôt qu'un employeur.

D'où l'importance d'avoir une «marque de commerce» forte, une carte de visite singulière, qui va définir la ville aux yeux des étrangers. Ce *branding* est réussi lorsqu'il fait image, mais aussi lorsqu'il oriente les investissements publics et privés, fixe les priorités de l'administration municipale et des autorités touristiques.

Une ville de design mettra l'accent sur les différents éléments esthétiques qui la composent. Une ville de festivals, de cirque ou de casinos orientera ses dépenses en conséquence. Une ville de savoir mettra ses institutions d'enseignement en valeur. Et ainsi de suite.

Quand on pense à Vancouver, la nature, l'eau, les espaces verts viennent en tête. Paris? La culture, la bouffe, les bons vins. Bruxelles? La capitale européenne, les grandes institutions politiques. New York? Les taxis jaunes, les gratte-ciel, la vie urbaine trépidante. Jérusalem? La religion, la vieille ville, le mur des Lamentations.

Mais Montréal?

***

Depuis une quinzaine d'années maintenant, Bilbao fait figure de modèle planétaire. Voilà une ville espagnole de peu d'importance, peu connue et peu visitée qui est devenue un épicentre mondial du tourisme... du jour au lendemain.

La construction du Musée Guggenheim, en 1997, a en effet mis Bilbao «sur la mappe», et ce, grâce à l'immense attrait architectural du bâtiment dessiné par le «starchitecte» Frank Gehry. Fait de titane, de verre et de pierre calcaire, l'édifice est devenu un emblème de l'architecture de la fin du 20e siècle, en plus d'avoir déclenché une transformation urbanistique sans précédent de la ville qui a attiré de grands noms de l'architecture comme Santiago Calatrava, Arata Isozaki et Rafael Moneo.

Depuis, Bilbao est un cas d'espèce, un exemple cité à travers le monde, un modèle que bien des villes tentent de copier. Je cite donc Bilbao pour en faire un cas à... ne surtout pas reproduire à Montréal!

En fait, la métropole québécoise est ni plus ni moins que l'anti-Bilbao.

Jean Drapeau a bien essayé de faire de Montréal une ville internationale. Il a tenté de transformer le Stade en une icône reconnue partout dans le monde. Il a voulu redonner à la ville son titre de principale métropole du pays.

Mais il a échoué. Montréal n'est pas une vibrante mégalopole qui attire les vedettes de la planète, ce n'est pas le haut lieu de la finance du continent, ce n'est pas une ville riche et particulièrement prospère, ce n'est pas le lieu de tous les investissements et des constructions les plus audacieuses.

Et c'est très bien ainsi.

Le problème, c'est qu'on y a cru. Le problème, c'est que certains y croient encore. Ce qui rend toute quête de l'identité de Montréal difficile. « Aucune appellation ne semble vouloir coller à Montréal depuis celle de métropole internationale que voulut lui donner monsieur le maire Drapeau », écrit Benoit Gignac dans son essai *Le maire qui rêvait sa ville*.

Montréal est une ville de design, suggérait le rapport Picard en 1986. C'est plutôt une ville de savoir, concluait le Sommet sur Montréal au début des années 2000. C'est une ville créative, rétorquait le patron du Cirque du Soleil, Daniel Lamarre, en 2011. C'est une *fun city* ajoutait à la même époque Gilbert Rozon, président fondateur du Groupe Juste pour rire et responsable du Comité performance de l'industrie touristique. Une ville francophone en Amérique, une ville culturelle, une ville de diversité, suggèrent encore d'autres observateurs.

Autant de bonnes idées, mais rien qui encapsule Montréal, la preuve étant qu'on ne réussit justement pas à s'entendre sur une identité claire. En fait, on s'attarde aux qualités de la métropole, mais pas nécessairement à ce qui la distingue, à ce qui la rend unique.

Toronto est plus diversifié que Montréal. New York est plus design. On sent beaucoup plus la présence du savoir et des institutions universitaires à Boston. Et ainsi de suite.

Ce n'est pas dire que Montréal n'offre pas un peu de tout cela, mais plutôt que son identité propre se trouve ailleurs...

***

Montréal est donc l'anti-Bilbao, surtout qu'elle ne compte aucune œuvre, aucun édifice massif qui attire les regards. Il y a bien le Stade, Habitat 67 et les stations de métro (surtout la superbe station Champ-de-Mars), mais rien qui sorte de l'ordinaire au point d'en faire un point focal. Et surtout, rien qui ait été construit après les années 60...

Doit-on s'en désoler ? À cette question, pour tout vous dire, j'aurais répondu oui il y a quelques années. J'étais jaloux, à l'époque. Je croyais que Montréal devait avoir, comme Toronto, ses icônes architecturales, ses œuvres d'art massives et incontournables. Mais aujourd'hui, je n'y crois plus, pour toutes sortes de raisons.

Je rêve toujours, on s'entend, d'un silo revisité de manière impressionnante ou d'une tour audacieuse qui ferait tourner les têtes. J'aimerais que Montréal attire les architectes Piano, Libeskind, Hadid et Koolhass, mais je ne crois plus que ce soit une nécessité. Je ne crois même plus que cela cadrerait avec ce qu'est, aujourd'hui, Montréal.

La métropole québécoise n'a en effet rien de la ville ostentatoire, de la « ville musée » ou même de la « belle ville », selon les canons en vigueur. Montréal est un peu « toute croche ». Elle est chaotique. Elle est approximative, brouillonne, bancale, désordonnée, désorganisée... et si attachante pour ces mêmes raisons.

Elle ne possède pas de grands boulevards haussmanniens, mais de jolies rues vibrantes comme Mont-Royal, de la Commune et de la Gauchetière dans le Quartier chinois. Elle n'a pas de belles artères comme l'Embarcadero de San Francisco ou les Ramblas de Barcelone, mais des bouts d'avenues électrisants comme Saint-Denis dans le Plateau, Saint-Laurent en bas ou la Sainte-Catherine au centre-ville. Elle n'a pas un « Musée Guggenheim » qui fait la une des revues d'architecture, mais elle compte bon nombre de musées d'envergure et de festivals qui font sa renommée.

Vrai, on ne vante pas les mérites d'une ville par ses bouts de rue ou ses festivals concentrés en une période donnée de l'année. Mais on peut, par contre, souligner ce qui se cache derrière les foules, la vie de quartier, l'effervescence de certaines artères, les institutions culturelles : les Montréalais.

Le principal attrait de Montréal n'est-il pas, justement, les Montréalais et ce qu'ils font de Montréal ?

Quand on pense à la métropole, qu'est-ce qui vient en tête ? Son accueil, sa tolérance, sa spontanéité, son ouverture d'esprit, sa légendaire joie de vivre, son côté rebelle.

L'absence de tension raciale et de problèmes de sécurité, aussi. L'excitation du printemps qui revient, les terrasses bondées, le mont Royal achalandé.

Bref, on pense à tout ce qui fait la qualité de vie de la métropole, c'est-à-dire ses habitants et ce qu'ils font de leur ville. Car Montréal, plus que tout, est une ville à échelle humaine qui met justement en valeur les qualités de ceux qui la composent.

***

S'il y avait un palmarès des places en vogue, Montréal ferait très bonne figure. Depuis quelques années, la métropole québécoise fait bonne figure dans les classements internationaux, surtout ceux qui mesurent le vélo, la bouffe, les terrasses, le coût de la vie, l'aménagement urbain, la culture, la musique, la branchitude, etc.

En matière de qualité de vie, donc, Montréal est championne. Et c'est précisément ce qu'elle doit mettre de l'avant : ces attraits multiples qui font d'elle une métropole à échelle humaine dans un continent qui en compte si peu.

Oui, la créativité de Montréal est impressionnante. Oui, son caractère ludique rend son *nightlife* attirant. Oui, elle compte 11 établissements universitaires, un nombre effarant de centres de recherche et une grande concentration d'emplois en haute technologie.

Mais n'est-ce pas en bonne partie la qualité de vie de Montréal, son coût abordable, son aspect sécuritaire, ses riches milieux de vie qui ont permis à tout cela de prendre racine ? « Tous ces facteurs contribuent à attirer des personnes et des talents à Montréal, qui proposent une énergie propice à la création », résume l'Office de consultation publique dans son rapport sur le 375ᵉ anniversaire de la métropole.

Montréal et ses habitants rendent possibles la création et le savoir, pas l'inverse.

L'identité de la métropole est là. Non pas dans des œuvres majestueuses à photographier, non pas dans ses édifices à couper le souffle, non pas dans ses restaurants étoilés, mais dans ses plus petites composantes : le dynamisme de ses quartiers, la qualité de sa bouffe bon marché, la vitalité de ses marchés publics, l'énergie de ses festivals, ses citoyens qui rendent tout cela possible...

Il est donc important, dans la mise en marché de la métropole, de penser d'abord à tous ces petits éléments qui font de Montréal une ville à échelle humaine qui se marche, se pédale, se roule et se patine.

Pensons à la mise en valeur des quartiers, ce qui passe par la revitalisation urbaine, les quartiers verts et la promotion de chaque secteur. Le Plateau, qui a tant fait parler de lui dans les magazines spécialisés ces dernières années, pourrait être mieux vendu à l'étranger. Même chose pour le Vieux-Montréal.

Pensons aussi à la mise sur pied de circuits de découvertes historiques dans les divers secteurs de l'île. À l'offre culturelle propre à chaque quartier, comme le propose Culture Montréal. À une multiplication des marchés publics, des terrasses, des rues piétonnes, des pistes cyclables, des projets d'agriculture urbaine, etc.

Pensons à des lieux précis pour les graffitis, des événements de quartier, des festivals à plus petite échelle. Pensons au design des commerces, des restos, des espaces publics.

Autant de choses que l'on voit certes ailleurs, mais qui atteignent à Montréal un niveau de concentration impressionnant pour une ville de cette taille. Une taille humaine qui sied à la métropole et à ses habitants.

48

Découvrir sa ville en marchant : pourquoi pas ?

Michel Archambault
Président du Bureau des gouverneurs de la Chaire de tourisme Transat,
École des sciences de la gestion, UQAM

Depuis quelques années, Montréal a fait de la place aux cyclistes (BIXI, Féria du vélo, pistes cyclables, reconnaissance mondiale par des organismes prestigieux), bravo ! Pourquoi ne pas accorder aussi aux piétons un espace convivial et les placer au cœur de l'animation urbaine ?

Nous devons maintenant franchir une nouvelle étape et privilégier l'appropriation de la ville par les piétons montréalais et les visiteurs que nous avons le privilège d'accueillir. Les exemples de bonnes pratiques sont nombreux : Lyon, ville lumière jumelée à Montréal; Vienne, modèle de piétonnisation européen à l'image de Curibita au Brésil, reconnue pour ses espaces verts, sa qualité de vie et la priorité aux transports en commun; Portland, en Oregon, dont on vante les aménagements pour cyclistes et piétons; la célèbre intersection Seven Dials de Londres (où se vit le concept de *shared spaces* de Hans Moderman).

Enfin, je pourrais citer Seattle, San Antonio ou encore Chicago qui a mis de l'avant un projet pour remettre le piéton au centre de la ville, encourageant la rencontre entre ceux qui y vivent ou y travaillent et ceux qui la fréquentent ou la visitent. Tout comme le parc suspendu High Line à New York, le nouveau projet surélevé de piétonnisation de Bloomingdale Trail and Park de Chicago s'inscrit dans une optique environnementale, de bien-être et de santé. Dans tous les cas précités, les propriétaires de commerce, frileux au départ, en sont devenus de grands bénéficiaires.

La meilleure façon de connaître, d'apprécier, d'apprivoiser et de sentir l'âme d'une ville, c'est en la marchant. La meilleure façon d'humaniser une ville, c'est de créer des espaces de détente et de rencontres. Le caractère festif et international de Montréal, son ambiance urbaine et son offre culturelle, la présence de marchés publics, de commerces typiques, de restaurants, de bistrots et de cafés en font une ville toute désignée pour piétons, même en hiver (pensons à la Nuit blanche pendant MONTRÉAL EN LUMIÈRE). Encore faut-il le vouloir et prendre les décisions qui s'imposent.

Prenons, par exemple, le Quartier des spectacles et sa place des Festivals, gagnant du prix Phoenix 2011 de la Society of American Travel Writers, où plus d'une centaine de millions de dollars ont été investis. Pourquoi ne pas avoir confirmé la rue Sainte-Catherine, entre De Bleury et Saint-Laurent, voie piétonnière ? Nonobstant l'intermède pour la tenue de festivals, la circulation automobile règne encore en maître sur ce tronçon en macadam. Voilà une belle occasion ratée, surtout avec l'ouverture de la Maison symphonique et l'esplanade de la Place des Arts renouvelée. Dommage, on permet même le stationnement des deux côtés au détriment de l'esthétisme et d'une expérience enrichie pour les piétons. Pourtant, le stationnement intérieur est bien présent dans ce secteur.

Par ailleurs, les artères piétonnières touristiques des villes citées allient sécurité, propreté, signalisation efficace, affichage commercial harmonieux, aménagement floral, collecte des ordures en dehors des heures de grand achalandage, respect du mobilier urbain (quasi-absence de graffitis et d'autocollants sur horodateurs, poubelles, boîtes aux lettres, bancs publics, etc.), îlots de verdure paisibles, animation nocturne et mise en lumière urbaine. Montréal devrait fortement s'inspirer de ces villes «tendance» et faire preuve de leadership décisionnel pour rehausser, voire redonner une fierté aux Montréalais. Le cofondateur et éditeur de *The Atlantic Cities*, Richard Florida, a bien raison de souligner l'effet «magnétique» associé aux villes où il fait bon de circuler à pied : «*Walkability is a magnet that attracts and retains highly educated and skilled people and the innovative businesses that employ them... Walkability is an ecological imperative.* »

Nous devons cesser de penser que l'automobile est synonyme d'achalandage commercial, le conducteur préoccupé par le trafic ne voit plus la ville ! À l'instar de Jeff Speck dans son livre *Walkable City,* découvrir la ville pas à pas fait partie d'un nouvel urbanisme durable et favorise une meilleure qualité de vie.

49

Complètement cirque

Jeannot Painchaud
Président-directeur général et artistique du Cirque Éloize

Le cirque fait partie de ma vie depuis près de 30 ans. C'est en 1984 que je voyais la toute première représentation du Cirque du Soleil et que j'ai décidé de quitter ma région natale pour m'inscrire à l'École nationale de cirque, à Montréal.

Cette école, créée en 1981, est devenue à mon sens la plus importante école de cirque au monde et j'ai le sentiment d'avoir grandi avec elle. Je me suis fait de mes nombreux voyages, de mes performances dans la rue ici et en Europe, vivant de l'argent accumulé dans mon chapeau.

Parallèlement, je revenais toujours à l'École, à Montréal, retrouver mon clan, ma famille circassienne. Fasciné par les gens de voyages, les nomades, c'est cet esprit clanique qui m'a toujours fasciné et qui caractérise, selon moi, les gens de cirque. L'esprit de communauté – propre à la troupe – qui est l'essence même des arts du cirque, m'a réellement inspiré toute ma vie.

J'ai toujours cherché des moyens de rassembler des gens d'horizons différents autour d'un projet, autour d'une même table. Cet esprit, il me vient aussi de mon enfance aux Îles-de-la-Madeleine. L'insularité provoque un fort sentiment d'appartenance et d'esprit d'entraide. Les Québécois, en général, gagneraient beaucoup à développer davantage ce regard vers l'autre.

Dans les années 90, les gens de cirque ont pris la décision de s'unir autour du Regroupement national des arts du cirque. Le développement de la discipline s'est alors accéléré de manière très importante partout au Québec, et notamment à Montréal.

Notre métropole est aujourd'hui devenue un vrai lieu de rassemblement pour tous les amoureux de cirque. Montréal a une école qui attire les meilleurs artistes et le foisonnement de ses compagnies internationalement renommées marque physiquement le paysage de Montréal à travers la TOHU, les chapiteaux du Cirque du Soleil ou la gare Dalhousie, où nous sommes installés. Chaque été, la ville devient complètement cirque avec son propre festival !

Le cirque est une partie intégrante de la culture québécoise. Pourquoi alors ne pas le montrer dans notre mobilier urbain, dans notre image de marque ? Notre spectacle *iD* a été présenté à Angoulême, célèbre pour son festival de BD. Cette ville affiche fièrement la bande dessinée sur ses murs. On la voit comme une valeur ajoutée à l'image de la ville. Qu'est-ce qui empêche Montréal d'en faire autant avec les arts du cirque ? Montréal est déjà une ville créative, forte de ses gens qui l'inspirent et de leurs idées qui la portent. Avec les défis qui sont les nôtres, Montréal gagnerait à s'inspirer de la créativité du milieu du cirque et de son esprit de coopération dans la réalisation de ses projets.

Le cirque a cette spécificité d'être un art non seulement universel, mais aussi intergénérationnel. Il s'exprime en tout temps, tout lieu et toute langue et tous peuvent s'y reconnaître. Ce sentiment d'appartenance et de fierté de voir sa culture se démarquer existe déjà en chacun des Québécois et nous réunit. C'est maintenant le vivre ensemble, essentiel dans la vie du cirque, qui peut nous inspirer dans la façon dont on aborde la ville.

Montréal complètement cirque, une nouvelle façon d'exister.

50

Une nouvelle ère de grands équipements

Honorable Charles Lapointe
Conseil privé, président émérite de Tourisme Montréal, président du Conseil des arts de Montréal

Ces dernières années, Montréal s'est développée, transformée, embellie et dynamisée, notamment par l'ajout de grands équipements municipaux, de culture et de tourisme. Ce travail a permis à Montréal de devenir un pôle d'attraction des touristes et gens d'affaires. L'industrie touristique n'est pas étrangère à cet intérêt pour Montréal; elle constitue l'un des moteurs les plus puissants de son développement économique.

Trois ingrédients, essentiels au développement de notre ville, ont été dosés adroitement: des infrastructures originales et de classe mondiale, une créativité incomparable saluée mondialement et une animation urbaine originale, unique.

Alors, poursuivons sur cette lancée!

Je propose deux choses: démarrer une nouvelle ère de grands équipements et accélérer la réalisation des projets en cours.

Dans le premier cas, nous avons dans nos cartons plusieurs projets structurants et porteurs d'avenir. Par exemple, la deuxième phase de la Cité d'archéologie et d'histoire Pointe-à-Callière donnerait à Montréal une place unique au Canada en matière d'attraction archéologique. L'agrandissement du Palais des congrès vers l'est nous permettrait d'accueillir les très grands congrès internationaux et renforcerait le tourisme d'affaires.

J'ajouterais trois autres projets: celui de l'Espace pour la vie, plus particulièrement le Jardin botanique, en ce qui concerne le Parc olympique; la modernisation de la jetée Alexandra pour doter Montréal d'une nouvelle gare maritime de classe mondiale; et, enfin, un nouveau toit pour le Stade olympique.

En parallèle, Montréal a besoin de poursuivre le développement de ses attractions touristiques et des grandes qualités qui en font sa réputation. La portion est du Quartier des spectacles doit être développée au plus tôt, tout comme nos infrastructures à caractère religieux qui attirent des milliers de visiteurs de partout chaque année.

Montréal a déjà fière réputation à l'international, mais elle peut – elle doit – faire mieux pour maintenir et améliorer sa place.

La force de Montréal, c'est d'offrir plusieurs attraits à la fois. Pour conserver cette force, il nous faut réaliser rapidement les projets en cours et ajouter à notre ville des infrastructures attirantes. Nous avons le savoir, l'énergie et la créativité pour le faire et, ainsi, maintenir Montréal encore plus haut sur l'échelle des priorités des touristes du monde entier.

DÉMOGRAPHIE
QUALITÉ DE VIE

51

Une nouvelle politique pour les familles

François Cardinal

Les citoyens « votent avec leurs pieds ». Cette théorie économique classique a beau avoir été inventée en 1956, elle tient encore aujourd'hui parfaitement la route : les personnes et ménages optent en effet pour une municipalité ou une autre selon le rapport qualité-prix offert.

L'économiste américain Charles Tiebout a en effet révélé, il y a un bon moment déjà, que les citoyens magasinent leur milieu de vie comme n'importe quel autre produit de consommation. Ils regardent le niveau de services offerts, la qualité de l'endroit et, surtout, la facture qui sera la leur avant de choisir un domicile.

Dans une région métropolitaine où la périphérie profite d'une ville-centre forte, où elle peut offrir une bonne qualité de vie sans avoir à payer pour les désagréments urbains, où elle n'a que les faibles coûts des cités-dortoirs à assumer, devinez qui offre le meilleur rapport qualité-prix ? Devinez pour qui « votent » les citoyens ?

Chaque année, quelque 40 000 nouveaux citadins s'installent à Montréal... mais ils sont plus de 60 000 à s'enfuir. Résultat, bon an mal an, l'île perd 20 000 personnes au profit de la banlieue, beaucoup plus (financièrement) accueillante.

Tous les groupes d'âge suivent le même chemin, sauf les 15-24 ans qui restent en ville, souvent pour étudier. Les 25-44 ans quittent en masse et amènent avec eux les 0-14 ans, deux groupes d'âge dont le taux de migration est très résolument négatif. Quant aux retraités, ils ont beau voir leur nid se vider, ils ont beau quitter leur bungalow trop grand, ils choisissent souvent de demeurer là où ils ont vécu leurs dernières années.

Pas sorcier, dans la province il n'y a à peu près que le Nord-du-Québec et l'île de Montréal à afficher un taux net migratoire négatif. Les citadins la quittent, peuplent la banlieue et l'abandonnent ainsi à son sort de moins en moins enviable. De 1961 à 2006, le poids démographique de l'agglomération de Montréal dans l'ensemble de la région est ainsi passé de 78 %... à 49 % !

Voilà pourquoi l'administration Tremblay a adopté en 2008 un nécessaire Plan d'action famille visant à réduire le déficit migratoire de l'île de 25 % en s'adressant principalement aux Montréalais de 25 à 44 ans.

Un tel objectif, concrètement, impliquait que le solde migratoire passe de moins 23 827 à moins 17 870, soit un gain de près de 6000 Montréalais en 2012. Un objectif louable... qui a malheureusement été raté. Les plus récents chiffres font état d'une perte sèche de 22 200 personnes entre 2010 et 2011.

Meilleure chance la prochaine fois... Car il faut, justement, une prochaine fois. Il faut un nouveau plan d'action plus dynamique, plus audacieux, plus ambitieux.

Le départ des jeunes familles francophones de la classe moyenne – car ce sont elles qui partent en priorité – est dramatique pour Montréal.

D'abord, pas moins de 34 % des personnes devenues parents de deux enfants ou plus durant la période ont quitté la municipalité centrale, comparativement à 7 % des personnes vivant seules. Ensuite, les francophones de 25 à 44 ans ont plus tendance que les anglophones et les allophones à quitter la ville de Montréal : 17 % pour les francos comparativement à 11 % pour les anglos et les allos. Un chiffre qui sous-estime le problème, en outre, car les anglos qui quittent la ville de Montréal ont tendance à demeurer sur l'île, donc dans l'agglomération de Montréal.

Enfin, ce sont surtout les ménages ayant un revenu familial de 70 000 $ à 99 999 $ après impôts qui partent vers les municipalités avoisinantes. Selon Statistique Canada, les personnes dans cette fourchette de revenus étaient environ cinq fois plus susceptibles d'avoir déménagé vers une municipalité avoisinante que celles ayant des revenus après impôts de moins de 20 000 $.

Trois tendances de fond, donc. Trois tendances qui, regroupées, montrent bien le problème auquel Montréal fait face. « Presque la moitié des nouveaux parents francophones ayant des revenus se situant entre 50 000 $ et 99 999 $ ont quitté la ville de Montréal pour une municipalité avoisinante entre 2001 et 2006 (45 %). Les proportions correspondantes étaient de 26 % pour les allophones et de 30 % pour les anglophones », note Statistique Canada.

La métropole se dépeuple donc sous l'effet du départ des jeunes familles, des enfants et, donc, de son avenir. Elle perd sa classe moyenne. Et elle est abandonnée par une bonne partie de sa population francophone.

Bref, elle se dévitalise, se paupérise et se défrancise.

***

Pourquoi les citadins sont-ils aussi nombreux à quitter l'île, chaque année ? Pour avoir une réponse franche, loin des études psychosociologiques, j'ai posé la question sur mon blogue. Très, très instructif.

Certains ont évoqué l'attrait de la banlieue, sa tranquillité, ses espaces verts et ses rues sans nids-de-poule. « La banlieue où j'habite est très belle, affirmait Xavier Raymond, de Mont-Saint-Hilaire. Il y a de l'espace, de la verdure, de la forêt, des parcs, des champs en masse, le beau Richelieu gèle en hiver et est très propice à de grandes marches sur la glace avec mes chiens. »

Mais, globalement, si on met de côté les quelques louanges à la banlieue, les lecteurs se sont surtout évertués à critiquer Montréal. Autrement dit, les commentaires étaient davantage contre la ville que pour la banlieue. Ce qui est une bonne nouvelle pour Montréal, paradoxalement...

Pêle-mêle, les lecteurs ont évoqué le coût des propriétés sur l'île, les programmes approximatifs d'accès à la propriété de Montréal, la surtaxe sur l'immatriculation, l'état de décrépitude de ses infrastructures, l'absence d'équipements municipaux pour la famille, les hausses à répétition de taxes et de tarifs, la baisse de services liée au gel des dotations d'arrondissement, etc.

« Oui, Montréal tu es excitante, lançait un lecteur, mais bordel que tu me coûtes cher pour ce que tu me redonnes ! »

Tout est là, dans le rapport qualité-prix défavorable à la métropole. Un rapport qualité-prix, curieusement, que Montréal et Québec ont contribué à plomber au cours des cinq dernières années.

D'abord, la Ville a beau avoir adopté un plan d'action pour retenir les familles, elle a tout fait pour lui mettre des bâtons dans les roues par la suite. Elle a fait grimper les taxes et imposé une surtaxe sur l'immatriculation. Elle a gelé les budgets d'arrondissement, ce qui s'est traduit par une baisse nette de services. Elle a fait bondir les tarifs mensuels de transport en commun de plus de 50 % en 10 ans, 75 % pour la carte à tarif réduit.

Et comme si cela n'était pas suffisant, elle a réduit de 15 % l'enveloppe attribuée à l'habitation, ce qui s'est traduit par une baisse de près de six millions du programme d'accession à la propriété et de l'aide à la rénovation (décision renversée depuis). En un mot, elle a tenté de retenir ses habitants en répandant une bouteille de vinaigre sur l'île...

Parallèlement, Québec a multiplié les beaux discours contre l'étalement urbain... mais il a tout fait pour l'alimenter. Non seulement le gouvernement a-t-il maintenu une fiscalité grandement favorable à la banlieue, mais il a prolongé le métro jusqu'à Laval, développé le train de banlieue, multiplié les stationnements incitatifs... sans mettre un seul sou dans le développement des moyens de transport lourds sur l'île depuis 1988 !

Même chose avec les routes. Québec a prolongé l'autoroute 25 et achevé l'autoroute 30, il vient de lancer les projets d'élargissement pour les autoroutes 15 et 19... mais on attend toujours les grands projets montréalais.

En un mot, il a répandu du miel à la grandeur des couronnes pour attirer les citadins.

Le prix des maisons est souvent évoqué par ceux qui migrent vers la banlieue, mais c'est probablement davantage l'effet combiné de tous ces problèmes qui les incitent à s'installer en périphérie.

Le prix des maisons a certes passablement augmenté ces dernières années. La maison unifamiliale se détaille souvent au-dessus des 400 000 $ dans des quartiers qui n'ont rien de cossu, comme Saint-Léonard ou Ahuntsic.

Mais, comme le précise la Chambre immobilière du Grand Montréal (CIGM), l'effort à fournir pour devenir propriétaire aujourd'hui n'est pas plus grand qu'il y a 30 ans, malgré le prix des maisons. Cela, grâce aux bas taux d'intérêt qui tirent les paiements hypothécaires par le bas.

Qu'à cela ne tienne, les gens trouvent que ça trop cher. Pourquoi ? En raison du ratio qualité-prix de Montréal qui, lui, est plutôt bas quand on regarde l'ensemble de ses problèmes.

« Le problème, soulignait avec justesse un lecteur sur mon blogue, ce n'est pas que certains préfèrent la banlieue à la ville, mais bien que plusieurs voudraient rester en ville... mais en sont incapables. »

Cela dit, entre vous et moi, je préfère lire 1000 critiques acerbes contre Montréal qu'un seul éloge des lointaines couronnes... Pourquoi ? Parce que la métropole peut répondre aux critiques, pas aux éloges de la banlieue.

Le citadin qui quitte l'île pour humer le grand air de la banlieue, posséder un vaste terrain et une énorme maison, personne ne peut le retenir. Mais le citadin qui part parce que les taxes sont trop élevées, que les programmes municipaux sont trop chiches ou que les rues semblent avoir été bombardées... on peut finir par le convaincre de rester avec le plan d'action adéquat.

***

Quand j'ai commencé à travailler comme journaliste au *Devoir*, il y a une dizaine d'années, je ne cessais d'écrire sur le retour massif en ville, qui était imminent. Les bungalows se faisaient vieillissants, les baby-boomers voyaient leurs enfants quitter le nid, leurs besoins d'espace rétrécissaient et, donc, l'exode massif vers la ville était une question d'années...

Erreur.

Le dernier recensement l'a prouvé de façon éclatante en révélant que pour la toute première fois, on dénombre plus de résidants vivant en périphérie (1 937 740) que dans l'île (1 886 481). L'exode existe bel et bien en ce début de 21ᵉ siècle, mais il est toujours au profit de la banlieue.

Que faire pour renverser la vapeur ? En s'attardant au rapport qualité-prix de Montréal : en haussant le premier, en diminuant le second.

Pour accroître la « qualité » de Montréal, d'abord, il faut cerner ce que cherchent les jeunes familles, ce qu'elles retrouvent en banlieue qu'elles n'ont pas en ville. Des logements plus spacieux, des espaces verts, une vie communautaire plus dynamique.

On ne peut certes pas déménager la campagne au centre-ville, mais on peut développer plus intelligemment, avec ces critères en tête. C'est ce qu'offrent les quartiers verts, les villages urbains et les projets TOD (*Transit Oriented Development*) autour des terminus et stations de métro, avec leur mixité de logements, leurs nombreux espaces publics, leur convivialité.

Or, la Ville traîne la patte en ce qui concerne les quartiers verts, ces secteurs anciens revitalisés en fonction du bipède, non de l'auto. Elle néglige ainsi le potentiel des ruelles vertes, des voies piétonnes, de l'apaisement de la circulation, ce qu'elle s'était pourtant engagée à faire dans son plan de transport de 2007. En outre, elle passe à côté des occasions en or qui se présentent à elle, comme dans le cas de Faubourg Québec et de Griffintown, des quartiers qui auraient pu se développer avec les plus grands critères de durabilité, mais qui auraient pu aussi offrir aux familles un quartier comme elles en cherchent.

Car voilà aussi ce que demandent les jeunes parents : des quartiers qui leur permettent de vivre à proximité d'autres familles qui ont des besoins similaires. Ils perçoivent ces derniers comme plus sécuritaires, mieux structurés.

Or, à l'heure actuelle, on ne construit que des condos en série, ce qui explique en partie pourquoi de 2006 à 2011, 90 % des nouveaux ménages qui se sont implantés sur le territoire de Montréal étaient composés... d'une seule personne !

La Ville n'a donc d'autre choix que de forcer les promoteurs à bâtir autre chose que des condos, comme cela se fait en Irlande, en Grande-Bretagne, à Vancouver et depuis peu à Toronto.

Comment cela fonctionne-t-il ? Par la négociation. Une ville peut avoir certaines lignes directrices, par quartier par exemple, mais elle doit aussi s'asseoir avec les promoteurs afin d'imposer certains quotas : 10 % de logements abordables, 15 % de propriétés avec trois chambres à coucher et 10 % avec quatre chambres, par exemple. En échange, elle peut en donner plus au promoteur, plus d'étages, plus de superficie, etc.

Et ça marche ! Poussée par le conseiller municipal torontois Adam Vaughan, cette idée a permis de construire plus de 600 logements de trois chambres à coucher ou plus en quatre ans (dans le district Trinity-Spadina), soit six fois plus que tout ce qui avait été construit au cours des 10 années précédentes !

En parallèle, il faut diminuer la facture d'une résidence à Montréal. On ne parle pas ici du seul prix des maisons, mais bien de l'ensemble des dépenses courantes.

Cela passe d'abord par un changement dans la fiscalité de la banlieue, afin que Montréal ne soit pas artificiellement désavantagée. Mais aussi par des gestes municipaux : accroître les heures d'ouverture des installations sportives et culturelles, faire des bibliothèques de véritables lieux de rassemblement, fournir des titres de transport en commun mensuels aux nouveaux propriétaires, etc.

De manière plus imposante, cela passe aussi par le développement du transport en commun et l'élaboration d'un programme autrement plus efficace d'accès à la propriété. Car à l'heure actuelle, disons-le, l'aide à la propriété est taillée sur mesure pour un ou deux quartiers excentrés, là où l'on retrouve les rares maisons sous les 300 000 $.

Si la Ville se fixe l'objectif de retenir les jeunes familles, voire de les attirer, elle doit donc offrir davantage d'aide. L'ampleur de la saignée annuelle, qu'elle ne réussit pas à contenir, devrait la convaincre de la nécessité d'investissements supplémentaires.

Certes, Montréal ne pourra jamais retenir ceux qui la quittent par choix, pour l'espace et la tranquillité de la banlieue. Mais elle peut certainement faire plus pour retenir ceux qui, pour toutes sortes de raisons, partent par dépit.

52
Maximiser le plein potentiel des immigrants

Doudou Sow
Conseiller en emploi, sociologue-blogueur et conférencier

L'île de Montréal accueille 70 % de l'immigration québécoise. La réalité de l'immigration à Montréal devient donc un enjeu national. En commission parlementaire, la chef de l'opposition officielle de la Ville de Montréal, Louise Harel, avait raison d'affirmer en août 2011 que « la diversité à Montréal [...] c'est son ADN ».

Montréal est certes une ville laboratoire social en Amérique du Nord, mais elle a besoin concrètement de miser sur la richesse de la diversité ethnoculturelle dans tous les sens du terme. Cette métropole doit absolument maximiser le plein potentiel économique des immigrants. Dans cette perspective, Montréal doit mener une évaluation de toutes les pratiques pour mieux faciliter la reconnaissance des compétences et des diplômes des immigrants.

L'intégration des nouveaux citoyens montréalais nécessite des actions concrètes pour lutter contre la déqualification professionnelle des immigrants qui possèdent généralement plus de 14 années de scolarité. Il faut également créer des passerelles entre les employeurs et les chercheurs d'emplois par l'entremise de stages et du mentorat pour leur permettre de mieux connaître et comprendre le fonctionnement organisationnel du marché du travail nord-américain.

L'implication de tous les partenaires sur la question de l'intégration et du maintien en emploi permettrait de s'attaquer au taux de chômage alarmant de certaines communautés culturelles qui est trois fois plus élevé que la moyenne québécoise. Le cercle vicieux «pas d'expérience canadienne, pas d'emploi et vice-versa», le sous-financement des organismes communautaires, la fermeture des ordres professionnels, l'absence de formations passerelles pour les immigrants témoignent de leurs difficultés d'intégration socioprofessionnelle.

Un changement de paradigme consisterait à mieux vendre la diversité par une mobilisation citoyenne et une valorisation des bons coups de l'immigration. Des programmes de rapprochement interculturel contribueraient à l'idéal du vivre-ensemble harmonieux de la deuxième ville francophone au monde.

Montréal symbolise la conception du modèle de l'intégration selon le point de vue idéologique où l'on se situe. Un emploi en français correspondant à la hauteur des compétences et qualifications de l'immigrant constitue une intégration économique et culturelle réussie.

Les multiples obstacles auxquels font face les immigrants empêchent leur apport optimal à l'économie montréalaise. La contribution des travailleurs qualifiés immigrants, des étudiants étrangers formés au Québec et des immigrants investisseurs suppose une bonne stratégie de rétention de cette catégorie économique dans un contexte de politique d'immigration de plus en plus concurrentielle.

Les immigrants peuvent participer à la réduction du déficit entrepreneurial au Québec et devenir ainsi des créateurs d'emplois. Le recrutement de profils orientés vers les besoins du marché du travail montréalais (économie du savoir et industries tertiaires) est la condition gagnante d'une meilleure sélection. La satisfaction des indicateurs de qualité d'emploi renforce l'attractivité de Montréal.

L'immigration n'est certes pas une panacée mais elle fait partie intégrante des solutions sur le plan démographique, économique, linguistique et socioculturel.

53

Métropole famille

Christian Savard
Directeur général de Vivre en Ville

Année après année, les titres de journaux se suivent et se ressemblent: «Les familles fuient Montréal!» À lire ces manchettes, on pourrait croire que Montréal est une autre de ces villes nord-américaines coupe-gorge que leurs habitants fuient à toutes jambes. Mais non, Montréal n'est pas Detroit. Au contraire, le portrait général est plutôt très positif.

Attractive, Montréal l'est assurément, y compris pour les familles. En témoignent le faible taux de vacance des logements, le nombre de grues dans le ciel et le prix de vente élevé des terrains et logements: de nombreux ménages recherchent Montréal et la qualité de vie qu'offrent ses différents quartiers.

Pour autant, de nombreuses familles quittent l'île alors même, souvent, qu'elles souhaiteraient y rester. C'est aux aspirations de celles-ci qu'il faut répondre, celles qui veulent rester mais qui ne le peuvent pas. Que peut donc faire Montréal pour retenir ceux qui s'en vont et pour rendre encore plus agréable le quotidien de ceux qui l'habitent?

Pour mériter le titre de ville amie des familles, Montréal doit faire attention aux détails en mettant en place une série de petites mesures pour adoucir, au quotidien, les quelques désavantages de la vie dans une grande ville. Par exemple, les ruelles peuvent devenir autant de terrains de jeux, accessibles été comme hiver, littéralement en bas de chez soi. De quoi rassurer les parents-poules, tout en renforçant les liens de voisinage.

L'insécurité routière est une autre source d'angoisse pour les parents de jeunes – et de moins jeunes – enfants. Partout, il faut améliorer la sécurité et le confort des piétons, des cyclistes – et aussi des personnes âgées! Un autre exemple : offrir le transport en commun gratuit aux enfants de 12 ans et moins accompagnés de leurs parents serait un signe supplémentaire de l'attention de Montréal pour ses jeunes résidants.

Il est par ailleurs crucial, et c'est le nerf de la guerre, d'augmenter l'offre résidentielle destinée aux familles. Encadrer les promoteurs pour faire en sorte que les nouvelles constructions visent davantage un public familial est indispensable pour enrayer un exode qui, il faut le redire, est bien moins constitué de ménages qui souhaitent fuir Montréal que de familles qui se résolvent à passer les ponts pour trouver ailleurs le logement qu'elles n'ont pas trouvé sur l'île à un prix acceptable.

Obliger à une part croissante de résidences de trois chambres et plus serait une mesure clé. Toronto le fait, Vancouver le fait, Montréal doit le faire. Il faut ainsi encourager, de toutes les manières possibles, un modèle de bâti adapté aux besoins des familles, comme la création d'îlots d'habitation avec des cours partagées, des maisons en rangées, un bâti mitoyen à échelle humaine. Ce type d'offre résidentielle répondra bien mieux aux attentes des familles que la construction effrénée de condos pour jeunes célibataires parmi lesquels on insère quelques cinq et demie. Les exemples ne manquent pas : ce genre de milieux de vie conviviaux, prisé par les familles, fait partie de l'ADN de Montréal, Rosemont en étant proprement l'archétype.

On peut espérer qu'augmenter l'offre pour les familles contribuera à stabiliser les prix, mais cela risque de ne pas être suffisant, et d'autres mesures devront être prises pour rendre Montréal plus abordable. Ainsi, force est de constater que les limites de rentabilité des promoteurs privés, surtout si on les contraint à faire davantage d'habitations familiales, moins payantes que les petits condos, seront rapidement atteintes. Par conséquent, le développement de logement social et l'autopromotion résidentielle devront être appuyés et soutenus afin de favoriser la création d'une offre adaptée à tous les types de besoins et de capacités. Pour cela, la Ville de Montréal devra se montrer déterminée pour saisir toutes les occasions d'acquérir les terrains à construire ou à densifier. La maîtrise du foncier par les pouvoirs publics est souvent la clé du succès.

Il faut comprendre que l'avantage compétitif de la banlieue en matière de coûts est lié, en bonne partie, au fait qu'elle est fortement subventionnée, notamment dans le domaine des transports. Alors que la banlieue voit sans cesse s'étendre son réseau autoroutier, rendant toujours plus accessibles des secteurs toujours plus lointains, Montréal souffre du sous-financement chronique du transport collectif et n'a pas inauguré de nouvelle station de métro depuis 1988. Pour noircir encore le tableau, rappelons que les autoroutes qui permettent à toutes les villes périphériques de se développer sont payées à 100 % par le gouvernement québécois, tandis que le transport collectif est principalement payé par les usagers et les villes.

Pour égaliser les chances et rendre la compétition plus juste, il est primordial de rééquilibrer les investissements de transport du routier vers le transport collectif. Cette stratégie a le double avantage de rendre l'économie de la région plus efficace et de faciliter la vie des familles montréalaises qui subissent, actuellement, les conséquences d'un réseau de transport collectif saturé.

Si les prix de l'immobilier montent à Montréal, c'est aussi qu'elle est victime de son succès... et de la trop grande pénurie d'équivalents. Les quartiers où l'on peut vivre sans dépendre de la voiture, se rendre à pied à l'école, envoyer ses enfants jouer au parc ou acheter un litre de lait au coin de la rue sont trop rares dans la grande région et, de fait, trop chers. Pour faire baisser la pression sur Montréal, il faut aussi travailler sur sa banlieue, et la rendre elle aussi plus attractive auprès de ceux qui recherchent une certaine urbanité.

Le départ de Montréal des familles est une tendance lourde aux ramifications sociologiques et économiques complexes. Pour renverser la tendance et ramener les familles, il faut prendre note de cette complexité en acceptant d'agir sur tous les fronts.

54

On veut être Québécois

Donald Jean
Président-directeur général de l'Agence de presse Médiamosaïque

Montréal sera plus riche dans les prochaines décennies, mais à condition que notre métropole exploite à bon escient le plein potentiel de la diversité qui la singularise des autres villes du Québec, du Canada et du monde.

En effet, la productivité de cette diversité risque de ne pas être au rendez-vous si cette dernière n'est pas mise en condition pour développer un sentiment d'appartenance encore plus fort à cette société.

Fort heureusement, dans le Montréal que je sillonne depuis plus d'une dizaine d'années, on ne veut plus être l'Arabe, le Noir, l'Autochtone, l'Asiatique, le Juif, le Latino, l'Italien de service. La grande tendance qui se dessine : on veut être Québécois, point barre. Grande concession !

Toutefois, l'effort de s'identifier de moins en moins à travers nos petits drapeaux d'origine doit inévitablement être compensé par l'obtention des privilèges dus au statut d'être Québécois.

En s'attirant les meilleurs cerveaux de la planète, oui, Montréal peut s'assurer de demeurer compétitive, mais la probabilité de perdre ces talents, faute de ne pas les identifier, les exposer, les encadrer, est tout aussi élevée. Car, il faut éviter de tuer à petit feu, qui sait, à Montréal, des modèles, des équivalents d'un Sergueï Brin (jeune immigrant d'origine russe qui a cofondé Google) ou d'un Mark Zuckerberg (fils d'immigrants qui devient le plus jeune milliardaire de la planète avec Facebook).

Sans dédouaner les secteurs public et privé, les mécènes, il revient aux médias de multiplier les tribunes au profit de la diversité, non pas pour parler de discrimination ou d'intégration, mais pour opiner autour des enjeux qui passionnent tous les Québécois. Car ce sont les médias qui façonnent les mentalités.

Par notre agence de presse Médiamosaïque, le Gala des Lys de la Diversité du Québec et le Réseau Diversité Plus, prônant la transformation sociale, on cible d'abord et avant tout les médias, parce que l'appui de ces outils est indispensable pour fabriquer des hommes politiques, de grands chefs d'entreprise et de fortes personnalités culturelles issus de la diversité.

55

Mieux intégrer les immigrants

François Cardinal

Lorsqu'il est question de langue, au Québec, les vieux réflexes ne sont jamais bien loin.

Jacques Parizeau l'a prouvé à son tour, en février 2013, dans une entrevue accordée au *Journal de Montréal*. Commentant la main tendue aux anglophones par le ministre responsable de la région de Montréal, Jean-François Lisée, l'ancien premier ministre commence par tourner l'homme en dérision. Il souligne qu'il n'était nullement son bras droit et, surtout, qu'à l'époque où il était son conseiller, son entourage le qualifiait péjorativement de « conseiller à l'ouverture » tant il était porté vers « les Anglais ».

Y'a pire défaut...

M. Parizeau qualifie ensuite de « dérive » les déclarations de Lisée sur la possibilité d'avoir des guichetiers bilingues aux stations de métro Peel et McGill. Puis il lâche, avec dédain : « Dans toutes les sociétés, il y a des apôtres de la bonne entente. Des "bon-ententistes"... »

Il aurait ajouté « collabo » qu'on n'en aurait pas été étonné tant l'ancien chef péquiste semble pourfendre un odieux pacte avec l'ennemi.

Les menaces au français ont beau avoir changé, « les Anglais » font toujours peur à M. Parizeau...

Il y a certes une mince part de conflit générationnel dans l'escarmouche opposant l'ancien premier ministre à son conseiller de l'époque, mais il y a surtout un conflit entre deux visions des relations entre Québécois de différentes langues. Pour l'un, les anglophones font partie du problème, pour l'autre, ils font partie du Québec.

L'ancienne garde péquiste croit encore que les anglophones doivent reculer pour qu'avancent les francophones. Elle parle d'« ouverture » avec dédain. Elle pourfend « la bonne entente » comme s'il s'agissait d'une abdication. Elle confond assimilation et « sécurité linguistique ». Elle dénonce tout accommodement comme autant de « dérives ».

Pourtant, le rapport de force a changé au Québec depuis 40 ans. Le français a progressé. Son usage est plus répandu. Les jeunes immigrants reçoivent un enseignement en français. Les allophones qui font le transfert linguistique vers l'anglais diminuent tranquillement. Le nombre d'anglophones ne cesse de diminuer depuis 50 ans. Et ceux qui restent ici sont plus bilingues et intégrés que jamais.

Et pourtant, on leur envoie le message que peu importe leur ouverture, ils n'en feront jamais assez. Qu'ils sont responsables de la perte de vitesse du français à Montréal. Qu'ils constituent une menace à la survie de la langue.

Or, Montréal ne s'anglicise pas autant qu'elle se «défrancise».

Le problème n'en est pas un de croissance de l'anglais, mais bien de décroissance: décroissance de la natalité et décroissance du nombre de francophones sur l'île. Deux phénomènes qui font bel et bien reculer le français dans la métropole, mais qui n'ont rien à voir avec les anglophones, encore moins avec l'ouverture du ministre Lisée.

D'abord, la plupart des jeunes familles quittent Montréal pour la banlieue en amenant avec elles leur unilinguisme français. Elles nuisent ainsi, à leur insu, à ce terreau fertile d'intégration qu'est la ville centre. Les plus récents chiffres de Statistique Canada sont sans équivoque: les ménages exclusivement francophones sur l'île sont passés de 46,6 % à 39,6 % en 10 ans, ce qui est loin d'être étranger au départ des familles.

Ensuite, les immigrants sont si nombreux à affluer vers la métropole qu'ils accélèrent cette «défrancisation». En remplaçant les francophones sur l'île, mais aussi en diluant les efforts de francisation des nouveaux arrivants.

Les jeunes immigrants parlent en effet de plus en plus français à l'école, dans la cour, dans leur quartier. Ils ramènent ainsi cette langue à la maison, laquelle s'ajoute à la langue des parents. Mais ce processus, nécessairement long, est rendu plus difficile et est contré par l'affluence des allophones sur l'île... et le départ des francophones de l'île.

La menace au français, par conséquent, c'est l'étalement urbain et la concentration de l'immigration internationale à Montréal. C'est d'ailleurs ce que concluait le groupe de travail ministériel mis sur pied par Lucien Bouchard, en 1999, qui soutenait que l'avenir de la francophonie au Québec passait par le maintien d'une «masse critique» de francophones sur l'île et par davantage d'«interactions entre les groupes ethniques et le groupe majoritaire».

« Plus que les lois linguistiques, ajoutait-on, ce seront des politiques concernant, entre autres, l'immigration et le développement urbain qui influeront sur le caractère linguistique et culturel futur de Montréal. »

Le problème, c'est que les gouvernements québécois successifs, incluant ceux du PQ, ne se sont jamais vraiment intéressés à ces deux questions. Le ministre Lisée est le premier à prendre l'exode des francophones au sérieux, le premier aussi à tenter de se rapprocher des anglophones à ce point.

Quant à l'intégration des immigrants, bizarrement, elle n'a jamais véritablement été une priorité. Plus facile de montrer les anglos du doigt, semble-t-il...

***

Voilà un autre réflexe dont il semble difficile de se départir au Québec : blâmer le fédéral qui, comme les anglos, serait responsable du déclin du français dans la province. À en croire les plus ardents souverainistes, le problème n'en serait pas un d'intégration des immigrants, mais bien de sélection. Une sélection qu'Ottawa mine par ses intrusions et ses obstacles.

Or, c'est encore une fois un faux problème. « Le contrôle politique exercé par le Québec sur la sélection de ses immigrants économiques et l'intégration des nouveaux arrivants dans son territoire est quasi-total », selon Annick Germain, spécialiste de la sociologie urbaine et de l'immigration à l'Institut national de la recherche scientifique (INRS).

La province sélectionne en effet tout près de 75 % de ses immigrants, grâce à une grille qui permet d'infléchir la composition de l'immigration selon l'âge, la formation et, bien sûr, la langue.

Ainsi, depuis l'adoption en 1991 de l'Accord Canada-Québec relatif à l'immigration et à l'admission temporaire des aubains, le Québec a non seulement les pleins pouvoirs en matière de sélection de l'immigration économique et d'intégration des nouveaux arrivants, mais touche également une compensation financière annuelle qui frôle aujourd'hui les 260 millions de dollars pour leur accueil, leur intégration et leur francisation.

À ce montant s'ajoutent environ 70 millions supplémentaires, des revenus qui proviennent des frais, de la tarification et des taxes prélevées des poches mêmes des immigrants, pour une somme globale de 330 millions, selon l'Institut de recherche et d'informations socioéconomiques.

Ce n'est pas rien. Surtout quand on sait que le gouvernement dépense environ 300 millions par année en programmes et mesures d'intégration et de francisation. Non seulement l'accueil se paie-t-il tout seul, mais il reste de l'argent dans les coffres publics !

Comment une province pour laquelle la langue est si importante peut-elle justifier une telle situation ? Comment expliquer qu'au cours des années, le budget alloué aux groupes communautaires d'aide aux nouveaux arrivants ait parfois été revu à la baisse ? Comment comprendre l'inadéquation entre les beaux discours d'ouverture et l'argent investi pour les mettre en application ?

Peu étonnant, dans un tel contexte, que le Québec ait plus de difficulté que les autres provinces canadiennes à intégrer ses immigrants. Surtout quand on sait qu'ailleurs au pays, les budgets alloués à l'accueil des nouveaux arrivants sont systématiquement plus élevés, parfois le double !

Avec raison. Car ces immigrants sont ceux par qui la prospérité et le développement économique des villes passent, et passeront. Au Québec, par exemple, 60 % de la croissance des besoins de main-d'œuvre entre 1991 et 2001 ont été comblés par des immigrants, en très grande partie à Montréal.

Quand on sait qu'à partir de 2029, selon l'Institut de la statistique du Québec, l'immigration assurera seule l'augmentation de la population de la province, on comprend mieux l'importance d'ouvrir nos portes. Et surtout celles de la métropole, sur le territoire de laquelle vivent 65,8 % de toute la population immigrée.

Plutôt que de se demander, comme le font plusieurs observateurs, si le nombre d'immigrants admis chaque année ne dépasse pas la capacité d'absorption de l'économie québécoise, ne devrait-on pas tenter d'accroître cette même capacité d'absorption ? Ne devrait-on pas faire tout ce que nous pouvons pour nous assurer d'une meilleure intégration des immigrants ?

***

La bonne nouvelle, c'est que le salut du français va de pair avec celui de Montréal : tous deux s'appuient en bonne partie sur l'intégration et la réussite économique des immigrants.

Et pourtant, comme société, on met beaucoup plus d'énergie à combattre les accommodements raisonnables qu'à intégrer ceux qui en exigent. On fait la promotion du Québec à l'étranger, on ouvre nos portes, on sélectionne nos migrants... puis on les laisse se débrouiller une fois arrivés en espérant qu'ils aimeront tellement notre culture qu'ils s'y inséreront sans effort.

Pire, on multiplie les obstacles, les délais d'accès aux services de soutien, les exigences pour faire reconnaître les expériences et diplômes étrangers, les difficultés à s'insérer dans le marché de l'emploi.

Entendons-nous : l'immigrant doit faire des efforts pour bien s'intégrer dans son nouveau milieu de vie, mais la société d'accueil aussi.

Un regard sur les statistiques des dernières années montre que le Québec réussit habituellement à intégrer les immigrants, ce qui se fait en bonne partie par le marché du travail, mais que cela est long. Trop long.

Bien que les nouveaux arrivants soient plus qualifiés et diplômés que les Québécois, ils souffrent de plus bas taux d'emploi et de revenus d'emploi plus faibles.

Puis, graduellement, ils rattrapent tout juste la moyenne au bout de dix ans. Surtout s'ils immigrent à un jeune âge.

L'objectif devrait donc être de les intégrer plus rapidement. À l'aide de cours de français mieux ciblés et plus longs, mais à l'aide aussi d'un travail acharné dans les entreprises pour abattre les barrières et les discriminations.

Cela passe par des lois contraignantes, une offre de services plus cohérente et soutenue, une application plus étendue des programmes d'accès à l'égalité, un allègement du processus administratif imposé aux entreprises pour qu'elles embauchent davantage de nouveaux arrivants, un raccourcissement des délais d'accès aux services de soutien.

Mais cela passe aussi par des mesures plus modestes et incitatives : du travail d'arrimage avec les employeurs, par exemple, une multiplication des occasions et des plateformes d'échanges avec les francophones, des programmes de stages en entreprises plus importants.

On le voit, à long terme, l'intégration porte ses fruits. Les plus jeunes se sentent plus Québécois et Montréalais. Ils parlent de plus en plus français. À l'école, dans la cour, dans leur quartier. Ils ramènent ainsi cette langue à la maison, laquelle s'ajoute aux langues déjà parlées par les parents.

Le dernier recensement le confirme : la proportion de personnes de langue maternelle autre que le français et l'anglais qui parlent désormais le français à la maison a bondi de 20,4 % à 24,1 % en 10 ans... et la part des transferts linguistiques vers l'anglais a diminué, sur la même période, de 22,1 % à 19,7 %.

Clairement, l'attention n'a plus à porter sur « les Anglais », mais bien sur les immigrants qu'il importe d'intégrer plus rapidement pour que s'épanouissent le français et... Montréal.

BOUFFE
UN NOUVEAU PACTE ENTRE VILLE ET MONDE RURAL

56
Contrôlons la qualité de nos produits

Normand Laprise
Grand Chef Relais & Châteaux et copropriétaire du restaurant Toqué !

Montréal doit prendre sa place sur le plan gastronomique. Les Québécois ont une richesse culturelle distincte et le potentiel nécessaire pour atteindre la même renommée culinaire que Tokyo, San Sebastián ou Copenhague. Mais comment y parvenir ?

Premièrement, il faut restructurer notre restauration. Si n'ouvre pas qui veut un cabinet de dentiste, pourquoi donner l'entière liberté de le faire à qui souhaite ouvrir un restaurant ? Je suis conscient de l'importance du libre marché pour la bonne santé économique d'un secteur d'activité. Cependant, lorsque je vois des institutions historiques fermer leurs portes au profit de gens enthousiastes inexpérimentés qui ne survivent pas plus d'un ou deux ans avant de quitter à leur tour, je me questionne sur la pertinence de ce roulement.

Ensuite, il nous faut être intègres. Si on ambitionne de se positionner comme une destination culinaire à l'échelle mondiale, on doit le faire avec une saveur qui nous est propre. Pour être conséquent, il faut que notre gastronomie se bâtisse avec des produits québécois. Pour y arriver, il faut donner les moyens de leurs ambitions aux producteurs locaux. Les restaurants ne peuvent pas être les seuls à les faire vivre. Si on désire avoir une belle diversité de produits de qualité, il faut aussi que les Montréalais acceptent de faire l'effort de mettre plus de produits locaux dans leurs paniers.

Cuisiner avec les produits de saison implique une discipline, certes. Mais ça demande aussi l'accessibilité des produits par la proximité de vrais marchés locaux (dans les parcs, par exemple), où les producteurs viennent une ou deux fois par semaine pour vendre les produits de leurs fermes directement aux consommateurs. Il y a déjà quelques «marchés locaux» en place à Montréal, mais peut-on vraiment parler d'un «marché local» lorsque des distributeurs se font passer pour des fermiers? Une réglementation de l'affichage et de l'identification des producteurs doit être considérée.

En protégeant nos institutions et en contrôlant la qualité de nos produits, nous nous donnons les outils adéquats pour bâtir une gastronomie exceptionnelle, typiquement québécoise. Certaines adresses montréalaises ont déjà acquis une notoriété qui va au-delà de nos frontières. Il ne reste plus qu'à la relève de jeunes chefs d'utiliser ces outils pour repousser les barrières encore plus loin. Vivement un rayonnement international de la gastronomie montréalaise et québécoise qui aille au-delà de la poutine!

57

Peut-on savoir ce que l'on mange?

Katerine-Lune Rollet
Chroniqueuse gastronomique et vice-présidente de Slow Food Montréal

De l'épicerie huppée d'Outremont à la fruiterie de l'avenue du Mont-Royal en passant par le supermarché d'Hochelaga-Maisonneuve, on ne sait pas ce que l'on mange. D'où viennent les poires, les pommes ou le bœuf haché? Indications floues ou inexistantes en magasin. Une tomate est une tomate, me direz-vous. Non, justement. Celle du Mexique présente souvent une chair ferme, pâlotte, sans goût. Celle du Québec – même hydroponique, en hiver – gagnerait tous les tests de goût à l'émission *L'Épicerie* vis-à-vis sa voisine mexicaine.

Des initiatives en magasin, comme le programme *Aliments Québec,* aident à s'y retrouver. Mais poussons l'idée plus loin. Près de 60 % du territoire du Grand Montréal est occupé par des terres agricoles. Si vous croyez que Laval consiste en une longue suite de centres commerciaux, détrompez-vous. C'est, entre autres, de là que viennent vos laitues et fraises. *Idem* pour Mirabel ou Boucherville.

Montréal fêtera son 375ᵉ anniversaire en 2017. Pourquoi ne pas créer un logo Montréal 75 que l'on apposerait sur tout aliment frais ou transformé dans un rayon de 75 km de l'île ? Il n'y a pas de législation qui oblige les commerçants à indiquer d'où viennent les aliments. Pourquoi les Montréalais n'auraient-ils pas accès à un système qui leur permet de savoir que leurs asperges n'ont pas passé 10 heures dans un camion depuis la Gaspésie ? Il faut repenser complètement le système de distribution alimentaire. Pour des raisons de rentabilité, 90 % des produits qui se retrouvent sur les tablettes des épiceries des grandes bannières sont choisis sans égard à la production agricole avoisinant le commerce. Tant pis pour le producteur de navets à deux kilomètres, vaut mieux que cela arrive des entrepôts des grands centres. Plus facile à gérer, répond-on. Pourtant, en laissant la place chez les détaillants aux produits des environs, on revalorise le rôle des agriculteurs dans leur communauté, on stimule l'achat local et cela aide à la diversification de l'agriculture et de l'économie.

Il faut repenser le pacte entre la ville et le monde agricole, encourager les circuits courts (le moins d'intervenants possible entre le champ et votre assiette). L'agriculture devrait être au service des consommateurs et non dans une logique de rentabilité – complètement absurde d'un point de vue écologique (plus de 50 % du poisson pêché dans le golfe du Saint-Laurent transite par Boston avant d'être revendu au Québec...).

L'une des raisons pour laquelle le chef du restaurant Toqué !, Normand Laprise, est si reconnu aujourd'hui, c'est parce qu'il a été un des premiers à exiger la traçabilité de ses ingrédients. Impératif pour lui de savoir qui a élevé son canard, d'où viennent ses pleurotes. Si c'est important pour les grandes tables, pourquoi cela ne le serait-il pas pour les sacs d'épicerie de tous les Montréalais ?

58

Miser sur l'agriculture urbaine

François Cardinal

Pour la rédaction d'un livre sur les enfants, il y a quelques années, j'ai interviewé plusieurs professeurs sur la question du «décrochage nature» et, notamment, sur leurs connaissances du monde agricole. Tous avaient leur histoire d'horreur...

Un professeur de Laval m'a raconté qu'il arrivait régulièrement à des jeunes de 3ᵉ ou 4ᵉ année de dessiner une carotte sans feuilles, de la grosseur d'un petit doigt... comme on en trouve à l'épicerie!

Une enseignante de 4ᵉ année de la région de Québec m'a raconté avoir visité une ferme avec sa classe lors de laquelle une élève a demandé à voix haute qui avait mis les œufs sous la poule... D'autres étaient horrifiés d'apprendre que le bacon venait du cochon!

Clairement, le décrochage des enfants est lié à la nature, mais aussi à l'agriculture, qu'ils ne connaissent plus du tout, n'ayant à peu près jamais l'occasion de se mettre les deux mains dans la terre.

«Il y a, un peu partout dans le monde, un manque ou une perte de savoir relative au jardinage alimentaire, note l'organisme Alternatives dans son guide pédagogique intitulé *Des racines autour du monde*. En effet, bien des gens ne savent pas comment faire pousser leurs propres aliments. Ils ne savent pas non plus d'où ceux-ci proviennent ni dans quelles conditions ils ont poussé.»

La chose se vérifie à Montréal. D'abord parce que les fermes urbaines qui permettaient aux jeunes citadins de comprendre d'où vient leur nourriture ont toutes fermé leurs portes au cours des dernières décennies. Ensuite, parce que le jardinage urbain a été quelque peu délaissé après avoir connu une période dorée.

On compte certes, aujourd'hui, un bon nombre de lieux de pratique de l'agriculture urbaine, une expression très large qui recoupe autant les jardins individuels que les jardins collectifs et communautaires, les jardins d'entreprises privées, la culture d'arbres fruitiers, les potagers sur les toits, les balcons et les ruelles. Selon de récentes données, on dénombre à travers l'île 75 jardins collectifs et 98 jardins communautaires qui occupent près de 17 000 jardiniers. À cela, on peut ajouter une centaine de jardins sur les toits et, surtout, des dizaines de milliers de citoyens qui jardinent sur leur balcon et leur terrain.

C'est à la fois beaucoup et très peu. Beaucoup quand on compare avec d'autres villes qui n'ont pas été pionnières comme Montréal. Vancouver, par exemple, souhaite le développement de 5000 jardinets alors que la métropole québécoise en compte déjà plus de 8500.

Mais c'est aussi très peu quand on s'attarde à la demande croissante. Il n'y a qu'à jeter un œil aux listes d'attente interminables pour les jardins communautaires pour s'en convaincre. Il y a en effet des années que la Ville n'a pas mis sur pied de nouveaux jardins.

Ce qui fait dire au Centre d'écologie urbaine que «Montréal est une ville nourricière qui s'ignore»...

***

Constatant qu'il y avait bien peu de potagers urbains, un groupe d'activistes particulièrement dégourdis a décidé d'amener la Ville dans le potager!

En 2011, en effet, un regroupement d'adeptes de l'agriculture urbaine a lancé une pétition sur le sujet qui a permis de recueillir tout près de 30 000 signatures. L'idée était d'avoir recours à un outil jusqu'alors jamais utilisé de la Charte montréalaise des droits et responsabilités : le droit d'initiative, qui permet aux citoyens d'obtenir une consultation publique sur tout ce qui relève de la Ville ou des arrondissements.

Mission accomplie dès l'année suivante, quand l'Office de consultation publique recevait de la Ville le mandat d'examiner l'état de l'agriculture urbaine à Montréal afin de faire le portrait de ce secteur d'activité méconnu.

Six séances d'information, une centaine de mémoires et sept séances d'auditions plus tard, il publiait un rapport fouillé et minutieux qui mettait la table pour une petite révolution dans les jardins. «Montréal a tout ce qu'il faut pour devenir un modèle en agriculture urbaine», concluait-elle. L'Office se disait ainsi «profondément convaincu» que la Ville doit s'intéresser davantage à cet «important sujet». Avec raison.

Non seulement la métropole a-t-elle été longtemps à l'avant-garde des villes nord-américaines, mais elle connaît actuellement une effervescence hors du commun autour de l'agriculture urbaine. On le voit dans la multiplication des projets, l'augmentation des demandes de soutien auprès des arrondissements, l'apparition de petits marchés de producteurs locaux, l'augmentation du nombre de bénévoles qui veulent s'impliquer et le succès du projet d'Agriculture soutenue par la communauté d'Équiterre.

En réponse à cette demande et au rapport de l'Office, la Ville a créé, en mars 2013, un comité de travail dont le mandat est « le développement des meilleures pratiques dans ce domaine », de concert avec les principaux acteurs montréalais en agriculture urbaine.

C'est bien. Mais reste maintenant à choisir les priorités d'action, tant les possibilités sont nombreuses. La Ville peut en effet mettre en place des outils et des structures pour encourager cette pratique. Elle peut aussi élaborer des plans et politiques visant à intégrer les fonctions agricoles dans l'aménagement du territoire.

Mais elle peut surtout, à mon avis, adopter des programmes ciblés, subventionner des organismes, créer des postes d'animateur horticole, favoriser l'éclosion de projets communautaires, multiplier les jardins collectifs, etc.

Elle peut arroser les initiatives *grass roots*, multiplier les jardins, marchés et potagers et favoriser ainsi la sociabilité, les échanges et l'intégration des différentes populations à leur quartier. Elle peut aussi profiter des marchés saisonniers pour favoriser l'achat local, créer des événements de quartier, lutter contre l'isolement, stimuler l'appartenance locale et l'appropriation des espaces communs.

Bref, elle peut se servir de l'agriculture urbaine pour consolider les communautés, pour renforcer la communauté.

59
Tout le monde dehors!

Gaëlle Cerf

Copropriétaire du camion à tacos Grumman'78, vice-présidente de l'Association des restaurateurs de rue du Québec et directrice des services alimentaires au Festival Juste pour rire

Montréal a la réputation d'être une ville accueillante et bon enfant. Pour les touristes, c'est une métropole gastronomique unique en Amérique du Nord, et ses citoyens se considèrent privilégiés d'avoir accès à une offre alimentaire d'une telle qualité.

En 2010, la renaissance de la cuisine de rue a lancé une réflexion sur une façon de s'alimenter qui avait disparu de la ville depuis plus de 50 ans. La réaction du public a été sans précédent; les files d'attente autour des camions lors de leurs sorties ont montré avec éclat à quel point les Montréalais sont prêts pour ce type de services d'alimentation.

La consultation publique organisée à l'automne 2012 a suscité des commentaires largement positifs, tout en soulignant l'importance d'une cohabitation harmonieuse entre les camions et les restaurants « en dur ». Si bien que la Ville a décidé d'aller de l'avant et de lancer un projet pilote largement inspiré de la proposition de l'Association des restaurateurs de rue du Québec (ARRQ). En bref, il s'agit de servir une cuisine de qualité, préparée par des professionnels dans des cuisines de production commerciales, ce qui permettrait sans conteste à Montréal de se doter d'une offre alimentaire urbaine à la hauteur de sa réputation gastronomique.

Les *foodtrucks* sont pour Montréal un atout sous plusieurs aspects. Ils proposent une offre alimentaire nouvelle et créative qui attire autant les touristes que les habitants des quartiers, et dont le caractère convivial permet aux gens de se rencontrer en plein air, dans des lieux variés, où peuvent s'établir de nouveaux liens de communication.

La cuisine de rue s'inspire d'une vision neuve, celle d'une jeune génération de cuisiniers qui revendiquent un mode d'expression différent. Cette nouvelle approche, qui se démarque de la restauration traditionnelle, leur donne en outre les moyens financiers de réaliser leur rêve.

La cuisine de rue favorise aussi la revitalisation de certains quartiers considérés comme des déserts alimentaires : par leur présence dans les parcs ou sur les places publiques, les camions contribuent à retenir les habitants dans leurs quartiers. Qui ne serait pas heureux en effet de pouvoir manger un morceau en regardant ses enfants jouer une partie de baseball dans un parc?

Les camions fonctionnent déjà en communauté. Leurs propriétaires ont compris que la force du nombre crée l'événement et, depuis plus d'un an, regroupés en association, ils coordonnent leurs calendriers de sorties. Comme ils exploitent tous par ailleurs un restaurant ou un service de traiteur à partir de leur cuisine de production, ils possèdent des bases aussi solides que tous les autres restaurateurs «classiques». La conscience qu'ont ces jeunes cuisiniers des enjeux sociaux va aussi les amener à faire des choix éthiques importants afin d'être aussi écoresponsables que possible : recyclage et compostage, choix de produits locaux et artisanaux.

Montréal a besoin de la restauration de rue comme elle a besoin des festivals, des événements spéciaux extérieurs et de la vie qui anime ses rues. Cette façon raisonnée de faire la *streetfood* est la version 2.0 de la restauration rapide, une option saine et respectueuse des produits, des fournisseurs, des clients et des autres restaurateurs.

Cette approche de la cuisine de rue encourage la locavoracité (consommation d'aliments issus de la production locale), la traçabilité des produits, le développement durable et, pourquoi pas, le simple plaisir de se rencontrer dans la rue.

60

Repousser les limites

Geneviève Grandbois
Chocolatière

Montréal pour moi, c'est un espace libre ou tout est encore possible, un terreau fertile pour les innovateurs. C'est grâce à l'ouverture des Montréalais et leur désir de découvertes, peut-être aussi à la jeunesse de notre gastronomie, que nous repoussons constamment les limites. Sans cesse, nous nous nourrissons de nouveaux projets et nous revisitons notre créativité.

Je crois qu'il nous reste à plonger encore plus en nous pour y trouver qui nous sommes et ce que nous avons envie de partager, mais surtout d'oser le faire de façon personnelle. Être prêts à risquer de ne pas plaire à tous pour offrir vraiment ce que nous avons d'unique, oser se réinventer en oubliant ce que les gens attendent de nous.

Alors qu'il serait facile de n'être qu'une pâle réplique des initiatives qui se créent ailleurs, notre mission est de puiser en notre authenticité et d'ainsi façonner cette unicité. Une ville qui se réaffirme comme étant créative grâce à une gastronomie distinctive qui ose être ce qu'elle est, voilà ce que je souhaite à Montréal pour lui donner un nouveau souffle!

En tant que chocolatière et entrepreneure, mon intention est de créer des chocolats inédits mais également des espaces qui invitent à vivre des expériences sensorielles uniques et durables. Je souhaite apporter quelque chose de plus personnel au chocolat et le partager à tous.

Le milieu du chocolat a bien évolué à Montréal depuis les 15 dernières années. Lorsque j'ai ouvert Chocolats Geneviève Grandbois, on trouvait sur le marché des chocolats commerciaux, quelques chocolats d'importation européenne et quelques artisans qui produisaient des chocolats de manière traditionnelle. Aujourd'hui, je crois faire partie des quelques chocolatiers téméraires possédant leur propre plantation. Grâce à celle-ci, j'espère faire découvrir de nouvelles variétés de fèves de cacao encore méconnues. Cela me permettra aussi de suivre le cheminement de mes créations de manière encore plus unique, de la plantation jusqu'à la dégustation. De plus, je souhaite contribuer à la mise en valeur de pays jusqu'ici inconnus par le goût et le bouquet de leurs fèves.

Pour contribuer à ce nouveau souffle de créativité à Montréal, je me donne comme mission d'adoucir la vie des gens à travers le chocolat. Mon rêve est de développer des chocolats qui font du bien, des chocolats qui évoquent des sensations personnelles et des chocolats qui font vivre des expériences uniques.

ENVIRONNEMENT
L'ESSENCE DE MONTRÉAL

61

Une ville tournée vers sa vraie nature

Karel Mayrand
Directeur général pour le Québec de la Fondation David Suzuki
et président de Réalité climatique Canada

Imaginez une ville sise sur un archipel de centaines d'îles, baigné par l'un des grands fleuves du monde, entouré d'un chapelet de montagnes dont l'une s'élève en plein centre-ville. Imaginez les forêts les plus riches en biodiversité, les terres les plus fertiles et de nombreuses rivières, ruisseaux, marais et tourbières. Imaginez maintenant que ce lieu magnifique, c'est chez vous.

Ce site unique au confluent de la rivière des Outaouais et du fleuve a défini l'identité de Montréal depuis sa fondation. Pourtant, en cherchant sans cesse à s'élever comme grande métropole, Montréal a tourné le dos à la nature. Doit-on choisir entre ville et nature? Non. Et les grandes métropoles du monde, de Barcelone à Toronto, redécouvrent peu à peu leur vraie nature en renouant ces liens brisés avec leurs littoraux et leurs attraits naturels. Ce faisant, elles se donnent une nouvelle image de marque, et elles donnent à leurs citoyens une qualité de vie et une fierté nouvelles. La relance de Montréal passe nécessairement par cette redécouverte.

La relance de Montréal se fera par la mise en valeur de ses attraits naturels : le fleuve Saint-Laurent, son archipel, ses terres agricoles et ses Montérégiennes. En annonçant la création d'une trame verte et bleue, la Communauté métropolitaine de Montréal a lancé un signal fort. D'ici quelques années, on protégera la rivière des Mille Îles et des boisés importants. On créera de nouvelles plages et une piste cyclable qui permettra aux citoyens, jeunes et moins jeunes, de relier le parc d'Oka au mont Saint-Hilaire. C'est un début. Mais il nous faut être plus ambitieux.

Nous avons besoin d'une vision qui favorise le redéploiement de la ville vers le fleuve, comme le projet d'entrée maritime de Montréal. Les auto-routes ne doivent plus s'interposer entre la ville et le fleuve. Nous avons besoin d'investir dans nos «infrastructures vertes», nos boisés, milieux humides et autres milieux qui apportent chaque année plus de quatre milliards de dollars en services à notre collectivité, en plus d'être une police d'assurance contre les vagues de chaleur, sécheresses et inondations qui nous frapperont avec le réchauffement climatique.

Les quartiers verts doivent se multiplier, et les enfants doivent pouvoir retourner jouer dehors et découvrir la nature. C'est ainsi que Montréal pourra conserver ses familles et attirer ici des entreprises qui cherchent des villes qui se distinguent par leur qualité de vie. Rêvons un peu : imaginons un beau samedi soir de juillet où les enfants sautent, plongent et nagent dans la rivière des Prairies. Plus besoin d'aller à Châteauguay pour se baigner les pieds dans l'eau. Et les mouches à feu reviendront éclairer nos nuits.

62

Montréal, c'est une île, bâtard!

Vincent Graton
Comédien

S'il y a un endroit où l'impuissance et la perte de confiance affligent féroce-ment le citoyen, c'est bien Montréal. Véritable ville-débandade du 21e siècle, Montréal est devenue le carrefour de tous les capharnaüms. Choisir d'y marcher, c'est un peu comme si un alpiniste borgne et unijambiste décidait de grimper l'Everest sans sherpa. Car c'est bien là le drame de Montréal, celui de ne pas avoir de guide. Montréal ne sait pas où elle est, ne sait pas où elle va, parce qu'il n'y a personne pour l'orienter.

Mais avant de déterminer où on va, n'importe quel bon psy vous dira qu'il faut d'abord déterminer qui on est. Principe élémentaire que nous pouvons aussi appliquer à une entreprise, à un parti politique ou à une ville. En sachant qui on est, on peut mieux choisir où on va. *Right*? Vous me suivez, politiciens et gestionnaires bardés de connaissances folles?

Alors camarades, Montréal c'est quoi?

MONTRÉAL, C'EST UNE ÎLE! UNE ÎLE, BÂTARD! C'EST-TU CLAIR? UNE ÎLE!

Il faut donc commencer l'aventure de la revalorisation de notre ville en mettant en lumière les prodigieuses beautés de son essence fondamentale. Il faut ouvrir Montréal au fleuve puissant qui l'irrigue. Les berges de notre ville sont une richesse inestimable. Il faut les rêver, les développer. Il faut offrir le fleuve au monde!

Tant qu'à être dans l'essence de Montréal, continuons... Notre terre se distingue des autres terres des Amériques par sa langue, sa culture. Montréal doit être la capitale de la francophonie en Amérique. Notre ville doit devenir une des grandes capitales culturelles du monde. Une grande cité dominée par la fête, le délire et l'audace. Montréal doit être un *party animal*, une planète à l'énergie latine! Une bombe qui fait voyager le monde!

Hochelaga, La Petite-Patrie, NDG, la Petite Italie, Pointe-aux-Trembles, tous les quartiers de Montréal doivent créer du fulgurant, de la palpitation en révélant leur plus profonde unicité. La richesse est là, dans l'explosion de sens à chaque coin de rue.

63

Créons de nouvelles routes… vertes!

François Cardinal

Quand la banlieue s'étale, des routes sont créées dans toutes les directions… et d'autres disparaissent sans même qu'on s'en aperçoive.

En grignotant les forêts, boisés et terres agricoles, on élimine en effet les routes naturelles dont ont cruellement besoin les organismes vivants, animaux, insectes, plantes, etc.

On peut bien conserver quelques arpents verts ici et là, il n'en reste pas moins que cette fragmentation des écosystèmes empêche les animaux de se déplacer en coupant les liens existant entre les différentes composantes de leur habitat naturel.

Cette «bétonisation» du territoire constitue même l'une des principales causes de régression de la biodiversité dans le monde.

Pas compliqué: les organismes vivants, du plus petit insecte au plus gros mammifère, ne peuvent pas survivre dans de petits paysages morcelés, isolés les uns des autres. Ils ont besoin de bouger sur de vastes étendues pour procréer, s'alimenter, assurer les migrations saisonnières ou, encore, l'échange génétique entre populations et l'extension des aires de répartition.

Le «domaine vital» d'un ours noir, par exemple, peut atteindre 17 000 ha, celui d'un orignal, 10 000 ha et celui d'un lynx roux, 5000 ha.

«Quand on fragmente une forêt, on peut bien préserver des morceaux de végétation, mais cela n'empêche pas l'extinction des espèces, indique Andrew Gonzalez, titulaire de la Chaire de recherche du Canada sur la biodiversité. La fragmentation du milieu naturel produit une perte nette de biodiversité.»

En revanche, la création de corridors naturels – de simples bandes de végétation reliant des fragments de forêt – maintient non seulement la biodiversité, mais aussi l'intégrité des écosystèmes, révèle une étude publiée dans la revue *Ecology Letters*.

L'expérience ayant permis une telle conclusion est fascinante. L'équipe du Dr Gonzalez a analysé la mobilité des organismes vivant dans de petits tapis de mousse, ce qu'elle considère comme l'équivalent de forêts tropicales microscopiques. Les organismes qui peuplaient la mousse disparaissaient lorsque cette dernière était fragmentée, alors qu'ils se multipliaient avec la création de corridors, comme ils le feraient dans de larges habitats intacts.

« Il en va de même sur le terrain, à l'échelle humaine », précise le biologiste de l'Université McGill, qui dirige le Centre de la science de la biodiversité du Québec, nouvellement créé.

D'où l'importance des routes vertes, d'où l'importance de la ceinture verte.

Car, fait peu connu, la métropole fait partie d'une zone géographique très riche. Le corridor Québec-Windsor abrite certes la moitié de la population canadienne... mais aussi la moitié des espèces menacées ou en voie de disparition au pays !

***

Lors de son adoption, en décembre 2011, le Plan d'aménagement du Grand Montréal a été largement salué. Avec raison, car il s'agissait à mes yeux de l'acte fondateur de la région qui n'existait, jusque-là, que sur papier.

Le plan, affectueusement appelé PMAD (Plan métropolitain d'aménagement et de développement), vise à densifier les municipalités, à renforcer les pôles de transport et à limiter le dézonage agricole.

Fort bien. Mais au-delà des contraintes, il vise aussi un objectif louable qui s'est perdu dans l'épaisseur du document...

À la page 166, en effet, on s'engage à mettre sur pied la « Trame verte et bleue du Grand Montréal », à l'image des ceintures vertes d'autres villes du monde comme Toronto, Londres, Berlin, Amsterdam et Vancouver.

Très, très intéressant ! D'autant que le projet ne se trouvait pas dans la première mouture du plan. On suggérait tout au plus d'« amorcer une réflexion sur l'intérêt et la faisabilité » d'une ceinture verte, une promesse que les citoyens présents aux consultations publiques ont trouvée bien trop lénifiante.

Or, dans le plan final, on a choisi d'en faire un projet officiel de la région avec, pour modèle, le Vermont. Pas mal... Surtout qu'on fait passer de 12 % à 17 % l'objectif de protection du territoire, en harmonie avec la convention de Nagoya.

En gros, le projet consiste à créer une vaste ceinture verte composée de boisés, de milieux humides, de plaines inondables, d'îles, de ruisseaux et de rivières. On connecterait ainsi les circuits pédestres existants, on relierait les grands espaces verts et les parcs nationaux.

Concrètement, ça veut dire qu'on s'efforcerait de relier entre eux, par des corridors naturels, des boisés, des milieux humides, des plaines inondables, des ruisseaux, des rivières, des parcs nationaux.

Le territoire visé est essentiellement bordé au nord par les Basses-Laurentides, au sud par la frontière américaine, puis du Suroît à l'est jusqu'à Sorel à l'ouest.

Un magnifique projet que l'on doit aux Partenaires du parc écologique de l'archipel de Montréal, un organisme qui a poussé l'idée sans relâche pendant des années afin que l'on offre à la population un accès privilégié à la nature et aux animaux.

Mais attention ! On ne parle pas ici de territoires mis sous cloche de verre, mais bien de corridors accessibles aux gens à des fins récréatives qui permettent en outre de purifier l'air et l'eau, de lutter contre les inondations et l'érosion, de séquestrer le carbone, etc.

Et cela serait loin d'être un luxe pour la région !

Lorsque les Partenaires du parc écologique ont officiellement lancé le projet, en 2007, Montréal se classait au 14e rang canadien pour la superficie d'espaces verts par personne... sur 14 villes !

À l'heure actuelle, 9,6 % du territoire du Grand Montréal est protégé mais ce pourcentage est trompeur, plus des trois quarts de ces aires protégées se trouvant en milieu aquatique tant le retard est grand en ce qui a trait au milieu terrestre. La protection réelle du territoire ne dépasse donc pas les 6 %...

***

Le projet d'archipel a été réclamé sous d'autres vocables pendant des années, mais en vain. Les organismes de protection ont eu beaucoup de peine à avoir une oreille attentive des élus, qui voyaient souvent leur projet comme une lubie d'écologistes.

Or, l'adoption du Plan d'aménagement métropolitain semble être l'étoile sur laquelle toutes les autres veulent soudainement s'aligner.

Après que l'ensemble des 82 municipalités de la région a dit oui au projet, la Ville de Montréal a en effet adopté une résolution réclamant à Québec la protection de cette fameuse ceinture verte. Puis, quelques mois plus tard, le gouvernement Charest faisait un pas en ce sens sans que personne s'en aperçoive, encore une fois.

Le premier budget provincial de 2012 prévoyait en effet une somme de 50 millions sur cinq ans pour entreprendre la réalisation de cette fameuse trame verte, un engagement repris ensuite par le gouvernement Marois.

Ce financement vise deux grands objectifs. D'abord, aménager un sentier cyclable et pédestre traversant le Grand Montréal, d'Oka à Mont-Saint-Hilaire. Puis, créer plusieurs espaces verts : un parc le long de la rivière des Mille Îles, un parc linéaire et des plages sur la digue de la Voie maritime, un corridor vert entre Châteauguay et Léry et un corridor forestier dans la région du mont Saint-Bruno.

Mais aussi intéressant cet investissement soit-il, cela n'est rien de plus qu'un premier pas si l'on souhaite réellement établir une ceinture verte. Les preuves en sont ces exemples réussis à proximité. Le Vermont, cité plus haut, qui a toujours su mettre en valeur ses paysages et ses espaces verts. Et Ottawa, qui est entourée par 200 km^2 d'espaces protégés ! C'est énorme !

On s'entend : Montréal ne pourrait jamais refaire exactement ce que l'on retrouve dans la capitale canadienne, étant donné que ce projet a été amorcé il y a une cinquantaine d'années, à une époque où les expropriations étaient plus faciles et plus nombreuses, disons…

Néanmoins, il faut s'en inspirer comme d'un modèle à suivre. Il faut accorder à cette trame verte autant d'importance que les voisines. Il faut la sacraliser. Et il faut convaincre les élus des MRC voisines d'en faire autant afin que le projet dépasse les frontières du Grand Montréal et s'étende du Suroît à Sorel, ainsi que des Basses-Laurentides jusqu'à la frontière américaine.

Dans le cas contraire, on risque simplement de repousser l'étalement urbain un peu plus loin…

64

La montagne doit descendre en ville !

Sylvie Guilbault
Directrice générale de Les amis de la montagne

En 2011, Montréal s'est classée au 22e rang de 221 villes à travers le monde ayant la meilleure qualité de vie, selon l'étude annuelle de Mercer.

Si la qualité de vie est définie, entre autres, par le caractère unique d'une ville et de ses attraits, la préservation et la mise en valeur du mont Royal sont, dans ce contexte, une évidence désarmante.

Le mont Royal, c'est un parc où, gratuitement, en plein centre-ville, on flâne, skie, patine, jogge, pique-nique, entre en contact avec une nature étonnante. C'est aussi une montagne au cœur de l'île. Les grandes institutions sur les flancs de la montagne font en sorte qu'elle est accessible et non privatisée jusqu'aux limites du parc.

Par exemple, du centre-ville on peut traverser le campus de l'Université McGill et se rendre jusqu'au parc du Mont-Royal, une formidable promenade à travers des patrimoines architectural, historique et naturel. Des cimetières Notre-Dame-des-Neiges ou Mont-Royal, le promeneur accède au parc et plonge dans un univers différent de paix et de beauté; dernièrement, un renard prenant un bain de soleil y a été filmé.

Le mont Royal, c'est bien plus qu'un parc : c'est une montagne riche d'histoire, de patrimoine, de nature, en plein centre-ville, unique en Amérique du Nord.

Actuellement, plusieurs grandes institutions sur la montagne sont en mutation : déménagement des hôpitaux Royal Victoria, Shriners, Hôtel-Dieu; agrandissement de l'Hôpital Général; vente des propriétés des congrégations religieuses; développement des universités. Notre société doit faire des choix. Un site comme le mont Royal vaut son pesant d'or, sachant que nos villes se densifieront de façon exponentielle au cours des prochaines années.

Plutôt que de chercher à resserrer la montagne dans un étau de béton, il faut lui permettre d'étendre ses tentacules. La montagne doit descendre en ville ! Jusqu'au fleuve par la rue Peel, par exemple; jusqu'au parc Lafontaine par un lien fort et bien affirmé sur le Plateau; vers Outremont en passant par ses cimetières et l'Université de Montréal.

Le mont Royal, c'est aussi la plus belle toile de fond de la ville qui se renouvelle à chaque saison. Le cacher derrière une forêt de plus en plus dense de tours de bureaux et de tours d'habitation, c'est aussi priver les Montréalais de la beauté de leur ville.

Si le mont Royal fait partie de notre qualité de vie collective à Montréal, nous devons agir pour le gérer comme une ressource non renouvelable, avec l'obligation de le conserver pour les générations futures.

65

Faire un joyau du parc Jean-Drapeau

François Cardinal

À cinq minutes du centre-ville de Montréal, on retrouve deux magnifiques îles baignant dans le fleuve, deux joyaux qu'on appellerait de tous nos vœux s'ils n'existaient pas.

Et pourtant, depuis 30 ans maintenant, on néglige ces immenses espaces verts de la taille de Central Park...

Les années qui ont suivi Expo 67 ont été effervescentes dans les îles Sainte-Hélène et Notre-Dame. On a alors aménagé le bassin olympique, pavé le circuit Gilles-Villeneuve, fait pousser les Floralies... Les artistes s'y donnaient rendez-vous.

Puis, c'est la descente. Le succès s'estompe. Le parc perd de son attrait. Si bien qu'on décide de mettre un terme aux activités de Terre des Hommes en 1981, plongeant du coup les îles dans une profonde crise d'identité dont elles ne se sont toujours pas remises.

Il y a bien eu, au tournant des années 1990, une vaste réflexion en vue du 350e de Montréal, une réflexion qui a permis l'adoption d'un plan de développement. Mais celui-ci aura servi le temps d'aménager une plage, après quoi, il a été mis sur une tablette où il accumule la poussière depuis...

Voilà pourquoi on semble gérer le site à la petite semaine, on peut annuler la Fête des enfants du jour au lendemain, on laisse les îles dans un état de décrépitude inquiétant. Voilà pourquoi le fédéral peut quasiment fermer la Biosphère pour y mettre des bureaux de fonctionnaires sans que personne s'en émeuve. Voilà pourquoi les événements les plus hétéroclites s'y déroulent sans aucun respect pour la vocation du parc.

Mais justement, quelle est-elle la vocation de ce vaste espace vert?

Entre les jeux de hasard, les courses automobiles, la biosphère que l'on souhaite transformer en banals bureaux, le festival Osheaga et les spectacles de *death metal,* on cherche en effet une raison d'être, un fil conducteur, une pertinence.

Le constat est tout à fait désolant. Montréal jouit de deux îles qui regorgent d'une histoire remontant au début des années 1600, à un jet de pierre de sa vieille ville, et elle ne sait qu'en faire !

Depuis Terre des Hommes, le parc ressemble en effet à un vaste terrain vague en attente d'événements ponctuels qui ne mettent nullement les îles en valeur.

Même le gestionnaire des lieux, la Société du parc Jean-Drapeau, le reconnaissait il y a quelques années dans un document officiel : « Le site apparaît toujours comme un lieu multiforme sans véritable ossature. »

On laisse ainsi les promoteurs débarquer avec leur propre vision, leurs propres événements qui n'ont aucun lien entre eux, aucun lien avec le parc même. On laisse l'offre récréative se faire et se défaire selon les humeurs et les goûts du jour.

On laisse aussi les infrastructures dépérir, comme si on pensait ne plus jamais en avoir besoin. Aux côtés des piscines flambant neuves du complexe aquatique, on trouve ainsi des sentiers peu invitants, des escaliers qui ne semblent pas avoir été foulés depuis l'Expo et des bancs amochés enfouis sous d'épaisses broussailles.

Le problème est si sérieux que le vérificateur général de Montréal soutenait dans son rapport de 2009 que les installations et les infrastructures du parc « ont atteint un niveau de désuétude préoccupant tant sur le plan sécuritaire qu'en regard de leur fiabilité »...

En un mot, les lieux n'ont plus rien à voir avec les Floralies d'antan...

La bonne nouvelle, c'est que la Ville, ces dernières années, s'est souvenue de l'existence du site. Après une bonne décennie de vaches maigres, elle a recommencé à investir en vue de sa restauration. Le complexe aquatique a connu une transformation majeure. Et l'édifice Hélène-de-Champlain subit une nécessaire cure de jeunesse.

Mais malgré cette attention récente, le problème demeure : on ne sait toujours pas quoi faire à long terme de ce joyau naturel. On laisse les événements ponctuels attirer quelques milliers de personnes, mais le parc, lui, attire-t-il qui que ce soit ?

***

Certains tentent de se consoler en soulignant que les îles Sainte-Hélène et Notre-Dame attirent tout de même plus de 10 millions de visiteurs par année. Ce qui est pas mal... si on ne regarde pas trop les chiffres de près !

Car, si vous retirez de ce chiffre impressionnant tous ceux qui ne sont pas vraiment « attirés » par les îles, les six millions de joueurs du Casino, les milliers de spectateurs des courses automobiles et les habitués de La Ronde, il ne reste plus grand monde...

Ce qui est tout de même assez incroyable ! Le mont Royal est capable d'attirer deux millions de personnes chaque année sans NASCAR ni Piknic Electronik, mais deux magnifiques îles situées à un jet de pierre du centre-ville ne peuvent en faire autant.

C'est ce qui explique en bonne partie l'existence du débat qui a été soulevé, en 2012, par le mécène et collectionneur d'art Alexandre Taillefer qui suggérait alors de déménager hors du parc la plus importante œuvre d'art de Montréal : *L'Homme*, d'Alexandre Calder. Située sur sa petite île négligée, la sculpture n'attirerait pas autant de regards, de visiteurs et de touristes qu'elle le devrait.

L'argument se défend. Mais j'y suis néanmoins opposé.

Il faut se rappeler que *L'Homme* a joui d'une restauration complète il y a quelques années. Il a alors été déplacé au bord du fleuve pour être davantage contemplé. Et il connaît une formidable appropriation grâce à des événements festifs ponctuels comme les Piknic Electronik.

Ensuite, la situation du « stabile » de Calder ne répond à aucun des critères de déménagement d'œuvres de la Ville. Le site ne sera en rien modifié. Le lieu public qui l'entoure est toujours aussi accueillant. Et l'environnement physique ne menace nullement l'œuvre, contrairement au monument aux Patriotes de Laliberté, par exemple, qui croupissait sous le pont Jacques-Cartier avant qu'on lui trouve un lieu plus approprié.

Enfin, *L'Homme* a été créé par Calder spécifiquement pour le lieu qui l'accueille. La sculpture a en effet été commandée en juillet 1966 par l'International Nickel Company of Canada (INCO) pour son pavillon d'Expo 67.

Vrai que des dessins avaient déjà été esquissés auparavant, mais l'œuvre a néanmoins été conçue précisément pour les îles. Fondue en France et montée une première fois à Tours en présence du ministre André Malraux, en janvier 1967, la sculpture a ensuite été démontée, puis envoyée à Montréal par bateau dans 12 grandes caisses en bois.

Puis, elle a été remontée à la place International Nickel, sur l'île Sainte-Hélène, en avril 1967, sous la direction de Calder. Déjà, à ce moment, l'INCO avait fait part au maire Jean Drapeau de son intention d'offrir la sculpture à la Ville, à la fin de l'Exposition.

Il s'agit donc, aujourd'hui, d'un des derniers vestiges forts d'Expo, une sculpture dont le nom, *Man Three Disks,* évoque le thème de l'événement, l'homme.

Bien entendu, les œuvres sont dynamiques. Elles peuvent changer en fonction des époques. Mais encore faut-il qu'il y ait de bonnes raisons de transgresser les intentions initiales de l'artiste.

C'est d'ailleurs pourquoi le Bureau d'art public de Montréal s'est doté de critères objectifs qui doivent guider la Ville avant de déplacer une œuvre d'art, un geste somme toute brutal qui doit se justifier pleinement.

Les critères appliqués pour déplacer une œuvre s'inspirent des principes inscrits dans les chartes internationales de conservation du patrimoine. La Ville accepte de déplacer une œuvre lorsque le lieu public pour lequel elle a été créée a perdu sa fonction, par exemple. Ou bien, lorsque le site sur lequel elle se trouve doit subir d'importantes modifications, ce qui rend son maintien impossible (pensons au monument à John Young, de Louis-Philippe Hébert, qui a dû être déplacé pour permettre la construction du Musée Pointe-à-Callière, en 1990).

Ou encore, lorsque son environnement physique s'est détérioré au point de mettre en péril sa conservation (pensons au monument aux Patriotes, d'Alfred Laliberté, qui se trouvait sur le terre-plein de la rue Notre-Dame, sous le pont Jacques-Cartier, avant d'être déménagé sur le site du Pied-du-Courant).

On le voit donc, *L'Homme* de Calder ne répond à aucun de ces critères, ce qui a en quelque sorte incité le conseil municipal à clore ce débat temporairement. Plutôt que d'amener *L'Homme* de Calder en ville, pourquoi ne pas plutôt essayer amener la ville à *L'Homme* ainsi qu'au parc qui l'entoure ?

***

Heureusement, la fête approche... 2017 sera un moment très spécial pour Montréal, qui célébrera simultanément son 375ᵉ anniversaire, le 150ᵉ de la Confédération... et le 50ᵉ d'Expo 67.

Le parc Jean-Drapeau, on l'espère, sera donc au cœur des festivités.

Quelle occasion en or de se projeter en avant... tout en évitant les erreurs du passé. En effet, Terre des Hommes a été pensée de manière très ponctuelle avec ces pavillons qui n'avaient pas grande utilité une fois l'événement terminé.

Il faut donc envisager le parc en 2017 non pas avec un souci de reproduire les festivités d'antan, mais plutôt avec l'idée de donner au site un second souffle pour des décennies à venir.

Que faire de l'ancienne Terre des Hommes ? Une Terre des sports et de culture, rien de moins.

Il y a là, d'abord, un clin d'œil à l'histoire des îles.

Sur le plan culturel, elles ont été très importantes dans les années 1960. Par l'ouverture au monde qu'elles ont permise, avec l'Expo et Terre des Hommes. Puis, par la tenue de grands événements artistiques. Les Robert Charlebois, Gilles Vigneault, Louis Armstrong et Ravi Shankar attiraient en effet des foules impressionnantes à l'époque, au point de faire des îles un important carrefour culturel.

Sur le plan sportif, ensuite, elles ont accueilli le Montreal Swimming Club à partir de 1877, en plus d'offrir une plage dès 1937; il y a aussi une pertinence toute contemporaine à ce choix : les infrastructures récréatives existent déjà.

On y trouve en effet un circuit de course automobile, un complexe aquatique d'envergure, un bassin olympique, des pistes cyclables ainsi qu'une plage et des terrains de volley-ball.

On pourrait, à peu de frais, bonifier cela en réintroduisant les activités disparues avec le temps : un mur d'escalade, une école de voile, une boutique de location de patins, des sentiers tracés de ski de fond. Puis, on pourrait ajouter un lieu de pratique du vélo de montagne, un endroit d'où les kayakistes de mer pourraient s'élancer, un *skatepark* d'envergure, etc.

Il faudrait donc bonifier l'offre sportive, mais aussi culturelle.

Il existe déjà bon nombre de spectacles et de festivals, auxquels on pourrait adjoindre des expositions plus permanentes, dans la Biosphère par exemple. L'idée lancée par Alain Simard est prometteuse en ce sens : un grand symposium international de sculptures monumentales ou architecturales, aux dimensions comparables à l'œuvre de Calder.

Inspiré par le populaire Hakone Open-Air Museum, un grand jardin de sculptures à ciel ouvert sur une montagne près de Tokyo, au Japon, M. Simard suggère en effet d'en faire une attraction permanente sur les îles. Très intéressant !

Côté sport, il faudrait d'abord s'assurer de réduire les irritants à la pratique du sport : les parcomètres, les bornes de ralentissement imposées aux cyclistes sur le circuit Gilles-Villeneuve, les estrades laissées sur le site entre les courses, la clôture qui barre le passage vers la Rive-Sud dès la mi-novembre, etc.

Un tel *double branding,* en plus de s'imposer tout naturellement, aurait le mérite de permettre de conserver sur place les spectacles en plein air tout en permettant de valoriser l'aspect récréatif du lieu... et de redonner au parc son importance dans la métropole.

Reste un problème à régler, toutefois : l'accès au site.

Il y a certes un métro qui se rend sur place, mais ce dernier n'est pas très attirant pour les piétons et cyclistes qui admirent les îles depuis le Vieux-Montréal. Si près et si loin à la fois...

Il n'y a pas vraiment d'autobus qui se rendent sur place, sinon au Casino. En vélo, il faut passer sous l'autoroute Bonaventure, longer l'avenue Pierre-Dupuy, traverser le pont de la Concorde, rien de bien agréable, sinon pour le passage devant Habitat 67. Et à pied, n'en parlons pas...

D'où l'idée d'un nouveau pont proposée lors des consultations publiques de 2013 sur l'avenir du Vieux-Montréal, par Ottavio Galella, président de Trafix. Ce dernier suggère de construire une passerelle mobile de 300 m entre le quai King Edward et le parc de la Cité-du-Havre, près du pont de la

Concorde, afin que les cyclistes traversent du Vieux-Port à l'île Sainte-Hélène en seulement cinq minutes !

On passerait ainsi d'un lien de 5 km (infranchissable à pied, pénible en patins à roues alignées) à un de 1,3 km (tout à fait « marchable »). Ce qui est fort intéressant pour un parc sous-utilisé.

On pourrait ainsi décloisonner les îles, ce qui faciliterait d'autant cette réappropriation citoyenne, nécessaire depuis maintenant 30 ans...

COMMERCE
À QUAND UNE STRATÉGIE?

66

Donner un *break* aux commerçants

Philippe Dubuc
Designer

Depuis mon entrée dans le monde des adultes et mon arrivée dans la marginale métropole des années 80, je n'ai jamais vu autant de nouveaux développements urbains, de grues et d'embellissements institutionnels qu'aujourd'hui. Pourtant, dans mon quartier, je n'ai jamais vu autant que maintenant de commerces placardés, de façades commerciales en décrépitude et de trottoirs souillés par le passage du temps. Que se passe-t-il?

Je suis toujours aussi convaincu que le succès d'une ville passe bien sûr par la qualité de ses citoyens et de ses infrastructures, mais aussi, et surtout, par la qualité de ses commerçants. Montréal et ses différents quartiers doivent servir d'aimant et d'amant pour tous ces gens qui désirent, comme moi, un jour ou l'autre y vivre ou la visiter.

Bien que la périphérie semble nous dire que l'urbanité se passe désormais au croisement d'une autoroute et d'une autre, je peine à croire que ces centres formatés nous offriront autant de diversité que la vraie ville. De marcher de chez moi pour aller voir, entendre, acheter, manger et boire tout ce qui me passe par la tête reste l'expérience ultime d'une vie urbaine.

Et, parlant de marcher, quand la piétonnière Prince-Arthur deviendra-t-elle un jour la Mecque des artisans culinaires d'ici avec ses bouibouis *made in Québec*?

À ma chère rue Saint-Denis où j'ai déposé, il y a de cela 18 ans déjà, mes valises remplies de fringues, ils sont où ces nouveaux et modernes commerçants qui osent s'installer sur ton bitume ?

À quand un programme qui incitera à faire resplendir les façades pour encourager les futurs entrepreneurs à ouvrir des boutiques inusitées et offrir des produits singuliers ?

À quand un *break* des taxes foncières super élevées pour éviter les hausses de loyers astronomiques du moment ?

À quand moins d'avantages fiscaux aux propriétaires d'immeubles commerciaux trop longtemps abandonnés ?

Il est temps de trouver des solutions afin d'inciter davantage les futurs commerçants à venir s'y installer. Et plus il y'aura de beaux commerces, plus il y aura de beau monde qui viendra les visiter.

Et quand lira-t-on sur les couvertures de magazines : « Montréal, le succès d'une ville » ?

67

Transformer l'expérience du centre-ville

Michel Leblanc
Président et chef de la direction de la Chambre de commerce du Montréal métropolitain

De quoi Montréal a-t-elle besoin pour connaître un nouveau souffle, précisément ?

Il n'y a pas de solution unique. Montréal aura besoin d'infrastructures stratégiques fonctionnelles et efficaces (port, aéroport, réseau routier, transports en commun), d'infrastructures de service de qualité (hôpitaux, écoles, universités), d'entreprises compétitives (entrepreneurs audacieux, investissements privés) et d'une main-d'œuvre compétente et en nombre suffisant (travailleurs formés et diplômés, immigration intégrée). Si nous ratons un de ces angles, la performance de Montréal sera décevante.

Je propose cependant un chantier immédiat qui relève de la compétence du maire : transformer l'expérience du centre-ville.

Il nous faut penser citoyen qui y déambule et qui veut y voir de la beauté urbaine. Penser consommateur qui cherche une boutique unique ou un grand magasin de caractère introuvable ailleurs. Penser banlieusard qui y voit des choses qu'on ne peut retrouver qu'au centre d'une grande ville. Penser touriste qui se dit qu'il lui faudra bien revenir parce qu'il y a un je ne sais quoi.

Le mouvement est amorcé. Il se construit des tours de condos au centre-ville, signe indéniable du désir d'y vivre. De nouvelles tours de bureaux s'en viennent, signe du désir d'y travailler. Les festivals, les musées, les restaurants, les salles de spectacle sont de bons points. Mais il faut plus.

Il faut des accès bien conçus, y compris pour les voitures. Des stationnements intérieurs qui sortent l'automobile de la rue et élargissent l'espace piétonnier. Il faut des rues propres, refaites et pensées pour le piéton. Enfin, il faut de l'art public, partout, sous toutes ses formes, qui interpelle et éblouit le citoyen.

Le premier geste à poser par le maire est simple : il doit, dans une déclaration ferme et sans équivoque, proposer une vision sur cinq ans pour transformer l'expérience du centre-ville. Et il doit s'engager à y consacrer un budget.

La stratégie à mettre en œuvre ensuite repose sur quatre axes.

La Ville devra investir directement dans le mobilier urbain, les infrastructures piétonnières et les places publiques.

Le maire devra en parallèle lancer un appel au secteur privé : la Ville accélérera les procédures d'approbation pour les rénovations et offrira même un crédit de taxe additionnel aux petits propriétaires qui rénovent; en contrepartie, il demandera aux entreprises d'investir en art public.

Le maire interpellera aussi les gouvernements supérieurs. Il les pressera publiquement d'accélérer le recouvrement de l'autoroute Ville-Marie et le développement des terrains de Radio-Canada, à l'est, et ceux de la Société immobilière du Canada, à l'ouest du Vieux-Montréal.

Enfin, le maire annoncera la tenue de concours annuels d'architecture et de design urbain pour le développement de lieux signatures au centre-ville.

Un tel chantier aurait pour effet de mieux ancrer nos sièges sociaux, d'accroître le nombre de commerces de qualité qui paient de bons loyers, de s'assurer que talents locaux et étrangers ne veulent surtout pas déménager et de permettre à nos créateurs d'y trouver leur public.

Réussir ainsi le cœur de la ville nous donnerait le principal ingrédient pour réussir la suite : de la fierté.

SAVOIR
UN ENJEU CRUCIAL

68

Une ville de savoir négligée

Robert Lacroix

Professeur émérite et ex-recteur de l'Université de Montréal

Oui, Montréal a tous les attributs d'une grande ville de savoir sur le continent nord-américain : quatre universités, trois grandes écoles et trois centres hospitaliers universitaires de réputation internationale sont au cœur même d'un complexe de recherche de grande envergure. Aucune autre grande ville canadienne n'a une telle concentration de recherche et de formation universitaires. C'est un véritable trésor, mais un trésor que nous négligeons, en laissant à l'état de rêves les projets qui pourraient l'enrichir.

Depuis au moins 15 ans, les universités québécoises sont sous-financées, en moyenne de quelque 300 millions de dollars par année. C'est 4,5 milliards de dollars qui n'ont pas été investis dans nos universités pour les maintenir au niveau des universités du reste du Canada. Or, 63 % de l'enseignement universitaire et plus de 70 % de la recherche universitaire se réalisent à Montréal. Dit autrement, nous avons privé les établissements montréalais de trois milliards de dollars qui leur auraient permis de mieux soutenir la position de cette ville de savoir face à Toronto, Boston, Vancouver, etc.

A-t-on vu les Montréalais manifester, sortir les casseroles pour défendre leurs universités ? Rien ! A-t-on vu le maire de Montréal mobiliser la population, la communauté des affaires et descendre à Québec pour défendre sa ville comme il l'a si bien fait pour le Grand Prix en allant à Québec, à Ottawa et même à Londres ? Rien !

Aucune réaction non plus à l'annonce des coupes dans les universités de l'ordre de 250 millions de dollars sur deux ans, sans compter celles dans le financement de la recherche universitaire. On enlève donc de ce fait quelque 200 millions de dollars à une activité clé pour le présent et l'avenir de Montréal. Notre maire a-t-il pris la 20, accompagné d'une forte délégation d'éminents Montréalais pour crier sa colère et son désarroi ? Rien ! Toujours rien !

Pendant que l'attention des Montréalais et de leurs dirigeants était complètement accaparée par des histoires de corruption et de démissions, un sommet s'est tenu sur l'enseignement supérieur. Nos dirigeants montréalais n'ont jamais pris position ni défendu avec intelligence et acharnement nos universités. On laisse les universités montréalaises se défendre individuellement, comme elles le peuvent, et on agit comme si l'avenir de la plus inspirée des villes canadiennes n'était pas en jeu. Aucune autre région du Québec n'aurait accepté un tel traitement intensif pendant aussi longtemps en gardant un silence de mort.

Le maire de New York, Michael Bloomberg, a donné à son *alma mater*, l'Université John Hopkins, 1,1 milliard de dollars. Au-delà de la somme, il y a le geste. Le geste d'un homme profondément convaincu de l'importance de l'éducation et de la supériorité de la connaissance sur l'ignorance. Montréal a besoin comme jamais d'un leader visionnaire comme le maire Bloomberg, d'un dirigeant qui saura hisser sa ville au rang des grandes métropoles universitaires internationales.

69

Ça commence à l'école primaire et secondaire

Michel de la Chenelière

Président de la Fondation de la Chenelière et ancien président
de Chenelière Éducation et de Chenelière/McGraw-Hill

Un souhait pour relancer Montréal : ça commence à l'école primaire et secondaire !

Comment préparer les citoyens de demain qui feront de leur ville un endroit dynamique où il fait bon vivre pour ses habitants mais aussi pour les touristes qui la visitent ?

Les Montréalais sont devenus désabusés et peu fiers de leur ville depuis qu'ils constatent avec effroi combien ses infrastructures ont été délaissées voilà de cela plusieurs décennies. Les Montréalais sont également assez honteux de la publicité négative engendrée par la mise au jour de tout un système de corruption qui gruge les finances de la Ville.

Le désengagement des Montréalais lors des élections municipales est aussi un signe alarmant de leur niveau de désintéressement du bien public.

Je crois fermement que tout commence par la qualité de l'éducation au primaire et secondaire en dehors des disciplines d'étude de base.

À commencer par investir dans la propreté et la convivialité des lieux d'apprentissage et par l'aménagement des cours d'écoles en espaces beaucoup plus agréables.

Lutter efficacement contre le fléau de l'intimidation à l'école et dans les médias sociaux entre élèves.

Organiser des sorties scolaires pour faire connaître leur ville aux enfants et aux adolescents, admirer son architecture diversifiée, apprendre les bases de son histoire, mieux comprendre sa richesse culturelle et artistique.

Une récente étude de la firme de recherche canadienne Hill Strategies confirme que l'éducation aux arts est un facteur de réussite scolaire et sociale. Non seulement les résultats scolaires des élèves plus défavorisés sont-ils améliorés, mais l'éducation aux arts augmente leurs chances de réussites professionnelles une fois adultes et en fait des citoyens plus engagés dans leur communauté.

Les chiffres révélés par cette étude sont éloquents.

- Le taux de décrochage au secondaire atteint 22 % chez les élèves n'ayant pas eu accès à des activités culturelles, contre 4 % pour les élèves initiés aux arts à l'âge scolaire.

- L'étude révèle également que le contact avec l'art augmente énormément les activités bénévoles et on note une augmentation du taux de participation aux élections locales.

- L'espace culturel montréalais est fort riche de ses nombreux musées et théâtres. Une plus grande fréquentation de ces lieux par les élèves du primaire et du secondaire aurait certainement un impact très favorable sur l'évolution citoyenne responsable de ces futurs adultes.

Ces futurs adultes actuellement à l'école primaire et secondaire sont près de 600 000 à Montréal. Ils sont l'avenir de leur ville et de sa relance.

70
Avoir le souci d'exceller

Raphaël Fischler
Directeur de l'École d'urbanisme, Université McGill

La ville doit sa survie et sa prospérité à deux vertus principales : la quête de l'innovation et le souci du bien public à long terme. Elle doit promouvoir en même temps la liberté individuelle, source de créativité, et l'action collective, garante du bien-être social. La mondialisation donne à ces principes historiques une importance accrue. Pour que Montréal fleurisse au 21e siècle, il faut donc y cultiver une sphère politique tolérante et une économie innovante. Montréal ne peut être une grande ville par le simple nombre de ses habitants ; elle doit l'être par l'excellence de leur action et de leurs institutions. Ce souci d'excellence n'est pas un élitisme; c'est une ambition de faire toujours mieux, que ce soit en justice sociale, dans les arts ou en technologie.

Cette ambition s'exprime dans des initiatives récentes en matière d'urbanisme et d'aménagement, par exemple le Quartier international de Montréal et le Plan métropolitain d'aménagement et de développement de la Communauté métropolitaine de Montréal (CMM). D'autres efforts, portés par la société civile, promeuvent l'excellence en écologie et en démocratie urbaines, et d'autres encore ont fait de certaines entreprises et institutions locales des références internationales. Le gouvernement du Québec devra collaborer, lui aussi, dans le domaine fiscal (en donnant aux villes les moyens de leurs ambitions) ainsi que dans le domaine socioculturel.

Or, dans ce deuxième domaine, les débats récents sur la langue et l'éducation ne laissent rien présager de bon. La langue et l'éducation sont pourtant des enjeux importants à Montréal, ville nord-américaine qui a le français pour langue principale, et ville universitaire de premier plan. Malheureusement, ces deux particularités sont traitées uniquement d'un point de vue quantitatif, en termes démographiques et financiers. Le manque d'attention portée à la qualité de la langue (sa maîtrise à un haut niveau de fonctionnalité) et à la qualité de la formation (son aptitude à attirer les meilleurs cerveaux et à stimuler l'innovation) condamne Montréal à la médiocrité. Pire, les débats récents ont donné lieu à des paroles et à des gestes violents de la part de divers acteurs, paroles et gestes contraires à l'esprit de tolérance et de liberté d'une démocratie.

Il y a donc des choses dont Montréal a besoin et d'autres qui lui sont inutiles. Elle a besoin, en particulier, d'une vision positive et à long terme des enjeux de la langue et de l'éducation, pas d'une vision négative et à court terme. Elle a besoin d'un investissement massif en éducation pour diminuer le taux de décrochage scolaire qui grève son développement économique et menace sa paix sociale et pour promouvoir l'excellence dans tous les domaines d'activité. Elle n'a pas besoin de discours ou de mesures qui attisent de vieux ressentiments et qui, au lieu de favoriser l'ouverture et la bonne entente, jouent sur la division et la coercition. Montréal est une ville cosmopolite dont la diversité et l'ambition en ont fait une métropole internationale; elle ne pourra rayonner (et faire rayonner le Québec) que si elle demeure cosmopolite, fièrement et sereinement.

URBANISME
UNE NOUVELLE DONNE

71

Montréal la belle

Georges-Hébert Germain
Écrivain

Mais où donc se cachent ces villes parfaites que les Montréalais, dans leurs discours, comparent implicitement et avec un entêtement péremptoire à la leur qu'ils se réjouissent, dirait-on, de trouver laide, sale, déprimante et sans génie ?

Je suggère qu'on cesse dès aujourd'hui de croire à l'existence de ces villes chimériques. Et qu'on étouffe la passion chauvine et stérile qu'on leur manifeste.

Avoir un idéal de perfection est sain et admirable. Mais ce n'est pas une raison pour se flageller sans cesse, se diminuer et se déprécier, et pour clamer haut et fort que notre ville est la pire de toutes. Cette attitude est à la fois snob et naïve. On laisse entendre, en se rengorgeant, qu'on est de grands connaisseurs en urbanisme et qu'on a voyagé à tous les bouts du monde; alors qu'en réalité, on est obnubilé par ce qu'on ne connaît pas vraiment, qu'on n'a bien souvent jamais vu.

Ce dont Montréal a besoin est un changement d'attitude de ses habitants à son égard. Avant de parler et d'abîmer leur environnement de bêtises, ceux-ci devraient peut-être aller de temps en temps voir comment on vit, on aménage, on construit ailleurs, dans des villes bien réelles, de vraies villes habitées par du vrai monde. Ils découvriraient qu'elles ont, elles aussi, des rues trouées, des tunnels pourris, des chantiers incontournables, des métros en panne, des bouchons interminables et, bien souvent, des édiles incompétents ou corrompus. Et que Montréal n'est pas souvent, pour ne pas dire rarement, pire que les autres.

Bien sûr, elle était autrefois la métropole du Canada. Et elle ne l'est plus. Ça ressemble à une déchéance, à un naufrage. La source du défaitisme généralisé de ses habitants se trouve peut-être là. Quand, pour sortir d'ici, on doit passer par Toronto, New York ou Chicago, c'est humiliant et enrageant. Mais on n'y peut rien. À part grossir.

Si le grand Montréal comptait du jour au lendemain six millions d'habitants, son aéroport serait trois fois plus achalandé, des autoroutes à six voies et des TGV lui fonceraient dessus tous azimuts, un train ultra moderne roulerait sur le pont Champlain déjà restauré...

On devrait peut-être cesser de vouloir se mesurer aux poids lourds, alors qu'on fait un excellent mi-moyen. Et savoir apprécier les beautés de cette ville où nous vivons. La voir telle qu'elle est, confortable, saine, très verte. Et, hiver comme été, foi de Montréalais très légèrement chauvin, remarquablement belle.

72

Les banlieues et la chaîne de Ponzi...

François Cardinal

Depuis 50 ans maintenant, le développement urbain du Québec ressemble à une chaîne de Ponzi. À la manière d'un Bernard Madoff qui s'est enrichi sur le dos de ses clients, les banlieues du Québec s'épanouissent sur le dos des villes-centres, de l'environnement et des terres agricoles grâce à un système fiscal qui s'apparente en effet à une vente pyramidale... avec la complicité du gouvernement du Québec.

Comment fonctionne une chaîne de Ponzi ? Un homme d'affaires ayant l'air tout à fait honnête prend l'argent de nouveaux investisseurs pour payer ses plus anciens clients, créant ainsi une chaîne qui n'a jamais de fin... sauf quand l'organisateur manque de nouveaux investisseurs et que tout s'effondre.

Or, c'est précisément un tel stratagème qui permet aux municipalités de banlieue de grossir, de grossir et de grossir encore depuis la dernière Guerre...

« Les municipalités échangent des responsabilités à long terme d'entretien, de réparation et de remplacement d'infrastructures contre des entrées à court terme de liquidités sous forme de taxes », explique le directeur de l'organisme Vivre en Ville, Christian Savard.

Prenons l'exemple d'un projet immobilier fictif appelé Les jardins du fleuve. Il est proposé à une municipalité de banlieue qui s'empresse de répondre favorablement avant que ne le fasse une de ses voisines.

Pourquoi ? Parce que la Ville n'aura rien à payer, mais touchera la valeur des permis de construction, des taxes de bienvenue et évidemment des taxes foncières, en plus de jouir de toutes les nouvelles infrastructures. C'est en effet au promoteur que reviennent tous ces coûts, auxquels s'ajoute la facture des nouvelles infrastructures : égouts, aqueducs, trottoirs et rues.

La Ville s'enrichit donc à court terme, comme l'homme d'affaires qui emprunte des montants d'argent à ses nouveaux clients. Mais elle contracte ainsi une dette à retardement : ces infrastructures qu'elle devra entretenir dans 15 ou 20 ans.

Bref, la Ville prend de l'argent tout de suite, mais elle reporte les paiements à plus tard. Or, puisqu'elle ne roule pas sur l'or, le jour où elle doit payer pour l'entretien de ses infrastructures, elle devient carrément dépendante de nouvelles entrées d'argent... sous la forme de nouvelles constructions.

Comme dans une chaîne de Ponzi.

***

Le message du gouvernement aux villes : soyez responsables, limitez l'étalement urbain, cessez de gruger les terres agricoles... même si tout le système fiscal vous force à faire exactement le contraire !

Il y a quelque chose d'hypocrite dans le discours de Québec qui prêche la bonne parole en public, qui pousse la région métropolitaine à adopter un plan d'aménagement qui limite le développement anarchique, mais qui garde en place un système fiscal et financier qui favorise, justement, la «bétonisation» du territoire!

Pire, la «bétonisation» des terres les plus fertiles de la province...

Reprenons l'exemple des Jardins du fleuve. Dans le contexte fiscal qui est le nôtre, un beau projet comme celui-là a toutes les chances de se faire en pleine terre agricole.

Les municipalités, en effet, sont dépendantes à 70 % des revenus fonciers. Cela les oblige à se battre entre elles pour attirer le plus de promoteurs, pour dézoner le plus de territoires, pour construire le plus de maisons, de commerces et d'industries.

Or, plus le temps passe, plus les terres disponibles se font rares. Ce qui crée immanquablement une pression croissante sur les terres arables, agricoles, naturelles, qui apparaissent de trop au moment où la ville cherche désespérément de l'argent.

«Il faut réaliser l'ampleur du gaspillage que représente l'expansion du périmètre des villes vers la zone agricole», soulignait avec justesse la commission Pronovost sur l'agriculture, il y a quelques années.

Bon an mal an, la province perd – à tout jamais – près de 4000 ha de terres agricoles au profit d'autoroutes, d'entrepôts, de centres commerciaux et, bien sûr, de lotissements résidentiels. Tous les 10 ans, on assiste ainsi à la disparition de bonnes terres cultivables d'une superficie équivalente à... l'île de Montréal.

***

L'hypocrisie du système fiscal, hélas, ne s'arrête pas là...

Le principal objectif du Plan métropolitain d'aménagement et de développement de la région de Montréal, adopté en 2012, est de concentrer 40 % des ménages qui s'installeront dans la région d'ici 2030 autour des principaux pôles de transports en commun.

Un bel objectif... qui va à l'encontre, encore une fois, des incitatifs fiscaux du gouvernement.

Au Québec, en effet, les infrastructures de transport interurbain sont à la charge soit des villes, soit de l'État : les autoroutes sont payées à 100 % par Québec alors que le transport en commun est assumé en partie par la municipalité, qui assume 40 % des coûts de fonctionnement.

L'administration municipale a donc avantage à… rapprocher ses concitoyens des autoroutes, à les inciter à prendre la voiture et, surtout, à les éloigner de l'autobus.

« Une ville qui fait le choix du transport collectif assumera une part importante des coûts de transport de ses habitants, souligne Christian Savard de Vivre en Ville. Au contraire, si elle développe un quartier à proximité d'une autoroute, tout sera à la charge de l'ensemble des contribuables du Québec : construction, entretien, déneigement, élargissement de l'autoroute, etc. »

Bref, tout incite les villes à se développer, surtout sur les terres agricoles, de préférence autour des routes bien plus que des gares et terminus. Précisément ce que le Plan métropolitain d'aménagement et de développement (PMAD) essaie d'éviter.

Cela est d'autant plus vrai que le coût de la disparition d'une terre arable n'est jamais pris en compte. On voit très bien les entrées d'argent qui proviennent d'un développement à la DIX30, mais on oublie trop facilement ce que nous rapportait collectivement, sur le plan environnemental, économique et social, l'existence du champ agricole qui l'a précédé.

Même chose avec le boisé des Hirondelles, à Saint-Bruno. La Ville n'a aucune difficulté à calculer ce que lui rapporteront les 30 maisons luxueuses qu'on souhaite y construire, mais elle est incapable de saisir la valeur du boisé vierge et mature que l'on détruira en conséquence. Que la petite forêt de six hectares constitue l'unique passerelle reliant le parc national voisin aux espaces verts situés au sud, qu'il ait une grande valeur écologique, ou qu'il ait une importance cruciale dans le cadre de la création du corridor montérégien et de la future ceinture verte métropolitaine, peu importe, cela n'a pas de valeur pécuniaire comme telle…

Que faire pour mettre fin à cette aberration ? Revoir le régime fiscal de la banlieue. D'abord pour rendre les municipalités moins dépendantes des revenus fonciers, et par le fait même des nouvelles constructions. Ensuite pour obliger les propriétaires résidentiels à assumer le coût de leur décision de s'installer en plein champ agricole, selon le principe de l'utilisateur-payeur. Il n'est pas normal que l'ensemble des contribuables québécois soit obligé de financer les routes, écoles et hôpitaux que l'on doit construire pour répondre à l'étalement urbain.

Le gouvernement aurait ainsi intérêt à diversifier les revenus des municipalités ou encore à créer une sorte de péréquation régionale plus costaude qui fait en sorte que les villes profitent et partagent les fruits du développement résidentiel de la région métropolitaine.

« Ceci pourrait se faire, suggère le maire de Westmount, Peter Trent, dans son livre *La folie des grandeurs,* par des mesures comme des taxes foncières scolaires spéciales, des redevances de développement payables au gouvernement du Québec ainsi que par un partage régional des impôts fonciers perçus dans les nouveaux lotissements. »

Parallèlement, Québec pourrait financer le transport collectif par l'entremise de l'immatriculation et des taxes sur l'essence, ce qui inciterait davantage les villes à concentrer le développement autour des gares et terminus d'autobus. Il pourrait aussi, éventuellement, implanter un péage urbain à la distance parcourue sur toutes les autoroutes de la région, afin de mieux refléter le coût des déplacements automobiles et de l'étalement urbain.

Peu importe l'outil, en fait, l'urgence est de rendre les villes moins accros à ces entrées d'argent qui leur permettent de pelleter leurs responsabilités financières en avant et, ainsi, de contribuer à la chaîne de Ponzi dont elles profitent depuis trop longtemps.

73

Mobilisons-nous!

Gérard Beaudet
Urbaniste émérite et professeur titulaire à l'Institut d'urbanisme, Université de Montréal

Montréal, à l'instar d'autres grandes villes, fait montre d'une résilience dont on serait en droit de s'étonner si la quasi-métropole québécoise n'avait pas fait mentir dans le passé bon nombre de prophètes de malheur. Or, ce n'est pas qu'on lui fasse la vie facile comme en témoignent, entre autres difficultés, l'indifférence chronique de l'État québécois à certains grands enjeux, les ratés de la gouvernance municipale et régionale, l'archaïsme des solutions au transport prônées par le ministère des Transports ou la corruption du monde municipal qui a poussé dans leurs derniers retranchements les notions d'intérêt collectif et de bien public.

Il n'en reste pas moins qu'il serait téméraire de continuer à simplement se fier à un dynamisme dont on ne sait pas trop à quoi il tient. Montréal a impérativement besoin d'une mobilisation de ses forces vives autour de quelques grands projets. Les dossiers de l'avenue McGill College et du Vieux-Port n'ont-ils pas montré, il y a de cela plusieurs années, de quoi étaient capables des Montréalais décidés à prendre en main l'avenir de leur ville ?

Aujourd'hui, c'est toutefois à l'échelle métropolitaine qu'une telle mobilisation doit impérativement s'organiser. Salué par le prix Jean-Paul L'Allier, remis en octobre 2012 à l'ensemble des élus des 82 municipalités de la Communauté métropolitaine de Montréal par l'Ordre des urbanistes du Québec, le Plan métropolitain d'aménagement et de développement (PMAD), adopté en décembre 2011, pourrait constituer le terreau d'une telle mobilisation. Pour ce faire, il faudra qu'on se persuade, comme l'ont fait les participants à l'agora métropolitaine de mars 2013, que ce document ne constitue pas une fin en soi mais qu'il doit être perçu comme le cadre de référence minimaliste d'une vaste mobilisation non réductible à la réalisation de quelques projets se réclamant du concept de *Transit Oriented Development*.

Les Montréalais, toutes municipalités de la région métropolitaine confondues, doivent en conséquence apprendre à se reconnaître dans une vision intégrée, généreuse, ambitieuse... et partagée de l'avenir d'une ville-région dotée de très nombreux atouts. Une vision que la Ville de Montréal, à laquelle le gouvernement du Québec a enfin et timidement reconnu, en 2008, le statut de métropole québécoise, doit impérativement faire sienne. Si d'autres grandes agglomérations, dont Boston, Pittsburgh et Birmingham, ont bénéficié de telles mobilisations, il n'y a aucune raison que nous n'en soyons pas capables. Ne serait-ce pas là un bon moyen de mettre fin au climat de morosité politique qui a cours ?

74

S'inspirer de l'esprit des lieux

Jean-Claude Marsan
Professeur émérite de l'Université de Montréal

Avec des agglomérations telles que Barcelone, Bruxelles, Prague et Trieste, Montréal compte parmi les rares villes en Occident à révéler dans ses formes urbaines et dans son architecture l'apport historique de deux cultures majeures. À l'échelle du continent nord-américain, elle demeure unique sous cet aspect. On trouve ainsi dans son centre-ville des places publiques minérales, de caractère français, telle la place d'Armes, et des squares de caractère britannique, tel le square Dorchester, assimilables à des poumons de verdure.

À l'ère de la ville postmoderne, concernée par la création d'espaces urbains conviviaux renouant avec l'esprit des lieux, et alors même que Montréal se reconstruit sur elle-même, un tel héritage offre des occasions exceptionnelles de renouveler et d'enrichir les paysages identitaires du centre-ville. Ce fut là, d'ailleurs, le grand apport du Quartier international : sa renommée, en franchissant les frontières, a contribué à l'attrait et à la réputation de la métropole.

Dans le cas de plusieurs squares, notamment Viger, Chaboillez et Cabot, ce n'est pas uniquement leur aménagement qui mériterait d'être repensé mais également celui de leur pourtour, de façon à leur assurer un ancrage plus contemporain et significatif dans la trame urbaine. Ces lieux publics bénéficieraient ainsi de faire l'objet de projets de réhabilitation visant à inspirer le redéveloppement à leur périmètre et à définir les paramètres souhaitables d'intervention pour les promoteurs.

Un bon projet urbain, c'est un projet qui surgit de l'esprit des lieux : il nécessite différentes études patrimoniales pour alimenter des concepts d'aménagement adéquats et originaux aptes à tisser des liens fonctionnels et visuels avec les milieux existants. Dans cette perspective, Montréal possède un autre atout de taille : ses quatre universités. Ces institutions offrent des programmes d'urbanisme, d'architecture, d'architecture de paysage et d'autres pertinents.

Comme une partie substantielle de la formation des étudiants dans ces programmes consiste précisément à documenter et à analyser des sites de façon à concevoir en atelier des projets de design urbain, il s'agirait que la Ville établisse des ententes avec les responsables de ces programmes pour retenir comme sujets d'étude les places et squares en quête de réhabilitation au centre-ville. Cela permettrait d'approfondir les connaissances des lieux concernés et de tester différentes approches de réaménagement pour soumission à des audiences publiques, ce qui serait, en parallèle, fort bénéfique pour la formation des étudiants en les confrontant à des situations réelles.

75

Pour un réseau piéton et vert

Marie-Claude Hamelin et Loukas Yiacouvakis
Atelier d'architecture YH2

L'aménagement de la ville de Montréal au 20e siècle a été entièrement centré sur l'automobile. Presque toutes les infrastructures publiques lui ont été destinées : autoroutes, échangeurs, boulevards, rues, ruelles, etc.

Cependant, la voiture a fini par occuper une telle place dans la ville qu'elle a entraîné l'aliénation du citoyen face à celle-ci. Si notre voiture personnelle est une commodité, celles des autres sont devenues une nuisance et un danger public rendant la vie en ville difficile pour les familles.

Notre proposition porte sur la métamorphose de cette ville conçue pour l'automobile en une ville vouée à ses habitants, à ses piétons. Pour ce faire, nous proposons la réappropriation des infrastructures urbaines sous-utilisées (ruelles, bretelles d'autoroutes urbaines et installations ferroviaires) en un vaste réseau piéton, vivant, habité et vert.

À la ville actuelle quadrillée de voies véhiculaires s'ajouterait un nouveau réseau piétonnier, parallèle au réseau automobile, suivant le modèle de New York où l'administration municipale a converti une voie ferroviaire surélevée, au cœur de Manhattan, en un parc linéaire hors norme, le High Line, transformant ce qui était un obstacle à tout développement de ce secteur en un des lieux les plus prisés de la ville.

À Montréal, on peut imaginer sur le même modèle la transformation des infrastructures de transport secondaire, comme la voie surélevée du boulevard Rosemont ou les voies de chemin de fer sous-utilisées du Canadien National (CN) et du Canadien Pacifique (CP), en un vaste réseau piéton vert, le tout financé par la plus-value extraordinaire de la conversion des lots actuellement inhospitaliers le long de ces infrastructures, terrains en majorité publics, en lots particulièrement prisés et appréciés.

Ce redéveloppement permettrait ainsi la construction de nouveaux bâtiments donnant directement sur ces voies vertes, tirant parti de ces sites atypiques, souvent de formes non rectangulaires, pour offrir à Montréal une nouvelle architecture riche, sensible, inventive et diversifiée. On ne peut plus accepter qu'une ville comme Montréal soit défigurée, divisée et tranchée par un réseau ferroviaire non destiné à sa population et même hostile à celle-ci.

À l'échelle locale, on peut imaginer de même la transformation de toutes les ruelles, actuellement voies de service asphaltées pour la voiture et les ordures, en des ruelles vertes à l'usage des piétons. Ces segments de parcs linéaires à l'arrière des lots, consacrés aux piétons et en particulier aux enfants, ne seraient alors accessibles en voiture que par les seuls propriétaires de stationnement privé donnant sur ces ruelles.

Ce projet pourrait être financé par de nouvelles constructions résidentielles donnant sur ces ruelles vertes, bâties à l'arrière des lots existants, à l'image des maisons de fond de cour typiques de Montréal. La ruelle verte serait ainsi habitée et entretenue par ses habitants, espace communautaire dévoué à ceux-ci, cellule de base de la vie de quartier.

Il faut retisser à l'intérieur de la ville un réseau plus humain sans retirer aux citoyens leurs droits et services. Développer ce nouveau Montréal à même l'ancien, non plus orienté sur le seul réseau véhiculaire, mais intégrant un nouveau réseau piéton à la fois vert et ludique.

76

Cultiver notre différence dans la fusion des cultures

Pierre Curzi

Acteur, scénariste, syndicaliste et ancien député de l'Assemblée nationale

J'ai vécu mon enfance au coin des rues Henri-Julien et Gounod.

Le cinquième enfant d'un père immigrant venu d'Italie et d'une mère québécoise, fille d'un père immigrant français.

Tony, le cordonnier italien, se cachait derrière son comptoir pour boire sa bière, enveloppée dans un sac de papier brun. Nous achetions nos bonbons à un sou chez Turcot, le vendeur de rien, juste à côté.

Un cylindre rouge et blanc tournait pour annoncer notre barbier-chanteur de *bel canto*.

Que signifiaient donc ces signes chinois sur le mince papier de la blanchisserie ?

L'été, le vendeur de blocs de glace passait dans la ruelle, suivi du juif, ramasseur de métal et de tout. À cheval, comme le livreur de lait.

Un quartier ordinaire, au sud du marché Jean-Talon.

Nostalgie ? Oui, totale.

Nous parlions français dans la ruelle, dans la rue, à l'école, dans le quartier et dans toute la partie de la ville que nous connaissions.

La ville vibrait. Elle se préparait à nous offrir le monde. L'Expo 67 et les Jeux olympiques. La culture et le savoir. Les sentiers terrestres et les ivresses de l'esprit. Le réveil d'un peuple. Et presque un pays.

Montréal occupe la 19e position du palmarès des 25 villes les plus populeuses d'Amérique du Nord. Près de quatre millions – 3,9 plus précisément – de personnes habitent la région métropolitaine de recensement, la moitié des citoyens du Québec.

Qu'est-ce qui distingue Montréal des autres grandes villes ?

En quoi est-elle différente ?

Les Montréalais parlent français. Parlaient, parlent, parleront ?

Ce qu'il faut à Montréal ?

La vie.

Des enfants, des familles, des quartiers, des vies de quartier, une langue commune, une culture fusionnelle. Le retour des banlieusards.

Construire autour du français, langue d'usage commune, une ville de Babel. Traduire dans toutes les langues, doubler dans toutes les langues, en faire LA ville des interprètes, des sièges sociaux des organismes internationaux, la capitale de l'apprentissage des langues, la ville de l'intégration heureuse. Le multilinguisme total qui repose sur un socle solide; une adhésion totale à l'épanouissement du français.

Accepter que cultiver notre différence soit la clef de notre réussite dans l'inévitable diversité culturelle. Nous y sommes. Dans le village global, dans la fusion des cultures, au cœur des réseaux, dans l'atomisation des sociétés, dans le frottement des plaques tectoniques de l'histoire et des civilisations.

Notre avenir appartient à notre désir d'être ensemble. Une ville, une langue, une culture, un pays. L'utopie nécessaire et atteignable.

77

Pour un bilinguisme artistique dans les médias

Ghislain Poirier
Musicien, DJ et producteur

Dans la vie de tous les jours, les deux principales communautés linguistiques de Montréal échangent, s'entendent et commercent dans une harmonie assez unique où les phrases virevoltent du français à l'anglais et vice-versa. Cela donne lieu à des collages parfois assez rigolos. C'est le Montréal de tous les jours où les langues et les accents se forment et se déforment. Le Montréal que j'aime. Le Montréal qui demeure, en quelque sorte, imprévisible.

Or, je suis toujours étonné de constater qu'il y a peu d'artistes francophones qui s'expriment en anglais à la télévision et à la radio anglophones. Le contraire est malheureusement tout aussi vrai ; peu d'anglophones osent s'aventurer en français dans la sphère médiatique francophone.

Une partie de l'explication se trouve peut-être dans le fait que les artistes n'ont pas toujours le réflexe d'entrer en contact avec les médias qui ne diffusent pas dans leur langue principale. Vrai qu'il est fastidieux de faire traduire ses communications, surtout quand on a peu de moyens. Vrai qu'il est toujours plus difficile de bien s'exprimer dans sa deuxième langue et que l'on risque de moins bien paraître, trébuchant sur certains mots.

Néanmoins, il me semble que les artistes francophones ne courtisent pas assez les médias anglophones, présumant que leur pratique n'intéressera pas le monde anglophone. De même, on dirait que les artistes anglophones hésitent à courtiser les médias francophones qui sont garants d'une incroyable visibilité locale, tenant pour acquis qu'ils ne parlent pas assez bien le français. Le français, cette langue qui ne tolère pas l'erreur, du moins c'est une impression malheureusement assez répandue. Au-delà des artistes, peut-être que les médias ont aussi tendance à naturellement regarder dans leur cour linguistique sans vraiment porter attention à ce qui se passe en dehors.

Pourtant, dans la communauté artistique, la langue est rarement un frein au rassemblement des créateurs. Alors, pourquoi ne le voit-on pas ni ne l'entend-on pas dans les médias? Pourquoi cette réalité semble-t-elle occultée?

Je crois qu'il est grand temps de dédramatiser notre rapport aux langues dans les médias et le milieu culturel peut paver la voie à cet effet.

Bien sûr, la métropole demeure et doit demeurer officiellement francophone. Néanmoins, cela n'empêche pas Montréal d'embrasser son bilinguisme et ses accents au quotidien. Peut-être le moment est-il venu d'étendre cette attitude à la sphère médiatique, les artistes pouvant agir comme un vecteur positif de changement dans ce domaine.

78

Devenir ce que nous sommes

Alain Vadeboncoeur MD
Urgentologue

Montréal a sûrement besoin d'intégrité, de leadership, de beaux projets, de justice et de vision, tout ça. Personne n'est contre la vertu, qui n'est pourtant plus à la mode. Malgré tout, c'est un peu court.

Seconde ville francophone du monde, ayant un jour lointain perdu son double statut de cœur économique et politique d'un pays, l'avenir de Montréal ne dépend plus de la transcendance d'un maire, de festivals plus festifs, d'un pacte fiscal nouveau style, de lois spartiates, de faramineux échangeurs ou d'un grand virage écologique. Tout cela est important, mais insuffisant.

Alors de quoi Montréal a-t-elle besoin? De l'histoire.

Jadis monnaie d'échange d'empires où notre ville comptait assez peu, elle est, aujourd'hui encore, secouée par des tensions politiques sourdes, ébranlée par des enjeux économiques la dépassant et déchirée par des actions gouvernementales successives et contradictoires. Elle exprime ainsi nos désordres, nos doutes et nos aspirations, mais sans jamais pouvoir les résoudre.

Alors, jusqu'où ira Montréal ? Jusqu'où le Québec osera-t-il lui-même aller ? Pas plus, ni moins. Trois scénarios sont possibles.

Notre Montréal multiculturelle sera sans doute anglophone à terme. De la taille de Philadelphie, perdue incognito dans le nord américain, elle repoussera lentement hors de ses limites un passé francophone désormais folklorisé. Sombre hypothèse, mais qui ne devrait plus surprendre.

Ou bien – mais seulement si le rêve canadien persiste, ce qui apparaît de plus en plus douteux – Montréal vivotera, dans sa confortable indécision. Souvenir de rêves échus, enveloppée par un fleuve lui conférant malgré son morcellement réel une unité fictive, elle restera longtemps dans sa vigile ensommeillée, bercée par le ronronnement de sa banlieue.

Ou alors – mais c'est de moins en moins probable – peut-être un jour oserons-nous enfin répondre, dans un soubresaut, à cet homme au regard triste qui, après sa défaite, avait un soir lancé : « Si je vous ai bien compris, vous êtes en train de dire : à la prochaine fois ! » Renouant avec notre histoire, à contre-courant d'un plein continent, peut-être qu'une Montréal à nouveau métropole pourrait changer d'avenir. Changer l'avenir.

Montréal ne fera donc l'histoire que si nous assumons, pour notre part, l'idée complexe, difficile, mais inspirante, qu'il faut devenir ce que nous sommes. Mais si nous choisissons plutôt de rester en marge, Montréal sera, comme nous, emportée par un courant de fond, dont la direction est déjà bien visible.

79

Montréal avec un « é », *if you don't mind!*

Camil Bouchard
Professeur associé à l'Université du Québec à Montréal

Montréal a besoin de tant et tant de choses : cacher ses fils, repaver ses rues, apaiser son trafic, électrifier ses transports, repeindre ses camions de vidanges, être dorlotée, aimée ! Mais avant toute chose, Montréal doit sortir de son ambiguïté identitaire.

Montréal sans problème de personnalité, c'est Montréal la francophone, couveuse d'une langue et qui en assure la présence et le déploiement en Amérique. C'est Montréal française de partout, dans ses moindres racoins, dans toutes ses vitrines, dans son affichage d'une culture riche et envoûtante à décoder. C'est Montréal qui accepte de se laisser deviner drapée d'un voile francophone aguichant. C'est Montréal la française sans complexe et sans retenue, belle comme ses accents vernaculaires de la pointe de l'est, comme ses accents du centre, du nord et du sud venus du monde européen, asiatique, sud-américain, antillais, africain, gaspésien, belle comme ses accents anglo-saxons de la pointe de l'ouest.

C'est Montréal recréatrice d'une langue qui débrouille nos complicités, nos chicanes, nos joies, nos déceptions, nos engouements, d'une langue de l'entendement que nous avons de nous-mêmes, d'une langue avec l'accent d'une identité assumée, sereine, accueillante, vibrante. C'est Montréal qui tressaille en français du frottement des grandes plaques culturelles européennes et américaines. C'est Montréal dépositaire d'une mission exaltante : nicher et dorloter une langue qui dit que *La grosse femme d'à côté est enceinte* sans besoin de traduire l'évidence. C'est Montréal fière dans son entêtement à se reconnaître telle qu'elle est, avec un « é », *if you don't mind!*

Cette culture française parlée et écrite que nous bricolons de notre mieux en Amérique du Nord est la plus grande richesse de Montréal. Nous l'oublions trop facilement. Nous ne l'aimons pas vraiment. Montréal perd doucement, muettement, paresseusement, par insouciance, par indolence, par nonchalance, par ignorance, par couardise, le supplément d'âme qu'elle peut offrir au monde. Une fois cette richesse non renouvelable épuisée, elle pourra ressembler tantôt à Milwaukee, tantôt à Toronto, tantôt à Winnipeg, parfois à Québec, jamais à son identité perdue.

Elle s'appellera Montreal, sans « é ». *I mind !*

80

Au-delà des chicanes,
un respect mutuel au quotidien

Josh Freed
Chroniqueur à The Gazette et à L'actualité et auteur de plusieurs livres, dont The Anglo Guide to Survival in Québec

J'ai toujours vu Montréal comme une ville qui fonctionne bien en pratique, même si ce n'est pas toujours le cas en théorie.

Oubliez donc les différents sondages qui montrent que les anglos ne connaissent pas Marie-Mai ou que les francophones ne connaissent pas l'humoriste Rick Mercer malgré son immense popularité au Canada.

Oubliez le pourcentage de chaque groupe linguistique qui prévoit un mauvais sort à Montréal dans 50... voire 500 ans.

Et oubliez les politiciens et les médias qui font une histoire avec chacune des petites confrontations ou divisions qui peuvent survenir entre les communautés linguistiques.

Ce qui est important, c'est comment nous vivons ensemble au jour le jour, quelque chose que nous faisons mieux que n'importe quelle ville de la planète où de grands groupes linguistiques cohabitent.

Montréal est une ville francophone mais aussi une ville bilingue dans son quotidien, où on peut passer d'une langue à l'autre trois fois en plein milieu d'une conversation.

C'est une ville où il n'est pas rare qu'un anglophone parle strictement en français à un francophone, tandis que le francophone ne lui parle pas qu'en anglais – les deux agissant par respect pour l'autre. Vous ne trouverez pas ce genre de conversation bizarre mais civilisée dans beaucoup d'autres pays.

Quand mes amis visitent la Grande-Bretagne ou les États-Unis, ils sont étonnés et impressionnés par le dualisme et le respect mutuel qu'ils voient partout dans notre ville. C'est un changement énorme par rapport à la situation qui prévalait il y a quelques décennies, alors que les anglophones s'exprimaient largement en anglais et les francophones tout autant en français.

Si j'avais voulu habiter une ville qui ne parle qu'une seule langue, j'aurais déménagé à Toronto, Los Angeles ou Edmonton, trois villes où j'ai vécu brièvement dans le passé.

Mais je suis revenu pour vivre dans ma ville – Montréal – un endroit unique sur ce continent qui parle deux langues (au moins)… et qui peut être un modèle pour le monde entier.

Alors, arrêtons de nous chicaner et retournons à ce que nous faisons le mieux : vivre bien ensemble… *together*.

TRANSPORT
FAIRE PLUS AVEC MOINS

81

Et si Ottawa décongestionnait les grandes villes canadiennes…

François Cardinal

Finissons-en une fois pour toutes avec le mythe de l'automobiliste pressé comme un citron, à qui l'on demande toujours plus d'argent pour financer le transport en commun et ainsi subventionner les pauvres usagers…

C'est faux !

À Montréal, le prix de la carte mensuelle a été revu à la hausse chaque année au cours des… 13 dernières années ! Il fallait ainsi débourser 50 $ pour une CAM en 2002, 65 $ en 2007, 70 $ en 2010… et 77 $ aujourd'hui. Une augmentation de plus de 50 % en 10 ans !

Même chose pour la carte mensuelle à tarif réduit. Son prix a bondi de 25 $ en 2002 à 45 $ aujourd'hui. Une hausse de 75 % !

Ces fortes augmentations sont peut-être justifiées, mais, ce qui ne l'est certainement pas, c'est la réaction des automobilistes qui continuent néanmoins à se plaindre d'être siphonnés au profit du transport collectif…

En effet, les sommes demandées aux propriétaires de véhicules n'ont que légèrement crû durant la même période.

En 1996, par exemple, les droits prélevés sur les immatriculations pour développer les transports en commun étaient de 30 $ partout dans la région.

Puis, le réseau de transport a été assailli par de nouveaux usagers, les sociétés de transport ont exigé de nouvelles sommes, les maires ont réclamé un financement plus adéquat et Louis Bernard a pondu un rapport concluant que l'insuffisance financière est LE principal obstacle au développement du transport collectif.

À combien se chiffrent aujourd'hui les droits sur les immatriculations partout en dehors de l'île de Montréal ? À 30 $.

Quant à la taxe sur l'essence versée à l'Agence métropolitaine de transport, on l'a bien augmentée de 1,5 ¢ en 2010, mais cette légère hausse faisait suite à un gel maintenu depuis... 1996 !

Résultat : les automobilistes n'assument qu'un maigre 7 % des revenus destinés au transport collectif dans la région métropolitaine, tandis que les usagers en financent 31 %. Si l'on se concentre uniquement sur l'île, la part des usagers a même bondi à 46 % de la facture totale !

Qu'on ne se surprenne pas ensuite du sous-financement du transport collectif, qui a ainsi eu droit ces dernières années à quelques budgets supplémentaires, mais rien pour révolutionner les transports...

Le gouvernement, par exemple, a versé en 2010 tout près de 631 millions de dollars en investissements et en exploitation pour l'ensemble de la province, ce qui est le double des 292 millions consacrés au même poste budgétaire en 2006. Pour sa part, l'apport financier de l'agglomération de Montréal à la STM a bondi de 34 % pour atteindre 373 millions en 2012, grâce à l'immatriculation et à la taxe sur les parcs de stationnement.

C'est bien, mais tellement insuffisant !

D'abord, le transport en commun demeure le parent pauvre des investissements en transport, au Québec. Florence Junca-Adenot, professeur à l'UQAM, a estimé que les investissements gouvernementaux prévus dans le transport routier de 2010 à 2015 s'élèvent à 16,8 milliards, alors que la part pour le transport collectif se situe à 2,9 milliards... Ensuite, les besoins de la région sont immenses, ne serait-ce que pour répondre à la demande.

Les projets de développement de l'offre en transport en commun identifiés par les organismes de transport de la région de Montréal impliquent en effet des investissements de 14 milliards, lesquels s'ajoutent aux 9 milliards prévus pour les projets en cours.

Un total de 23 milliards d'investissements est donc nécessaire pour réaliser l'ensemble des projets identifiés, une somme énorme, dont près de la moitié ne servirait qu'à maintenir et améliorer le réseau actuel...

Or, on n'a qu'à lever les yeux vers l'horizon pour comprendre que cette situation est intenable. Le Plan métropolitain d'aménagement et de développement (PMAD) propose d'orienter 40 % des nouveaux ménages qui s'installeront dans la région d'ici 2031 autour des points d'accès du réseau de transport en commun. La région devrait accueillir près de 530 000 personnes et créer 150 000 emplois d'ici 2031.

Et cela, dans un contexte où, d'une part, le réseau de transport en commun est utilisé au maximum de sa capacité aux heures de pointe et où, d'autre part, les travaux et chantiers majeurs commencent déjà à se multiplier : Champlain, Bonaventure, Turcot, etc.

Tout le problème est là. Tout le monde veut développer le transport collectif parce qu'il le faut, mais personne n'est prêt à piger dans le portefeuille des contribuables.

***

Il y a quelque chose de surréaliste dans le débat actuel sur le financement du transport en commun.

D'un côté, les partis politiques se sont tous ralliés à l'idée que le développement du transport en commun est une nécessité, mais lorsqu'on leur demande comment le financer, ils se font tous muets...

En témoigne l'élection provinciale de 2012 où tous les partis ont pris résolument position pour l'autobus, le métro, le train de banlieue. Le PQ voulait « investir prioritairement » dans le développement du transport en commun. La CAQ voulait faire de Montréal « un modèle » en la matière. Et le PLQ promettait que « des investissements massifs » en transport collectif seraient consentis.

Dans le détail, on retrouve même des éléments intéressants, comme la promesse du PQ de doter le futur pont Champlain d'un moyen de transport en commun, la volonté du PLQ (et du PQ) d'ajouter 300 km de voies réservées ou le souhait de la CAQ de développer un réseau de service rapide par bus (SRB).

Un virage nécessaire, donc, des idées globalement pertinentes... mais personne pour aborder la question du financement.

Pendant ce temps, à Montréal, on débattait l'idée d'un éventuel péage métropolitain pour 2021... tout en évoquant la nécessité de développer sans délai le transport en commun. Or, le péage ne peut être implanté qu'une fois l'offre de service du transport collectif grandement bonifiée.

On a donc là un problème avec la séquence des événements : il faut développer pour faire payer, mais il faut faire payer pour développer...

À court terme, on n'y échappe pas, il faut demander un effort supplémentaire aux automobilistes, nombreux dans les régions électoralement intéressantes...

Si l'on veut répondre ne serait-ce qu'à la demande croissante des usagers des transports en commun, la voie royale est en effet la hausse rapide et immédiate des droits sur l'immatriculation et, parallèlement, de la taxe sur l'essence, les deux mamelles du ministère des Transports dont proviennent 95 % des revenus de tarification.

Pour que le transport collectif puisse bénéficier de nouvelles sources de financement spécifiques, indexées et récurrentes afin de décongestionner les routes de la région, il faut exiger que les banlieusards paient au moins la surtaxe de 45 $ sur l'immatriculation que les insulaires ont accepté de payer.

Il faut accélérer la hausse de la taxe sur les carburants, qui a le mérite d'embrasser à la fois le principe de l'utilisateur-payeur et celui du pollueur-payeur. D'ailleurs, c'est ce qui incitait Gérald Tremblay, lorsqu'il était maire et président de la CMM, à souhaiter une hausse de 13,5 ¢ d'ici huit ans, un objectif louable, mais dotée d'un échéancier trop éloigné.

Il faut aussi profiter de la (timide) taxe carbone qui existe au Québec. Imposée directement aux distributeurs de carburants depuis 2007, cette taxe de 0,9 ¢ le litre rapporte 200 millions à l'État, dont la moitié est distribuée aux sociétés de transport en commun en fonction de l'augmentation de leur offre de service.

C'est bien, mais c'est peu pour l'ensemble de la province... Il y a certes des revenus futurs qui proviendront de la Bourse du carbone, qui a officiellement été lancée au début de 2012 et qui devrait générer 450 millions par année en 2015. Mais pourquoi ne pas faire le pont en augmentant l'actuelle taxe carbone, en attendant ? La mesure existe, elle pourrait donc rapidement être modifiée.

Et il faut, enfin, que le gouvernement Marois aille de l'avant avec la réallocation des ressources financières consacrées au transport routier vers le transport collectif, comme promis. D'autant qu'il a été prouvé que chaque dollar investi dans le transport collectif stimule deux fois plus l'économie de la région que celui investi dans l'automobile, en plus de créer 2,8 fois plus d'emplois.

Pas sorcier : 50 % des dépenses liées à l'automobile sont exportées à l'extérieur du Québec comparativement à 10 % pour le transport en commun.

Cela dit, afin d'accroître l'acceptabilité sociale de telles mesures, il sera toutefois important d'orienter les revenus vers des projets peu coûteux aux résultats immédiats. Contrairement aux usagers du transport en commun qui ont vu leurs tarifs augmenter sans jouir d'un développement majeur du service, les automobilistes doivent voir que leur argent sert à accroître le réseau... et à décongestionner les routes.

***

C'était le 4 mai 1990. Le dernier péage à Montréal, situé sur le pont Champlain, disparaissait. On croyait alors que cette machine à sous disparaissait pour de bon...

Puis le péage a refait surface sur le pont de l'A-25. Puis sur le pont fédéral du prolongement de l'A-30. Puis ce sera au tour du pont Champlain... et, peut-être, de l'ensemble des autoroutes ceinturant l'île de Montréal.

Le retour du balancier est donc sévère, mais il est nécessaire.

À preuve, l'ensemble des organisations qui ont appelé le péage de leurs vœux ces dernières années. Du parti Vision Montréal de Louise Harel au rapport Montmarquette, en passant par le rapport Bernard et bien des organismes de réflexion comme le Groupe de recherche appliquée en macroécologie (GRAME).

Tous livrent sensiblement le même message : il faut privilégier les taxes touchant les coûts d'utilisation des véhicules afin de financer le transport collectif... et d'avoir par le fait même un effet à la baisse sur la motorisation.

« L'accent doit être mis sur les multiples bénéfices qui découleront de la mesure, écrit le GRAME dans un mémoire sur la question. Il serait même possible d'envisager une baisse de la taxe régionale sur les droits d'immatriculation, si cela permettait d'accroître l'acceptabilité sociale de la mise en place du péage. »

Vrai. Mais attention de ne pas voir là une mesure miracle qui, peu importe les conditions d'implantation, débloquerait instantanément le réseau routier.

D'abord et avant tout, je l'évoquais plus haut, le péage ne peut être implanté sans être précédé par un développement du transport en commun : on donne, puis on impose.

Ensuite, il y a le choix du péage : sur les ponts, autour du centre-ville, sur les autoroutes ?

Heureusement, l'idée d'imposer un péage sur tous les ponts semble s'être volatilisée. Fixer un prix pour entrer à Montréal pourrait en effet avoir un caractère hautement dissuasif, ce qui pourrait rendre les couronnes encore plus autonomes qu'elles ne le sont déjà. Pourquoi aller en ville quand la banlieue offre presque tout, le stationnement en plus ?

Il y a ensuite le péage-cordon qui entourerait le cœur de l'île, comme à Londres. Mais encore une fois, le raisonnement s'applique : le Quartier international n'est pas la City. Ajouter un obstacle de plus pour se rendre au cœur de la métropole pourrait ni plus ni moins que le tuer. La rue Sainte-Catherine dans les années 1980, vous vous souvenez ?

Reste donc un scénario qui a du bon sens : le péage métropolitain à la distance parcourue, comme en Europe et aux États-Unis, une mesure qui pourrait s'étendre jusqu'à Saint-Jean-sur-Richelieu, Vaudreuil-Dorion, Saint-Jérôme et L'Assomption. Vous entrez sur l'autoroute, puis vous payez en sortant, en fonction de votre kilométrage.

Cette mesure est la plus pertinente des trois. On contient ainsi l'éparpillement, on réduit la motorisation et on accroît l'équité fiscale : pourquoi l'ensemble des contribuables québécois paierait-il pour les routes, écoles et hôpitaux qui desservent ceux qui décident d'aller s'installer toujours plus loin du centre ?

Cela dit, pour éviter le problème des scénarios 1 et 2, peut-être vaudrait-il mieux imposer un tarif uniquement aux heures de pointe. Ou, à tout le moins, modifier le coût du déplacement selon l'heure du jour afin d'éviter que les banlieusards restent chez eux les soirs de semaine et le week-end.

Autre idée : changeons aussi le nom de la mesure. Un péage, par définition, c'est contraignant, c'est coûteux, c'est désagréable. C'est d'ailleurs pourquoi certains experts à l'étranger, comme Jarrett Walker du blogue Human

Transit, proposent des variantes au *congestion pricing* : *variable road pricing, road demand mitigation, smooth sailing zone, roadspace rental, free flow fee, peak price, premium access* ou même *early bird special* et *freedom pricing* ! En français ? Un lecteur me suggère «prime fluidité»...

Dernier point, sur lequel je fais pas mal cavalier seul... Je ne vois pas le péage comme une source de financement pour le transport collectif, pas directement en tout cas. Dans une optique d'équité fiscale, j'estime qu'il faudrait plutôt consacrer à l'entretien et au développement routier les sommes engrangées grâce au péage.

Ainsi, on dégagerait une bonne partie des montants habituellement dévolus aux routes par le ministère des Transports... lesquels pourraient servir à développer le transport collectif.

***

En 2012, j'ai fait le tour des grandes villes du pays. Je souhaitais rapporter dans mes bagages quelques bonnes idées, des exemples de réussite. Or, en transport, je me suis aperçu que l'on observe à Toronto, Calgary et Ottawa... la même chose qu'à Montréal : un immense manque à gagner financier.

Toutes ont de bien beaux projets sur papier, mais toutes peinent à les faire lever.

Se pourrait-il que le problème ne soit pas tant montréalais que... canadien ?

C'est ce qu'affirment les maires du pays. «Ce n'est tout simplement pas possible pour les villes de payer pour de grands projets de transport en commun», me lançait ainsi Jim Watson, maire d'Ottawa.

Partout au pays, on trouve des villes qui, comme Montréal, n'ont pas les moyens de développer d'imposants projets. Partout des provinces qui, comme le Québec, augmentent leurs investissements en transport collectif sans faire bien plus que de «maintenir les actifs» et de réaliser un gros projet de temps en temps.

Qu'ont donc ces grandes villes européennes, asiatiques et américaines aux réseaux de transport en commun efficaces et performants que n'ont pas Toronto, Calgary, Ottawa et Montréal ?

Un gouvernement central résolu à décongestionner les grandes villes du pays.

Le Canada, en effet, est le seul gouvernement du G8, voire le seul membre de toute l'OCDE, à ne pas avoir de politique nationale sur le transport en commun. Le seul.

Pour s'en convaincre, l'Association canadienne du transport urbain a mandaté l'an dernier la firme de consultants Stantec. Cette dernière a eu beau chercher un pays occidental sans politique nationale, elle n'en a pas trouvé.

La France, par exemple, a fait du transport collectif un élément clé de ses politiques environnementales. La Nouvelle-Zélande a créé un fonds à long terme pour financer les projets régionaux de transport, surtout collectifs. Même le Japon, où le gouvernement s'est toujours tenu loin du transport en commun, a récemment emboîté le pas.

Ces pays ne sont pas des fédérations? Dans ce cas, citons l'Allemagne qui transfère aux autorités locales les fonds nécessaires pour le transport collectif. Mentionnons les États-Unis où l'administration Obama, malgré la récession, a maintenu son financement aux États pour les transports en commun. Évoquons l'Australie qui a créé une unité «grandes villes», puis élaboré une politique nationale en faveur du transport collectif.

Autrement dit, toutes les grandes villes qui nous rendent verts de jalousie profitent d'un appui sans équivoque du gouvernement central.

Le Canada devrait-il combler cette lacune et élaborer une stratégie nationale? Certainement, ont répondu tous les intervenants rencontrés au pays, incluant le maire de Calgary, Naheed Nenshi. «En 2004, Stephen Harper estimait que le fédéral n'avait rien à voir avec les villes. Mais il a depuis changé d'idée, comme on a l'a vu avec son plan de relance. Il suffit qu'il poursuive dans la même veine.»

Et cela est moins utopique qu'on pourrait le croire. D'abord, parce qu'Ottawa travaille à l'élaboration d'un nouveau programme d'infrastructures pour 2014, dans lequel une telle stratégie pourrait avoir sa place. Ensuite, parce que les conservateurs ont créé dans le passé la Fiducie pour l'infrastructure du transport collectif (2006-2010), en plus de contribuer au financement de grands projets locaux, comme le prolongement de la ligne de métro Toronto-York, le projet de train léger d'Ottawa et l'expansion du service de trains légers à Calgary.

Le problème n'est donc pas l'absence du fédéral dans ce domaine, mais bien l'absence de vision du fédéral dans ledit secteur. Son incursion se limite en effet à des fonds dépensés à la hâte pour construire des arénas et des terrains de soccer ou à des débours ponctuels, sans lendemain. Il dit oui à l'implantation de la ligne Evergreen à Vancouver ou encore à l'expansion du train léger à Edmonton, mais il refile à Québec la facture du train léger sur Champlain... Malgré les tensions constitutionnelles que l'on imagine, il serait en effet possible pour le Québec de trouver avec le fédéral un terrain d'entente afin que cela soit davantage une collaboration qu'une intrusion, comme ce fut le cas avec le plan de relance.

Mais attention ! On ne parle pas de remplacer le financement de Montréal et de Québec par celui d'Ottawa. Il s'agit plutôt d'ajouter le financement de ce dernier à une participation accrue de la ville et de la province. La première aurait en effet intérêt à créer un fonds voué au transport collectif tandis que la seconde devrait non seulement hausser la taxe sur l'essence, comme le demande la CMM, mais aussi récupérer certains investissements routiers au profit des transports en commun, comme l'a promis le PQ lors des dernières élections.

Il ne s'agit évidemment pas d'un projet à court terme, mais dans un contexte où les automobilistes, la Ville, la région et le gouvernement provincial fournissent chacun leur effort au fil des ans, une implication du fédéral n'aurait rien d'utopique. À long terme, bien évidemment.

82
À Québec et Montréal de s'entendre

Paul Lewis
Professeur à l'Institut d'urbanisme et responsable du Groupe de recherche
ville et mobilité, Université de Montréal

La région de Montréal apparaît souvent comme ingouvernable. Les dysfonctionnements concernent d'abord les transports : les projets tardent à se réaliser (la rue Notre-Dame, la navette aéroportuaire...), les priorités ne cessent de changer (une année le tramway, l'année suivante le métro...) et les coûts des grands projets explosent (le Train de l'Est, l'échangeur Dorval). De plus, les responsables seraient trop nombreux et le partage des responsabilités, flou.

C'est notre incapacité collective à nous entendre sur les priorités pour améliorer la mobilité qui pose véritablement problème. Les plans de transport sont souvent sans suite; nombreux sont les projets qui n'ont jamais été réalisés et qui ont pourtant été, à un moment ou à un autre, prioritaires. À l'inverse, nous construisons parfois ce qui n'était pas prévu. Un exemple? Le prolongement du métro à Laval qui n'était dans aucun plan, au moment où le premier ministre l'a annoncé. Pourtant, c'est le grand chantier du début du 21ᵉ siècle en transport collectif. Ce projet était-il justifié? Sans doute, si nous considérons les milliers d'usagers qui prennent le métro à Laval. Mais compte tenu du coût du prolongement – plus de 800 millions –, nous pouvons en douter.

Le transport collectif doit être la priorité dans la région métropolitaine afin d'améliorer la mobilité pour tous, automobilistes inclus. Malgré les investissements consentis depuis l'ouverture du métro (1966), les réseaux de transport collectif n'ont pas suivi le développement urbain, si bien qu'ils concurrencent difficilement l'automobile. Québec pourra-t-il prioriser le transport collectif? Rien n'est moins sûr. L'état des finances publiques ne permet pas d'espérer un investissement massif. Or, pour augmenter la part du transport collectif, il faudrait accélérer la cadence de nos investissements.

Un nouveau cadre de planification des transports collectifs s'impose. Selon certains, Québec nuirait à la métropole davantage qu'il ne contribue à son développement, et devrait donc laisser à la région la responsabilité des transports. Pour séduisante qu'elle soit, cette thèse ne résiste pas à l'analyse. Plusieurs décisions prises à Québec ont certes desservi Montréal, mais elles sont très souvent le fait de Montréalais. La responsabilité du transport collectif doit d'abord revenir au gouvernement du Québec. La région de Montréal doit également participer aux décisions qui la concernent. Québec et la région parviendront-ils à s'entendre sur un cadre qui soit plus efficient? Cela paraît peu probable, si nous en jugeons par les expériences récentes (Turcot, Notre-Dame, A-25...)

Ce faisant, ce sont les résidants de toute la région de Montréal qui en paieront le prix, comme c'est le cas depuis trop longtemps.

83

Accentuons le virage vélo

Suzanne Lareau
Présidente-directrice générale de Vélo Québec

Le vélo est le symbole par excellence de la qualité de vie en ville. Circuler à vélo et à pied librement insuffle une source d'humanité et de convivialité à une ville. Montréal possède ce net avantage qui fait l'envie de plusieurs villes nord-américaines.

Misons sur cet atout et affirmons concrètement que notre vision de la mobilité durable n'est pas qu'une expression à la mode, mais une réalité qui se vit au quotidien.

Il faut augmenter l'espace dévolu aux vélos et aux piétons et continuer à réaménager les rues dans le but de diminuer la vitesse de la circulation. À voir la quantité de cyclistes qui utilisent maintenant le vélo comme moyen de transport – un adulte sur quatre à Montréal, plus du double d'il y a 10 ans – nous confirme l'énorme potentiel de conversion.

C'est un parti pris en faveur de la ville à vélo qu'il faut réaffirmer. Autorisons la circulation cycliste à double sens sur les rues résidentielles à sens unique et peu passantes pour créer des chemins plus directs pour les cyclistes. Colorons la ville en installant de nombreux SAS vélo sur les artères les plus empruntées par les vélos afin de bien affirmer la priorité et la sécurité des cyclistes aux intersections. Ajoutons du stationnement vélo au centre-ville et partout où les cyclistes peinent à trouver un endroit (poteau, clôture…) pour accrocher leurs montures, quitte à transformer des espaces de stationnement auto en parc à vélos (un espace auto permet de stationner 10 vélos).

Mais, pour convaincre plus de gens de troquer auto pour vélo, il reste encore du travail à faire. Passons à la vitesse supérieure et aménageons 100 nouveaux kilomètres de voies cyclables utilitaires et sécuritaires par année pour les trois prochaines années (2014-2016). Développons des voies cyclables à sens unique et plus larges sur les axes les plus achalandés. Multiplions des liens est-ouest et sud-nord sous la forme de pistes cyclables ou de bandes cyclables. Aménageons de nouvelles voies réservées pour les bus et où les vélos seront autorisés à circuler. Créons des vélorues où la circulation cycliste sera priorisée. Il faut multiplier les aménagements en faveur des cyclistes, il est anormal que les cyclistes se sentent en sécurité uniquement sur une si petite portion des rues de la ville.

Créons des espaces piétons permanents. Une rue piétonne, ce n'est pas un festival, ce n'est pas une fête de quartier, c'est un aménagement conçu pour vivre à l'année. La rue Sainte-Catherine est toute désignée pour être piétonne, du quartier des affaires jusqu'au pont Jacques-Cartier. Et ouvrons nos rues piétonnes aux cyclistes avec un code de conduite comme en Europe.

Montréal doit continuer à s'affirmer comme ville active d'avant-garde et marquer l'imaginaire de ses citoyens et visiteurs si nous voulons conserver ce fabuleux atout qui nous distingue : une ville où il fait bon vivre.

84

Pour que Montréal marche...

Dominique Sorel
Vice-présidente du conseil d'administration du Centre d'écologie urbaine de Montréal

À Montréal, en moyenne cinq piétons, dont un enfant, sont blessés chaque jour par une voiture. Cela représente près de la moitié de tous les piétons blessés au Québec.

Pour améliorer ce lourd bilan, il s'agit de mieux construire nos rues et diminuer le volume de circulation. La Ville de Montréal publiait, en 2006, sa Charte du piéton et, en 2008, son Plan de transport qui énonce l'objectif de réduire les traumatismes routiers de 40 % en 10 ans. Le 30 avril 2013, la Ville présentait la démarche « Quartiers verts » pour aménager des milieux de vie favorisant la marche et le vélo en toute sécurité et apaiser la circulation afin de « redonner aux citoyens la qualité de vie qui leur revient ». Les idées sont là, une force rassembleuse et les moyens financiers doivent émerger pour les mettre en œuvre largement et rapidement pour assurer l'atteinte de ces objectifs.

Afin que l'on puisse vivre dans une ville à échelle humaine, où l'on peut élever notre famille, vieillir en santé et profiter de ce que la densité urbaine offre de mieux, tous peuvent mettre la main à la pâte :

- La Ville et ses arrondissements profitent de chaque occasion de réfection pour mettre en place les aménagements favorisant la sécurité et la convivialité de nos rues (trottoirs élargis, terre-pleins, feux pour piétons, arbres, bancs, etc.).

- Le ministère des Transports du Québec facilite le déploiement de cette vision en mettant à jour sa réglementation pour soutenir la qualité de vie en milieu urbain (par exemple avec un nouveau Code de la rue en supplément au Code de la sécurité routière); ce ministère ouvre aussi toutes grandes les vannes du transport en commun (électrique !) pour répondre à la demande de mobilité plutôt que d'ajouter des voies de circulation... Je n'abandonne pas le rêve d'un meilleur échangeur Turcot, et d'un (beau !) pont Champlain qui priorise le transport en commun !

- Les budgets pour les aménagements pour piétons, cyclistes et transports collectifs sont augmentés, en meilleur équilibre par rapport aux projets routiers qui accaparent présentement des milliards. Une synergie s'établit avec les ordres de gouvernement supérieurs pour donner les moyens à la Ville de Montréal, aux citoyens de la métropole du Québec, de mettre à niveau les aménagements visant la sécurité dans les rues des quartiers qui subissent la pression d'ouvrages autoroutiers d'autres instances.

- Finalement, un partenariat efficace s'établit entre citoyens (et pourquoi pas même les entreprises citoyennes !), élus, professionnels de toutes les agences concernées et organismes de la société civile pour profiter des connaissances de tous, dégager les solutions optimales et les mettre en œuvre rapidement.

Comme l'a si bien dit l'anthropologue américaine Margaret Mead : « Ne doutez jamais qu'un petit groupe de gens réfléchis et engagés puisse changer le monde. C'est d'ailleurs toujours comme cela que ça s'est passé ! »

85

Construisez-le, ils l'emprunteront

François Cardinal

Les archives des journaux sont de pénibles leçons d'humilité.

Je ne suis pas très vieux, mais j'ai suffisamment de métier pour être en mesure de retourner en arrière et déterrer de vieux textes sur le transport que j'ai écrits il y a plus de dix ans dans *Le Devoir*. Le simple fait d'en parcourir les titres me ramène les deux pieds sur terre...

« Modernisation de la rue Notre-Dame : ne manque plus qu'une autorisation de Québec » (2002)

« Vers un train rapide Montréal-Boston » (2002)

« Un énorme complexe intermodal pour l'est : une nouvelle station de métro sera construite au carrefour des autoroutes 25 et 40 » (2001)

« Dorval-centre-ville : un lien ferroviaire serait réalisable d'ici 2006 » (2001)

« Des tramways sur l'avenue du Parc dès 2006 » (2001)

Avouons-le, en tant qu'urbanistes ou observateurs, nous aimons tous les gros projets. Rien de plus intéressant que d'échanger sur la possibilité d'implanter un TGV, un SLR (système léger sur rail) ou un prolongement de métro.

Les améliorations de service d'autobus, à côté de cela, font pâle figure...

Mais malgré cet intérêt naturel pour le *think big*, malgré mes fantasmes d'une métropole sillonnée par de lourdes infrastructures de transport en commun, j'en suis venu à m'intéresser de plus en plus aux décisions qui ne font pas les manchettes, aux petits gestes, aux projets de moindre envergure. Bref, à l'approche *think small*...

Pourquoi une telle évolution ? Parce que les gros projets font rêver, mais ils ne voient pas souvent le jour. Parce que l'on peut débattre pendant une décennie d'un prolongement de métro sans ajouter un seul passager sur les rails. Parce que les débats sur la pertinence du tramway sont bien intéressants, mais nous éloignent trop souvent de ces petits projets qui peuvent faire une grosse différence.

Prenez mon cas. J'habite sur la Rive-Sud de Montréal et je prends le transport en commun toutes les semaines pour me rendre au travail, dans le Vieux-Montréal, et pour amener fiston à l'école, dans Côte-des-Neiges.

Le déplacement, vous vous en doutez, n'est pas une sinécure. Je dois partir en autobus ou en train, traverser le fleuve, m'arrêter au terminus centre-ville, prendre le métro jusqu'à la station Snowdon, marcher jusqu'à l'école, revenir sur mes pas, reprendre le métro puis atteindre ma destination finale, la station Place-d'Armes.

C'est long...

Mais pour tout vous dire, au fil des ans, je me suis rendu compte que ma qualité de vie s'améliorait néanmoins, que mes déplacements quotidiens étaient de plus en plus agréables et rapides... sans que d'énormes changements aient lieu.

J'ai en effet observé l'implantation de trois solutions mineures qui sont passées complètement inaperçues aux yeux des usagers, mais qui ont néanmoins fait une énorme différence.

D'abord, en 2009, l'Agence métropolitaine de transport (AMT) a remplacé les wagons du train de banlieue sur la ligne Saint-Hilaire par des wagons beaucoup plus spacieux, à deux étages. Mine de rien, avec ces nouvelles voitures, la capacité des trains a bondi... de 70 %!

Ensuite, la Ville de Montréal a installé à la fin 2012 une caméra de gestion de la circulation au coin des rues Mills et Bridge, à la sortie du pont Victoria. Les feux de circulation s'ajustent ainsi au flux de circulation, ce qui a nettement amélioré la fluidité des voitures... et des autobus qui filent vers Montréal.

Enfin, le Réseau de transport de Longueuil (RTL) a déplacé, au début de l'année 2013, tous ses autobus «classiques» dans le même garage, à Saint-Hubert. Cela semble bien mineur ainsi résumé. Mais il faut savoir que le Canadien National (CN), propriétaire du pont Victoria, interdit aux autobus à plancher bas de transporter des passagers debout. Mais il le permet dans les autobus classiques, moins lourds. D'où la nécessité pour le RTL de concentrer les rares spécimens qui lui restent sur cette ligne précise et ainsi accroître passablement la capacité de la ligne 55.

Je pourrais donc, dans ma situation, espérer la construction d'un téléphérique, comme l'a proposé l'ancien ministre des Transports, Pierre Moreau. Ou l'implantation d'un tramway sur le pont Victoria, comme le suggère Projet Montréal. Ou encore un prolongement de la ligne jaune qui me rapprocherait du réseau de métro, comme le veut Longueuil.

Mais, mine de rien, pendant que l'on discutait de la pertinence de tous ces projets, de petites évolutions presque imperceptibles m'ont grandement facilité la vie...

***

Les urbanistes aiment citer ces villes modernes et évoluées où les trains légers filent à grande vitesse, où les tramways ont permis de revoir la trame urbaine, où les métros sont suffisamment tentaculaires pour desservir quantité d'usagers. On évoque ces immenses agglomérations urbaines asiatiques, ces métropoles européennes à la fine pointe de la technologie, ces villes nord-américaines progressistes...

Mais depuis quelques années, le nom d'une ville plutôt pauvre, située en Amérique du Sud, est sur toutes les lèvres : Curitiba.

Voilà une ville qui a su réinventer le transport urbain en pensant non pas à ce qu'elle pourrait construire de gros, mais plutôt à ce qu'elle pourrait faire rapidement, concrètement, dans la mesure de ses moyens financiers, pour répondre aux besoins des citadins.

Ainsi est né le métro de surface, devenu SRB avec le temps.

La Ville a en effet opté pour un «service rapide par bus», c'est-à-dire un réseau d'autobus à deux ou trois wagons, qui roulent dans des voies qui leur sont réservées en exclusivité. On ne parle plus d'arrêts d'autobus (distants d'au plus 235 m), mais bien de stations de SRB (distantes de 500 m). En outre, l'usager paie son tarif dans la station en attendant le bus, ce qui accélère les entrées et sorties.

On se retrouve ainsi avec la flexibilité du bus, la capacité du tramway, la rapidité du métro et le coût du bus...

On parle en effet, en général, d'un coût d'implantation qui varie de 2 à 10 millions le kilomètre, en comparaison avec 160 millions pour le métro et 50 millions pour le tramway.

Le SRB, en outre, offre une capacité de 100 usagers, voire de 120 usagers pour les autobus triples, pendant que l'autobus ne peut en accueillir que 65.

Enfin, une ligne de SRB s'implante et se modifie relativement facilement, pas le métro.

C'est ce qui explique la popularité du SRB, à Curitiba, mais aussi dans de nombreuses villes dans le monde. On le voit en Europe, à Dijon, à Grenoble, à Amiens. On le voit aux États-Unis, à Los Angeles, à New York. Et au Canada où des villes comme Gatineau regardent avec envie la pionnière du SRB qu'est Ottawa.

Et aussi à Montréal, où on travaille sur l'implantation d'un premier SRB sur Pie-IX. Un c'est bien, mais deux ce serait mieux...

***

« *If you build it, they will come.* »

La phrase (légèrement modifiée) vient du film *Field of Dreams,* dans lequel le personnage interprété par Kevin Costner rêve d'un stade de baseball plein à craquer. Mais elle s'applique à merveille au transport en commun...

On a en effet pu vérifier la justesse de l'adage dans la région métropolitaine, au cours des dernières années. Chaque fois que l'AMT a ajouté un départ sur le réseau de trains de banlieue, il était plein dès le lendemain matin. Quand on a prolongé le métro vers Laval, le succès a été instantané. À la suite de l'effondrement du viaduc du Souvenir, de nombreux départs ont été ajoutés en autobus de la Rive-Nord à Montréal, tous pleins.

Même chose sur l'île, où la Société de transport de Montréal (STM) a travaillé fort pour améliorer le réseau, pour développer sa capacité autant que possible. La Société a fait rouler ses bus et voitures de métro comme jamais auparavant : 15 millions de kilomètres de plus pour les autobus (+ 22 %), et 17 millions pour le métro (+ 29 %). Parallèlement, elle a diversifié son offre en y ajoutant des lignes à vocation particulière (comme le 747 vers l'aéroport), des lignes à arrêts limités (comme le 467 Express Saint-Michel), un service « 10 minutes max », un réseau de nuit bonifié, etc.

Résultat : la STM a atteint un record en 150 ans d'existence avec tout près de 405 millions de déplacements... même si le dernier investissement en transport en commun lourd sur l'île remonte à 1988 !

Mieux, l'achalandage pour la période 2007-2011 a crû de 11,4 %... alors que la cible qu'on s'était fixée était de 8 %, un succès qui se vérifie également sur la Rive-Sud et sur la Rive-Nord.

Construisez-le, ajoutez-le, et ils l'emprunteront, en somme...

On constate donc un contexte favorable au développement massif du transport collectif, d'autant que tous les ordres de gouvernement ont pour objectif de réduire les émissions provenant du transport, voire carrément d'augmenter l'offre des transports alternatifs à l'auto.

Le Canada, par l'entremise de ses cibles de réduction des gaz à effet de serre, le Québec, à la fois par sa politique sur les changements climatiques et sa politique du transport collectif, et Montréal, par son plan de transport et son plan de développement durable.

Les planètes sont donc alignées... mais pour combien de temps?

Il importe de profiter de cette «fenêtre d'opportunité» en développant rapidement, dès aujourd'hui, une offre en transport collectif qui soit à la hauteur des attentes, efficace et attrayante.

Plutôt que de rêver à de vastes projets incertains, il faut développer des projets peu coûteux aux résultats immédiats, en misant sur l'autobus et ses déclinaisons. Il faut, d'ici cinq ans, tripler la centaine de kilomètres de voies réservées, multiplier par dix les mesures préférentielles aux feux de circulation, ajouter des circuits reliant l'île aux rives, étendre la mesure «10 minutes max» partout sur le territoire.

Pour ce faire, il faut diversifier l'offre d'autobus dans tous les secteurs de l'île afin qu'elle gagne en fréquence et en souplesse: achat de nouveaux autobus articulés, de bus réguliers et intermédiaires, de *midibus* (autobus de format réduit), de minibus... et de SRB!

Plutôt que de penser engloutir d'énormes sommes pour des prolongements de métro qu'on fera sur 50 ans, en ces temps de disette budgétaire, pourquoi en effet ne pas utiliser des sommes moindres pour développer un vaste réseau de services rapides par bus.

Commençons par bonifier et réaliser le service rapide par bus Pie-IX. Ne nous contentons pas d'une simple voie réservée en site propre, allons-y pour un SRB «de luxe» tant qu'à ouvrir toute la chaussée (quais surélevés, grandes stations aérées et éclairées, autobus confortables à trois sections, informations en temps réel, etc.).

Puis, étudions parallèlement les prochains parcours avec cette qualité de SRB en tête. Henri-Bourassa, c'est certain. Puis Sherbrooke? Sauvé-Côte-Vertu? On peut même penser à un réseau métropolitain, comme le fait par exemple l'AMT dans les axes du boulevard Taschereau et de l'autoroute A-15/Boisbriand.

L'objectif serait de répondre rapidement à une demande croissante en pensant « réseau » plutôt que « segments », en développant non pas des portions de transport en commun qui ont un effet indéniable quoique circonscrit, mais plutôt un réseau de métro de surface, comme à Curitiba, et aussi à Istanbul, Guangzhou, Mexico, Bogota et Ahmedabad. À un prix défiant toute compétition.

Plus on vise gros et flamboyant, moins on a de chance que ça se réalise. Pas compliqué, le mieux est l'ennemi du bien. Contentons-nous donc d'essayer de bien faire...

INNOVATION
JOUER D'ASTUCE

86

Accélérer ou mourir

Dominick Gauthier
Cofondateur de B2dix et directeur du développement chez SoapBox

J'ai toujours été inspiré par le slogan de Louis Garneau – *Innover ou mourir*. C'est aussi cette devise qu'ont dû suivre ceux qui, il y a plusieurs siècles, ont exploré cette île cachant de nombreux dangers. Maintenant, je crois que ce dont Montréal a besoin comme devise est *Accélérer ou mourir*.

Montréal est une ville reconnue pour son histoire et bien plus pour son passé que pour son futur et même son présent. Sans renier le passé, il faut plutôt s'en inspirer pour bâtir avec notre esprit innovateur et créateur. Comme ces explorateurs qui sont arrivés ici il y a plusieurs centaines d'années, nos jeunes doivent retrouver ce goût du risque et de l'aventure. Mais encore faut-il leur montrer comment naviguer.

Nous avons, certes, un bon esprit créateur et innovateur. Pourtant, lorsque vient le temps de vraiment passer à l'action, notre côté aventurier semble frapper une banquise. Comment pouvons-nous créer plus de Sid Lee, de Cirque du Soleil, de Moment Factory et autres entreprises qui ont eu un tel succès ? Il faut enseigner à notre jeunesse comment développer ses talents et, surtout, lui donner les outils nécessaires pour se lancer en affaires. Cela passe par une réforme scolaire qui va bien au-delà des pouvoirs de notre ville. Mais comment Montréal peut-elle faire une différence ?

Étant donné que Montréal est la plus petite des villes dans sa division et qu'elle doit affronter New York, Boston, Toronto et même San Francisco, il nous faut être plus astucieux sur notre façon de faire les choses. Tel un bon joueur d'échecs, il faut prévoir plusieurs coups à l'avance. Toutes ces villes, incluant Montréal, se sont dotées d'incubateurs pour les entreprises en démarrage. Ces incubateurs fonctionnent très bien; mais c'est lorsque vient le temps de passer à l'autre étape, celle de la mise en marché, que souvent tout s'écroule. Montréal devrait donc créer un accélérateur d'entreprises qui mise sur l'étape suivante, celle de l'accélération des affaires et de la commercialisation d'un produit qui a franchi l'étape de la création.

Je suis présentement dans cette phase avec mon entreprise technologique et il manque ce type de soutien dont pourrait bénéficier Montréal en favorisant la création d'emplois sur notre territoire.

Donc, cela nécessiterait des espaces de bureaux où ces entreprises pourraient être réunies afin de partager, de façon proportionnelle, l'utilisation de services de marketing, vente, ressources humaines et autres outils qu'elles ne peuvent s'offrir financièrement elles-mêmes et sans aide extérieure. Montréal peut faciliter ce genre d'accélérateur. Il ne s'agit pas ici de demander encore de l'argent, mais bien d'offrir une occasion d'affaires. Exemple : plutôt que de financer des espaces de bureaux à prix modiques, Montréal pourrait simplement offrir une réduction de taxes équivalente au loyer payé dans l'accélérateur à toutes les entreprises qui passeraient cette étape avec succès et qui s'établiraient ensuite sur son territoire. Voilà de quoi stimuler les entreprises à créer de l'emploi dans notre ville et à bâtir le Québec inc. 2.0 !

Vous vous demandez où nous pourrions implanter ce genre d'accélérateur ? Je connais, entre autres, un édifice sur Berri qui ne demanderait pas mieux que de contribuer à la fierté montréalaise de demain plutôt qu'à son cynisme d'aujourd'hui...

87

La lumière au bout du tunnel

Martin Gauthier
Président et associé principal chez Sid Lee Montréal

Ah Montréal! Ville qu'on aime tant dénigrer, mais qui, dans le fin fond, nous fait vibrer. La bonne chose avec le sujet, c'est qu'il n'est pas trop tard. On en parle encore. Un peu comme dans l'expression « Tant qu'il y a de la vie, il y a de l'espoir » ou dans le cas d'une bonne vieille publicité « Parlez-en en mal ou en bien, mais parlez-en! » Montréal est encore vivante et on va en parler longtemps. Heureusement!

Nous devons, par contre, nous activer et aider au rayonnement de Montréal. Ne me parlez point de comités ou de commissions pour nous aider à décider. Nous devons mandater un petit groupe agile, trié sur le volet. Fermez vos yeux[1] et pensez-y deux minutes, je suis certain que vous avez des noms en tête. C'est avec eux que nous réussirons!

Donnez à ce groupe d'élite carte blanche, et un budget raisonnable, vous verrez qu'il en ressortira rapidement tout plein de petits projets novateurs et créatifs. Montréal ne sera plus une ville souterraine et grise. Nous aurons de la lumière, de la couleur. Et quand on y pense, c'est exactement ce dont nous avons besoin pour Montréal : « la lumière au bout du tunnel ».

---

1. En fermant les yeux, j'ai tout de suite aperçu Guy Laliberté, Robert Lepage et Moshe Safdie. On a le droit de rêver!

OSER

MONTRÉAL N'EST PAS UNE PERDANTE

88

Il n'y a pas que les nids-de-poule!

Yves Bellavance
Coordonnateur de la Coalition montréalaise des tables de quartier

Montréal n'est pas une ville comme les autres. Si un quartier comme Côte-des-Neiges était une ville, celle-ci se classerait au dixième rang des municipalités québécoises en ce qui a trait à la population. Voilà pourquoi Montréal est une métropole. Et en tant que métropole, elle a des responsabilités particulières qui nécessitent une planification intégrée, un plan de match.

Il y a des enjeux qui s'imposent d'eux-mêmes: le développement économique, le transport, les services de base comme les égouts et le déneigement, la fiscalité. Mais nous entendons rarement parler de développement social. Il n'y a d'ailleurs aucune politique en développement social à la Ville; il y en a une en culture, en transport, en habitation, en développement économique, même les arbres ont leur politique. Pourtant, 29 % de la population montréalaise vit sous le seuil de faible revenu et 40 % des travailleurs gagnent moins de 20 000 $ par année.

Ça fait beaucoup de monde qui en arrache. Beaucoup de gens pour qui le logement bouffe la plus grande part du budget, mais qui s'alimentent peu et mal. Des gens qui ne peuvent se payer le transport en commun sur une base régulière, qui n'inscrivent pas leurs enfants à des activités sportives ou culturelles, qui vivent le long des voies routières qui polluent poumons et oreilles, qui crèvent de chaleur l'été dans leur environnement bétonné parce qu'ils n'ont pas les moyens de s'évader à la campagne.

Comment se fait-il que le sort du tiers de la population n'occupe pas davantage l'espace public? Montréal ne peut se préoccuper que des nids-de-poule! En tant que métropole qui s'assume, Montréal doit travailler à l'amélioration de la qualité de vie de tous ses citoyens.

Sur ce plan, Montréal a encore du chemin à faire même si plusieurs responsabilités relèvent des autres paliers de gouvernement. Mais Montréal a des atouts: une riche diversité ethnique et culturelle, un réseau d'organismes de la société civile dynamique et reconnu sur la scène internationale pour ses pratiques innovantes (en culture, en environnement, en économie sociale, des organismes communautaires, les tables de concertation en développement social dans les quartiers).

On rêve tous d'habiter une ville, un quartier où il fait bon vivre: avoir un emploi, un logement décent, des services à proximité, se divertir. Une ville pour tout le monde, sans fracture sociale où son voisin ne vit pas dans la dèche. Voilà le défi d'une métropole! Et qu'on ne nous dise pas encore que Montréal n'a pas d'argent!

Pour réaliser ce défi, Montréal devra oser.

Oser prendre le temps de bien faire les choses. Oser placer la qualité de vie (dans une perspective de développement durable) en tête de liste. Oser avoir un préjugé favorable pour sa population plus défavorisée. Oser impliquer la population dans ses décisions. Oser s'appuyer sur les forces de la société civile. Oser se mobiliser afin d'obtenir des engagements de Québec et d'Ottawa.

Oser innover: amener les promoteurs à construire du logement pour les familles, renforcer l'application de la Stratégie d'inclusion de logements sociaux et abordables, soutenir le développement des quartiers culturels, mettre en place une stratégie d'accès aux services de base essentiels dans les quartiers – définir les zonages –, soustraire des locaux de la spéculation foncière, réserver des espaces pour certains services, etc.

Oser tourner le dos aux éteignoirs de l'imagination en matière d'aménagement urbain et d'architecture.

Oser faire mentir ceux qui dénigrent Montréal.

Oser Montréal!

89

Surmonter son complexe d'infériorité

Marie Grégoire

Ancienne députée et spécialiste en relations publiques

J'ai envie de rêver Montréal à travers les yeux des milliers de touristes qui l'ont visitée cette année, à travers les yeux de ceux et celles qui l'ont classée au sommet de plus de 30 palmarès internationaux.

J'ai envie de rêver Montréal avec l'énergie de Régine Chassagne et d'Arcade Fire, ces incroyables ambassadeurs qui positionnent la métropole comme haut lieu de la culture.

Sans l'idéaliser, j'ai envie de voir la ville pour ce qu'elle offre à travers ses réalisations et son potentiel. Montréal n'est pas une perdante. Si Québec la fait se sentir ainsi, c'est qu'elle souffre d'un complexe d'infériorité alimenté par la population qui aime la critiquer et par le gouvernement du Québec qui la tient pour acquise.

Jean Charest avait compris que la capitale était plus rentable politiquement. Il est aussi plus facile d'offrir 200 millions pour un colisée que de régler le gâchis de la gouvernance des fusions et des défusions. L'arrivée d'un nouveau gouvernement n'y a rien changé. Pour que cela change, les Montréalais devront faire preuve d'audace.

Sans perdre sa lucidité, on doit être à même de célébrer les bons coups. Au-delà de BIXI, le Quartier des spectacles, le Quartier international, l'industrie du jeu vidéo et celui de la mode sont autant d'aspects porteurs pour la métropole. Autant d'initiatives qui se sont fait voler la une par les scandales, les déchirements et la mollesse de l'administration actuelle.

Montréal doit faire son ménage. Il faut espérer que la commission Charbonneau, une fois terminée, y aura contribué pour longtemps. Montréal doit cesser les intrigues et se concentrer sur la mobilisation des acteurs pour se donner une culture de fierté qui saura générer l'innovation et stimuler sa créativité.

Barcelone ou Berlin se sont donné des objectifs ambitieux et ont orchestré un plan de manière à ce que le monde tourne ses yeux vers elles.

Aujourd'hui, le monde a déjà les yeux rivés sur Montréal, imaginez ce que ce serait si tout le monde poussait dans le même sens!

Montréal a tout pour réussir, sauf peut-être une locomotive pour canaliser le talent et additionner les forces des petits comme des grands acteurs pour créer un climat de fierté. Tout, sauf peut-être une colle intangible qui fait que le tout est supérieur à la somme des parties.

Individuellement, nombreux sont les Montréalais qui s'illustrent. Il serait temps que cela se produise collectivement.

90

Qu'est devenue notre identité?

Denis Gagnon
Designer
(Écrit en collaboration avec Deborah Farinotti)

Et si notre identité nous était comptée...

Et si Montréal n'était plus cette belle inconnue pleine de mystère et d'audace? Quand je l'ai connue dans les années 80, elle vivait sous l'influence punk-new wave, elle était folle, elle regorgeait de créativité. Il n'y avait pas de «Village gai», les gens allaient et venaient, on faisait des rencontres au fil des heures du jour et de la nuit, on s'enivrait sur les *dance floors* incandescents, on vivait à 1000 à l'heure et on avait une identité: la nôtre.

Mais qu'est-elle devenue? Une «grande ville» qui ressemble à n'importe quelle autre «grande ville»; avec la mondialisation, elle a perdu de sa timidité, elle a perdu de son caractère, elle s'est noyée dans la masse et nous a perdus dans sa foule. Elle nous a broyés dans son mortier, notre créativité et nos idées aussi, passées sous la lame du mélangeur.

Alors, on pourrait pleurer, chanter, même tristement constater que ça ne changerait rien, ou pas grand-chose. Puis, on pourrait aussi tout simplement songer à recréer notre propre culture, à revêtir notre identité de francophones, à arborer fièrement le blason. Nous, perdus dans une Amérique toujours plus grande, toujours plus grosse, toujours plus présente. Nous pourrions nous redresser, relever notre buste, hausser notre tête et la vivre chaque instant cette identité québécoise, la sentir battre dans nos veines, couler dans nos vies, s'emparer de ce que nous sommes et de ce qu'il nous reste encore et s'unir sous une même couleur, celle d'un Québec libre !

ÉCONOMIE
À LA CROISÉE DES CHEMINS

91

Besoin de grands projets porteurs et d'audace

Michael Sabia

Président et chef de la direction de la Caisse de dépôt et placement du Québec

Nous vivons dans un monde profondément globalisé. Alors que les villes sont plus interreliées que jamais, la croissance de toute métropole doit nécessairement s'inscrire dans cette réalité.

D'un côté, les technologies ont démocratisé les communications et facilité la circulation de l'information. De l'autre, les infrastructures ont permis de repenser le transport des individus et des marchandises, mais également la distribution d'eau potable et d'énergie.

Les technologies ont aboli les distances virtuelles. Les infrastructures ont accru la proximité réelle.

Aujourd'hui, on peut travailler à Bruxelles et vivre à Paris. Exploiter du gaz naturel au Royaume-Uni et le distribuer en Belgique. Atterrir à l'aéroport de Vancouver et rapidement se retrouver au centre-ville grâce à un métro automatique sur rail moderne et performant.

C'est pourquoi quand je pense aux grandes métropoles du monde, je pense aux infrastructures. À celles qui distinguent Londres, Sydney et Hong-Kong. À celles qui feront bientôt la renommée de Rio de Janeiro, d'Istanbul

Économie

et de Shanghai. Mais aussi, et surtout, à celles qui sont essentielles pour
bâtir l'avenir de Montréal.

Notre métropole cosmopolite est vibrante d'idées, de créativité et d'innovation. Mais aujourd'hui, elle doit aussi être animée d'ambition pour réaliser des projets à la mesure de son potentiel, pour se doter d'infrastructures
qui assureront sa croissance économique et sociale.

Déjà, l'exemple du Centre hospitalier de l'Université de Montréal (CHUM)
et de son centre de recherche me vient en tête. Ce complexe hospitalier
d'envergure attirera certains des plus grands chercheurs à Montréal et permettra d'offrir aux Québécois des soins de santé de première qualité.

Il s'agit d'un projet à l'image de ceux qui façonnent les grandes métropoles et qui intègrent tout, du design à l'efficacité en passant par la réduction des impacts environnementaux. Montréal a besoin d'autres grands
projets porteurs.

Il nous faut un lien ferroviaire entre l'aéroport Trudeau et le centre-ville.
Pourquoi ne pas pousser plus loin et rêver d'un train rapide entre Montréal,
Toronto et New York ? Notre métropole doit faire preuve d'audace.

Montréal arrive aujourd'hui à la croisée des chemins : elle doit repenser son
urbanisation et moderniser ses infrastructures pour s'ouvrir sur le monde.
Nous avons dans la construction prochaine du nouveau pont Champlain le
parfait tremplin pour donner un nouvel élan à notre métropole. Faisons de
cette infrastructure un symbole de ce que nous voulons pour Montréal : un
projet à la fois structurant et inspirant. Un pont, n'est-ce pas là l'illustration idéale de l'ouverture sur le monde ?

92

Pour un nouveau départ

Jean Coutu

Pharmacien, fondateur et président du conseil d'administration du Groupe Jean Coutu

Sans verser dans la mélancolie, il est nécessaire de reculer dans le temps pour comprendre pourquoi notre ville n'est plus le Montréal de l'époque du fameux Golden Square Mile (Mille carré doré), où habitaient les barons de la finance, issus de la naissance du Canadien Pacifique. À cette époque, les trains de l'Ouest et les bateaux de l'Est venaient déverser ici la presque totalité des importations d'outre-mer et les exportations des provinces canadiennes.

Cette activité économique était certainement le moteur des activités financières et les sièges sociaux se bousculaient sur la rue Saint-Jacques, véritable Wall Street montréalais. Certes, au fil du temps, des raisons politiques et sociales réelles ont probablement influencé les nombreux changements, les mutations et les départs qui se sont depuis multipliés.

Cependant, l'ouverture de la Voie maritime du Saint-Laurent, inaugurée en 1959, fut assurément le coup de Jarnac asséné à l'économie de Montréal. On ouvrait 15 grands ports internationaux et une cinquantaine de ports régionaux, permettant l'accès de la mer aux Grands Lacs et vice-versa; fini, donc, le temps où il fallait s'arrêter à Montréal !

La question

Après ce bref coup d'œil historique sur le « pourquoi » de la lente désaffection pour Montréal, comment lui redonner maintenant un second souffle et lui permettre un nouveau départ ?

La réponse

Par la mise en valeur systématique et concertée de ses acquis passés et présents, de ses particularités et de son unicité.

La stratégie

Globalement, faire de Montréal la grande priorité, dans toutes les décisions prises par le gouvernement du Québec. Accentuer l'importance de Montréal, en insistant sur son côté innovateur, caractérisé par la polyvalence de ses ressources à la fois humaines et scientifiques. Renforcer l'image de Montréal en tant que carrefour économique par ses technologies de pointe, sa situation géographique, son bouillonnement culturel.

La mise en valeur

Voici, en vrac, quelques éléments qui font le charme tout à fait unique de Montréal. Nous devons en faire la promotion par les moyens de communication les plus modernes et les plus efficaces, avec le même enthousiasme contagieux et la fierté que nous éprouvions au moment de l'Expo 67!

Montréal est une île.

Une montagne s'élève en plein milieu de l'île.

Montréal est située sur un fleuve et, au milieu, se pointe une autre île, comprenant un parc champêtre, un parc d'attractions et un vestige d'une des grandes expositions du siècle dernier qu'on a transformé en super casino.

Un stade olympique, où des efforts doivent être faits pour en développer l'esplanade et en faire un lieu propice aux rassemblements et aux activités de tous genres, et ce, 12 mois par année.

Faire du métro un endroit parfaitement sûr et convivial, fonctionnant presque en tout temps, pour exploiter encore mieux l'attrait de notre réseau du Montréal «souterrain» déjà reconnu mondialement.

Les aménagements portuaires, au cœur du Vieux-Montréal, pour mieux comprendre notre histoire.

Le climat fabuleux: en hiver, il peut faire moins 30 et, en été, plus 30!

En résumé

Montréal, c'est un peu Paris (la mode, le chic, les jolies femmes).

Montréal, c'est un peu New York (les spectacles, l'animation, la culture).

Montréal, c'est un peu San Francisco (l'originalité, une agréable différence et un sentiment de sécurité).

Montréal et ses beaux quartiers; ses quartiers typiques, tous différents et bien identifiés: une ville riche de vie de quartier.

Montréal, ville d'architecture: les maisons aux escaliers en façade, qui grimpent jusqu'au troisième étage, comme sur les rues Saint-Hubert ou De Lorimier.

Montréal est cosmopolite et française, à culture latine.

Montréal, c'est l'Europe en Amérique.

Montréal, c'est les festivals à l'année, les spectacles, le cirque, les musées et le théâtre.

Montréal est une destination gastronomique incontournable et exceptionnelle, qui a popularisé le style « apportez votre vin ».

Montréal possède un aéroport international « en ville ».

Montréal regorge d'activités commerciales en tous genres : mode, design et magasinage en toute sécurité.

Montréal est une ville tolérante, ayant une grande réputation d'hospitalité.

Montréal possède deux grands orchestres, dont l'Orchestre symphonique de Montréal, de réputation internationale.

Avec ses universités, Montréal occupe déjà le dixième rang mondial en tant que ville étudiante.

Si toutes les grandes villes se ressemblent, les deux cultures, latine et anglo-saxonne, qui ont façonné Montréal, en font un endroit unique au monde.

93

Pour un plus grand maillage universités-entreprises

Monique F. Leroux
Présidente et chef de la direction du Mouvement Desjardins

Montréal, première ville universitaire au Canada, a été reconnue en 2012 comme la 10ᵉ ville universitaire du monde et la deuxième en Amérique du Nord par la firme britannique QS Intelligence Unit qui fait autorité en la matière. Ce n'est pas banal. Si on disait cela à un visiteur, il croirait spontanément que Montréal est aussi parmi les villes les plus prospères d'Amérique du Nord. Car, à travers le monde, c'est généralement ainsi qu'il en va. Les villes qui concentrent le savoir se distinguent aussi par leur niveau de vie. Mais on sait tous que Montréal échappe à cette tendance et peine à se hisser au palmarès des métropoles les mieux nanties. Pourquoi ?

La question est vaste. Chose certaine, nous pouvons y voir une illustration du fait que malgré des décennies de progrès sur le plan de l'éducation, Montréal n'a pas encore pleinement tirer profit de ses formidables atouts.

Prenons-en la mesure. Montréal compte une dizaine d'établissements universitaires qui décernent 43 000 diplômes par année : l'Université de Montréal, l'Université du Québec à Montréal, l'Université McGill, l'Université Concordia, Polytechnique Montréal, HEC Montréal, l'École de technologie supérieure, l'École nationale d'administration publique, l'Institut national de recherche scientifique. Ces établissements sont fréquentés par 184 000 personnes, dont 25 000 étudiants étrangers venus des quatre coins du monde. Ils font de Montréal la ville nord-américaine qui compte la plus forte proportion d'étudiants universitaires et dans cette foulée, Montréal est aussi la ville canadienne qui a la plus grande concentration de lieux de recherche. Cette énumération a de quoi impressionner et en plus, on pourrait y ajouter tous les collèges !

Nous sommes privilégiés d'avoir développé une telle communauté du savoir. Mais reconnaissons qu'il nous reste à en tirer tout le potentiel d'emplois, d'entreprises et d'innovations. Une des voies à emprunter est certainement le renforcement des liens entreprises-universités, employeurs-étudiants, chercheurs-entrepreneurs. Il en résultera par exemple plus de stages, mais aussi plus d'emplois arrimés aux besoins du marché avec des étudiants encore mieux formés pour y répondre.

Plusieurs universités-collèges-entreprises, avec l'appui du gouvernement, mettent en place, dans le respect de la mission de chaque partie prenante, des arrimages dynamiques et fructueux qui stimulent l'innovation et permettent de mieux tirer profit des investissements collectifs que nous faisons dans l'enseignement supérieur à Montréal. Ce sont de véritables tremplins de développement économique. Il faut les multiplier et les promouvoir. Certains pays, comme l'Allemagne, ont fait de telles passerelles de l'innovation une priorité.

Nous avons tous les ingrédients pour une recette à succès. Osons mieux les mélanger. Tous pourront en profiter.

Ouvrons plus grand nos portes et nos esprits, multiplions les partenariats, créons des lieux de maillage. Faisons circuler tout ce savoir et nous ferons de Montréal une ville où, davantage encore, il fait bon vivre, étudier, innover, travailler, entreprendre et coopérer.

94

Une mise en contexte s'impose

Pierre Duhamel

Journaliste, chroniqueur et blogueur au magazine *L'actualité*

Montréal est-elle en déclin ? Est-elle en perte de vitesse ? Fait-elle du sur-place ? Voilà des questions que l'on entend beaucoup, à Montréal… et dans presque toutes les autres villes du monde. Sauf que c'est à Montréal que nous habitons et que nous ne voyons qu'elle.

Cette proximité nous joue des tours. Nous avons la loupe braquée sur ses cicatrices, ses lenteurs et ses défauts. De près, tout semble aller mal, tout est pourri et tout stagne. Nous serions les cancres absolus du développement urbain et notre ville aurait perdu tous ses charmes et atouts. Fâcheux, d'autant plus que nous rêvions de faire de Montréal un petit New York, un Paris américain ou encore un Barcelone sur le Saint-Laurent.

Que verrions-nous si nous laissions tomber la loupe et prenions un peu de recul ? New York et Paris restent des villes extraordinaires, mais elles ne font plus partie depuis belle lurette des centres métropolitains en pleine expansion. L'Institut Brookings, un *think tank* américain de haut niveau, établit un tel classement. Cette année, on trouve neuf villes chinoises et trois villes turques parmi les 20 métropoles qui connaissent la plus forte expansion. Barcelone, qui a la cote auprès d'une certaine intelligentsia, est accablée d'un taux de chômage terrifiant de près de 25 %.

Le développement de Montréal ne peut pas faire abstraction de ce que l'on observe ailleurs. Les pays émergents connaissent une croissance fulgurante qui est accompagnée de l'essor spectaculaire de leurs centres urbains.

Toutes les métropoles des pays industrialisés accusent un recul relatif. C'est inévitable.

Le magazine *Forbes* établit un tel classement aux États-Unis. Parmi les 10 villes métropoles en plus forte croissance, on n'en trouve aucune dans le Nord-Est ou le Midwest américain. Les villes de demain ont le malheur d'être situées au sud ou dans l'Ouest. Le Texas occupe quatre des premières positions.

On ne peut pas faire abstraction de la géographie quand on parle de développement urbain. Les villes sont des lieux d'échanges et de commerce. Elles se nourrissent de la vitalité de leurs voisines. Géographiquement, Montréal n'est plus au cœur de ce qui se développe, se construit et se crée.

Les villes se développent aussi avec la croissance de leur population. Le boom démographique a fait passer la population du Québec de 4 millions de personnes en 1951 à 6,5 millions en 1981, soit une augmentation de 2,5 millions d'habitants. Montréal a profité de ce boom et des besoins en infrastructures de toutes sortes qui l'accompagnaient. Il fallait des autoroutes, des ponts, des lignes de métro, des logements, des édifices de bureaux, des universités et des lieux de culture.

Entre 1981 et 2011, la population du Québec n'a augmenté que de 1,3 million d'habitants. Le revenu personnel réel par habitant, qui avait crû de 208,9 % entre 1950 et 1980, n'a augmenté que de 43,7 % dans les 30 années qui ont suivi. Il fallait moins d'autoroutes, de ponts, de lignes de métro, de logements et d'édifices de bureaux. La géographie, la démographie et l'économie expliquent ce ralentissement et non pas une prétendue incapacité à mener des projets à bien.

Montréal n'a peut-être plus l'élan des années 1960, mais on perd de vue comment elle s'est embellie au fil des ans. Avec le Quartier international et le Centre universitaire de l'Université de Montréal, on raccommode la fissure entre le centre-ville et le Vieux-Montréal et l'aménagement du Quartier des spectacles fait la même chose entre l'est et l'ouest du centre-ville. Un peu plus au nord, le réaménagement du carrefour du Parc – des Pins a recollé le mont Royal au quartier central.

On ne fait pas que construire Montréal, on est en train de la reconfigurer et d'abouter ses différents quartiers pour en finir avec les espaces vides qui brisaient le tissu urbain et la défiguraient. Les projets de condominiums sont en train de panser ces plaies béantes qu'étaient les stationnements à ciel ouvert du centre-ville. L'été dernier, on comptait 75 grues en activité au centre-ville, un sommet depuis 1976.

Les projets les plus ambitieux des prochaines décennies, la démolition de l'autoroute Bonaventure et l'aménagement d'un nouveau quartier en lieu et place, ainsi que celui de Griffintown, veulent raccorder les berges du fleuve à la ville. L'aménagement d'un nouveau campus de l'Université de Montréal à Outremont liera davantage cet arrondissement à ceux de Rosemont – La Petite-Patrie et Villeray – Saint-Michel – Parc-Extension ainsi qu'à Mont-Royal.

Montréal s'est embellie au cours des dernières années, mais elle a d'abord été rapiécée. L'opération haute couture – ou haute soudure? – ne fait que commencer.

Deux facteurs – toujours les mêmes – peuvent accélérer ou enrayer le mouvement. La croissance de la population et le nombre de visiteurs détermineront si Montréal a besoin de nouveaux logements et hôtels. La vitalité économique et la santé des finances publiques auront le dernier mot quand il s'agira de construire de nouveaux ouvrages, de nouvelles installations ou de financer de nouveaux événements.

Démographie et économie. Tout est là.

95

Réinventer le secteur manufacturier

François Cardinal

Montréal est entrée de plain-pied dans le 21ᵉ siècle. S'il y a une transition qui s'est bien faite, c'est en effet celle qui a transformé la métropole d'une économie manufacturière à une société du savoir.

Après avoir vécu l'enfer pendant les années 1980, Montréal a su rebondir dès la décennie suivante grâce au secteur des services, grâce en bonne partie aux technologies de l'information, à Internet, aux jeux vidéo, etc.

Il y a 30 ans, l'emploi manufacturier était roi et maître dans la région métropolitaine. Puis, peu à peu, les emplois ont disparu, remplacés par des postes dans les services à la consommation, les services publics, les services aux entreprises...

C'est évidemment une excellente nouvelle puisque les pertes comptabilisées dans l'emploi manufacturier ont été suivies d'une hausse presque équivalente d'emplois dans des secteurs d'avenir qui permettent à la métropole de se tailler une bonne place dans la société du savoir.

« Les secteurs du tertiaire moderne sont parmi les plus dynamiques de l'économie montréalaise, et compensent ainsi largement les pertes accusées dans les industries traditionnelles », se réjouit Mario Polèse dans son étude *Montréal économique : de 1930 à nos jours : Récit d'une transition inachevée.*

Mais faut-il pour autant tourner le dos au manufacturier ? Faut-il oublier le passé textile de Montréal en se concentrant sur les jeux vidéo ? Faut-il enterrer le passé ferroviaire sous de nouvelles couches de haute technologie ? Faut-il mettre une croix sur le passé pétrochimique en faveur d'un avenir totalement constitué de services aux entreprises ? Bref, faut-il passer complètement à autre chose ?

Ce serait une bien mauvaise idée, il me semble. La fabrication, l'industrie, les manufactures ont beau être moins « tendance », elles n'en sont pas moins vivantes.

Derrière les logiciels et jeux vidéo, il y a des entreprises qui fabriquent les disques et consoles. Derrière les bandes passantes et réseaux sans fil, il y a des manufacturiers d'ordinateurs, de fils et de puces. Derrière les énergies renouvelables et le transport en commun, il y a des fabricants d'éoliennes, de voitures de métro, de plastiques.

« On peut bien faire tout ça au Mexique ou à Baie-Comeau, mais pourquoi ne pas tenter de le faire dans l'est de Montréal à la place ? » s'interrogeait récemment la mairesse de Pointe-aux-Trembles, Chantale Rouleau. Avec raison.

L'est de Montréal a un passé manufacturier, des espaces prévus à cette fin, des parcs industriels immenses. Il faut miser sur cette spécificité et, du coup, sur la diversité de l'économie de Montréal plutôt que de tenter de la gommer au profit d'un vaste développement résidentiel ou d'une autre cité du multimédia...

De toute façon, les quartiers de Montréal ne peuvent tous avoir le même *branding*. Ils ne peuvent pas tous tenter d'attirer les mêmes entreprises dans les mêmes secteurs, le savoir, le numérique, la créativité. Les arrondissements ne peuvent courtiser les mêmes industries, compagnies et employés.

En un mot, ils ne peuvent quand même pas tous attirer de jeunes créatifs bien formés...

***

La désindustrialisation, personne n'y échappe...

La quasi-totalité des pays membres de l'OCDE a vu sa base manufacturière décliner ces dernières années. Les États-Unis ont perdu le quart de leurs emplois manufacturiers au cours des 10 dernières années. Le Royaume-Uni, le Japon, la Belgique, la Suède, la France, tous ont encaissé une régression de leur secteur manufacturier.

Pas surprenant que Montréal ait été touchée, elle aussi, surtout dans un contexte de ralentissement économique. Au cours des 10 dernières années, pas moins de 4223 établissements d'affaires ont disparu sur l'île de Montréal... et plus de la moitié œuvraient dans le secteur manufacturier, particulièrement dans le textile et la pétrochimie.

Rappelons-nous, récemment, la fermeture de la raffinerie Shell, ou encore celle de l'entreprise d'électroménagers Mabe. Des exemples qui ont incité l'administration municipale de Gérald Tremblay à regarder ailleurs, pour ne pas dire à baisser les bras...

Et pourtant, pour paraphraser Mark Twain, les rumeurs concernant la mort de l'industrie sont très exagérées...

Une analyse minutieuse des données statistiques montre même que le secteur manufacturier de Montréal affiche des signes de... relance !

Tout comme l'économie montréalaise, l'industrie se fait en effet résiliente. En 2011, les pertes d'emplois ont tout de même été au nombre de 1700, mais cela est très peu en comparaison avec la perte moyenne des cinq années précédentes : 5700.

« Le secteur manufacturier affiche des signes de reprise avec le raffermissement de l'industrie aérospatiale, de la construction ainsi que des services professionnels, scientifiques et techniques », notait le Mouvement Desjardins en octobre 2012 dans une de ses études régionales.

L'institution prédisait même « une croissance de l'emploi » – qui l'eût cru ? – grâce au dynamisme de certains sous-secteurs de l'aérospatiale, du matériel de transport et des produits chimiques.

Cela n'est pas à négliger pour Montréal. Car les emplois du secteur manufacturier sont très bien payés, mieux que ceux du secteur du service (924 $ par semaine, comparativement à 756 $ en moyenne, en 2011). Ce sont aussi des emplois à temps plein, alors que le temps partiel gagne du terrain dans la métropole.

Sachant que les investissements manufacturiers sont appelés à atteindre des records au Québec par rapport à la dernière décennie, la métropole aurait intérêt à garder cette porte ouverte plutôt qu'à la fermer.

***

Relance du manufacturier ? Vrai, l'expression ressemble à un oxymore tant ces deux mots semblent contradictoires.

Et pourtant, c'est ce que tentent de faire, avec un certain succès, les pays scandinaves et les États-Unis qui ont décidé de miser sur l'innovation pour contrer la désindustrialisation.

La Finlande, par exemple, a pu rebondir après la récession de 1991 grâce à une stratégie concertée axée sur l'innovation et le développement des entreprises. En mettant de l'avant des avantages comparatifs, elle a fait passer le PIB de son secteur manufacturier de 18,2 % du PIB total en 1991 à 30,9 % en 2008, indique le Mouvement Desjardins dans une récente édition de sa revue d'analyse économique.

Même chose en Suède, où la volonté politique s'est traduite par une augmentation de la part du PIB manufacturier de 13,2 % en 1993 à 21,1 % en 2008.

Plus près de nous, les États-Unis nous montrent un peu plus chaque jour l'importance de ne pas baisser les bras. La preuve la plus éclatante étant le départ d'Electrolux pour une ville américaine...

Dans un contexte où la compétitivité de la Chine décline tranquillement, où le yuan s'apprécie, où les coûts d'énergie augmentent et où la qualité de main-d'œuvre semble plafonner, le président Barack Obama s'est engagé à créer un million d'emplois dans le secteur d'ici 2016.

Or, pendant que les autorités s'activaient à l'étranger, à Montréal on regardait ailleurs...

Lorsque la chef de l'opposition Louise Harel a sonné l'alarme et dénoncé la « désindustrialisation galopante » de Montréal, en 2012, l'administration Tremblay n'a pu faire mieux que de lui répondre, par la voix du vice-président du comité exécutif d'alors, Richard Deschamps, qu'elle était « en retard de 15 ans ».

L'avenir, ajoutait-il, est plutôt dans la santé, l'éducation, les technologies de l'information.

Or, sommes-nous vraiment incapables de marcher et de mâcher de la gomme en même temps ? Sommes-nous condamnés à nous intéresser qu'à un secteur aux dépens de tous les autres ?

« Il est trop tôt pour jeter la serviette et conclure qu'il faut désormais regarder ailleurs pour créer de la richesse, a écrit avec justesse Joëlle Noreau, économiste principale de Desjardins. D'autres pays ont réussi à tirer leur épingle du jeu dans un contexte difficile. »

Seulement, il y a une condition : ne pas tenter de reproduire à l'identique la structure industrielle d'antan…

***

Quand on pense au secteur manufacturier, on pense aux usines crachant leur fumée noire, à des travailleurs enchaînés à l'usine 12 heures par jour, à une vie de misère…

Ce passé est révolu. Le futur industriel doit donc être réinventé.

Relancer le manufacturier n'implique donc pas un retour en arrière, mais bien un bond en avant. On ne fait peut-être plus d'essieux pour les wagons de trains, mais on peut développer la microélectronique, les produits plastiques performants, les technologies vertes, l'énergie solaire, la valorisation des déchets, la métallurgie en lien avec l'essor du Grand Nord et du secteur minier, etc.

Voilà ce qui peut faire renaître l'est de Montréal, si tant est qu'on investisse dans sa relance.

Car pour attirer de nouvelles entreprises, la Ville n'aura d'autres choix que de dépenser pour décontaminer des terrains, mieux desservir le secteur en transport en commun (le Train de l'Est est un excellent début), mettre les parcs industriels aux normes, améliorer la promotion des parcs industriels, etc.

Le gouvernement, pour sa part, devra développer davantage l'aide à l'exportation et les mesures favorisant une meilleure formation de la main-d'œuvre. Et les entreprises devront miser sur l'innovation, s'appuyer sur la formation et sur les gains de productivité.

Le manufacturier décline, mais il est toujours là, il se restructure. Il importe donc de le consolider, et même, de le réinventer afin d'en faire profiter un secteur en besoin de Montréal.

La bonne nouvelle, en plus des indices de relance, c'est que la communauté d'affaires affiche une volonté de regarder en avant sans oublier le passé, comme en témoigne l'élaboration d'un plan quinquennal pour l'est de Montréal en 2011.

L'autre bonne nouvelle, c'est qu'un parti provincial souhaite aussi en faire son cheval de bataille. La Coalition Avenir Québec propose en effet le Projet Saint-Laurent, qui pourrait largement profiter à l'est de Montréal. Il est question de décontamination du fleuve, mais aussi de celle de terrain afin d'attirer des entreprises misant sur l'innovation.

Mais pour que les entreprises croissent, pour qu'elles investissent davantage en recherche et en développement, pour qu'elles puissent se trouver des niches, se positionner dans des marchés à forte valeur ajoutée, elles doivent avoir accès à des installations de qualité.

Or, non seulement la Ville a-t-elle tourné le dos au secteur industriel ces dernières années, mais elle a négligé les terrains et infrastructures de l'est, comme si elle n'y croyait plus. Pas moins de cinq parcs industriels ont une desserte insuffisante... en égouts! Il faut donc décontaminer les lieux comme le souligne la CAQ, mais il faut mieux desservir aussi.

C'est une bonne chose que la Ville s'occupe du développement immobilier, de la multiplication des tours résidentielles, de la promotion de l'accès à la propriété. Mais encore faut-il des emplois pour ces nouveaux propriétaires, même s'ils ne font pas partie des créatifs...

ENGAGEMENT
CRITIQUER MAIS AUSSI PROPOSER

96

Ranimer la flamme collective

Lucien Bouchard
Ancien premier ministre du Québec

Il n'y a pas de solution miracle pour la relance de Montréal. Il faudra en imaginer et en essayer plusieurs. Mais rien de moindrement significatif ne peut s'amorcer sans un véritable engagement collectif. Puisque le démarrage de notre ville passe nécessairement par une mobilisation de l'ensemble des citoyens, c'est d'eux que doit venir l'impulsion première de toute démarche de renouveau.

Il se trouve que la prochaine campagne électorale nous donne l'occasion privilégiée de déclencher le ressort de notre sensibilisation et de notre vigilance communautaires. Ce sera le moment de faire jouer à plein les exigences de la démocratie électorale.

Tous les citoyens seront mis à contribution. En plus de l'obligation civique d'exercer leur droit de vote, ils devront interpeller tous ceux et celles qui solliciteront le mandat de diriger notre ville. Là devront se révéler les dirigeants capables de ranimer la flamme collective et de faire montre d'une détermination à changer les choses. C'est ce dont nous avons le plus besoin : un leader authentique, un inspirateur et un entourage convaincant de crédibilité, de motivation et de compétence.

Il faudra d'abord conscientiser la population, lui rappeler les atouts, le potentiel et la mission nationale de notre métropole, un des carrefours stratégiques de l'Amérique du Nord. Une fois provoqué ce sursaut de fierté et d'engagement, ce sera aussi une fonction du leadership attendu de tracer la voie du retour en grâce de nos institutions et de proposer aux électeurs de quoi sera fait le chantier de la reconstruction de Montréal.

Cette dernière a déjà vécu des crises similaires. Chaque fois, c'est au leadership de personnages exceptionnels qu'elle a dû sa renaissance. Qui sera le prochain Jean Drapeau ?

Dans tous les secteurs d'activité, dans tous les horizons d'opinions, cette grande ville regorge de talents, d'éveilleurs et de bâtisseurs. S'en trouvera-t-il pour relever le flambeau ? Il n'y a pas d'illusions à se faire : la tâche sera lourde et le chemin hérissé d'obstacles. Il n'est toutefois plus possible de se croiser les bras : l'avenir de notre ville crie au secours.

Ne nous y trompons pas : il en va de l'intérêt de tous les Montréalais et de tous les Québécois.

97

Se développer autrement

Nancy Neamtan
Présidente-directrice générale du Chantier de l'économie sociale

On connaît la chanson. Montréal va mal. Les structures sont dysfonctionnelles; les investissements, déficients; les pratiques municipales, douteuses... Et, bien sûr, c'est toujours mieux chez le voisin ou dans les autres villes d'Amérique du Nord.

Pour certains leaders des milieux d'affaires, les solutions se trouvent dans la croissance tous azimuts. Multiplions les grues, balayons les obstacles devant l'investissement privé, quitte à payer de notre qualité de vie, car il faut bien être concurrentiel sur le marché mondial, n'est-ce pas ?

Et si l'on choisissait plutôt de miser sur nos atouts pour se projeter vers l'avenir ? Et si l'on prenait au sérieux l'urgence de se tourner vers un développement durable qui s'appuie sur une autre logique économique ?

Montréal possède des avantages indéniables pour se lancer dans cette autre voie de développement.

Depuis des décennies, notre ville foisonne d'organisations citoyennes qui marient finalités sociales, économiques, environnementales et culturelles dans une démarche intégrée de développement. Né dans les années 80, ce mouvement s'inscrivait en faux contre cette doctrine décrétant la nécessité de créer la richesse qui, par la suite, devait profiter à l'ensemble de la collectivité. Pourtant, en 2011, même l'OCDE a reconnu que, malgré la création de richesses phénoménales, l'écart entre les riches et les pauvres ne cesse de se creuser. Et l'environnement de se dégrader, rappelons-nous.

Si, aujourd'hui, Montréal peut se vanter d'offrir une bonne qualité de vie, un dynamisme culturel exceptionnel et une capacité de « vivre ensemble » dans la diversité, il faut reconnaître le rôle majeur joué par les organisations de développement local et les initiatives citoyennes. De la TOHU au redéveloppement du canal de Lachine, du Chat des artistes au site Angus, plusieurs projets phares sont nés de cette volonté de se développer autrement.

Montréal a besoin d'encore plus de ces projets. Elle a surtout besoin de créer des conditions favorisant un changement d'échelle dans nos façons de faire « autrement ». Notre développement doit résolument s'appuyer sur la solidarité et faire une grande place à l'action citoyenne au cœur de l'économie.

L'avenir de notre ville, et de toutes les villes, passe nécessairement par là.

98

Soyons des acteurs, non des spectateurs

Bernard Voyer
Explorateur

Montréal prétend fièrement être une ville qui soutient l'innovation, est-ce vraiment assez d'en rêver, de le dire ?

De mon côté, me lever et agir ont été mes plus précieux alliés pour relever de grands défis. Certains diront qu'il faut avoir les moyens de ses ambitions, mais je dirais qu'on peut en faire plus et générer un mouvement d'entraînement durable si chaque citoyen s'implique, faisant de nous des acteurs et non des spectateurs.

Nous devons changer notre regard sur certains aspects de notre ville. Voir ce qu'il y a à réaliser comme un défi qui nous permettra de nous illustrer, d'être originaux. Nous avons cette capacité créatrice unique, comme en témoigne la multitude d'entreprises, d'associations, etc. Utilisons cette créativité exceptionnelle qui nous est propre pour inventer et transformer notre ville.

Les citoyens des grandes villes ont souvent tendance à se déresponsabiliser. L'anonymat est plus accessible et le désengagement est facile. Ainsi, on s'éloigne des réalisations quotidiennes, aussi minimes soient-elles, des transformations majeures... C'est alors que la ville ne devient sournoisement qu'un lieu de travail et de repos. Comment s'imprégner de cette valeur primordiale qu'est l'engagement ? Comment nous persuader que nous devons faire une action positive pour sa ville, et ce, tous les jours ?

On devrait ainsi toujours accompagner une critique par une proposition, une idée. Pour cela, il serait souhaitable que notre voix se rende plus facilement, sans distorsion, au niveau des responsables en allégeant nos structures administratives et décisionnelles.

L'implication active des citoyens à la conception et à l'animation de la ville doit être appuyée. La gouvernance de la ville doit évoluer et reposer sur l'adaptation et la mise en œuvre rapide des solutions, comme tous les nouveaux modèles d'affaires le démontrent.

Sans aucunement diminuer la part d'écoute des citoyens, il faut accélérer les phases subséquentes : la prise de décision et le déclenchement de la réalisation. Éviter la précipitation mais faire plus vite. Bien sûr, en agissant ainsi, il peut survenir quelques erreurs, mais nous le savons tous, la meilleure façon de ne pas commettre d'erreur est de ne rien faire.

Nous devons retrouver cette fierté d'être montréalais à travers notre engagement quotidien. Nous devons réapprendre à l'aimer en l'innovant.

99

Nous, montréalistes !

David Heurtel
Président-directeur général du Parc olympique

Nous devons d'abord et surtout aimer Montréal.

Laissons tomber les vieux paradigmes et élevons-nous au-dessus de la partisanerie.

Cessons de parler uniquement à ceux qui sont d'accord avec nous et convainquons.

Bâtissons sur ce qui nous unit.

Ne méprisons pas une opinion différente de la nôtre en cherchant à détruire la crédibilité de ceux qui la défendent par des procès d'intention ; pour paraphraser Camus, laissons place à la réflexion plutôt qu'au réflexe, à l'intelligence plutôt qu'à la méchanceté.

Valorisons l'espoir et l'audace, la compétence et la créativité.

Comprenons qu'affaiblir politiquement Montréal par la division et la prise en otage de projets porteurs nous nuit à tous, que nous soyons fédéraliste ou souverainiste, de gauche ou de droite, jeune ou vieux, homme ou femme, anglophone ou francophone.

Comme nous l'enseigne la devise de notre ville, *Concordia salus* (le salut par l'harmonie), décidons de mettre en œuvre un nouveau grand concordat en vertu duquel les forces vives de la société civile s'engageront à briser les silos de l'intérêt dogmatique, en faveur du plus grand et noble compromis, permettant ainsi l'action et le développement plutôt que la stagnation et la morosité.

Célébrons nos forces et sachons reconnaître où nous devons nous améliorer.

Disons oui à la création, à la culture, à la recherche et à l'innovation, à l'éducation de haut niveau, aux familles, à l'immigration, aux technologies vertes, au milieu communautaire, aux sièges sociaux, aux sciences de la santé, au rayonnement international et au tourisme.

Unissons les ressources humaines et financières disponibles afin d'être compétitif et misons sur nos forces plutôt que de tenter de plaire à tous.

Tâchons de ne pas confondre consultation perpétuelle et action.

Reconnaissons le droit à l'erreur de bonne foi.

Pensons sur des horizons de 5, 10 et 25 ans plutôt qu'au prochain cycle de 24 heures de nouvelles en continu.

Passons du « je » au « nous ».

Comme en témoigne le succès de la relance du Parc olympique entreprise il y a près de deux ans, nous pouvons nous rassembler autour d'un objectif commun et mener à bien des réalisations concrètes et innovatrices là où l'espoir et le développement étaient disparus depuis longtemps. Nous changeons la conversation au moyen d'actions fondées sur des idées nouvelles et inspirantes.

Il faut commencer par une vision claire et commune et avoir la volonté partagée de la mettre en œuvre malgré toutes les difficultés...

Pierre de Coubertin disait : « Voir loin, parler franc, agir ferme. »

Autrement dit, soyons montréalistes !

100

Le pouvoir du rêve

Sylvie Bernier, B.A.A., M.M.

Championne olympique en plongeon, ambassadrice des saines habitudes de vie
à Québec en Forme et présidente de la Table sur le mode de vie physiquement actif

Je me rappelle très bien la première fois que j'ai mis les pieds à Montréal. C'était en 1976 dans le cadre des Olympiques. J'avais 12 ans et j'assistais aux épreuves de plongeon. Je me souviens d'avoir été fascinée par l'ampleur des installations, l'ambiance des Jeux et l'effervescence de la ville de Montréal. À ce moment-là, la planète entière était tournée vers Montréal et les athlètes venus de partout à travers le monde.

La présence de ces installations olympiques a été une des principales raisons pour lesquelles j'ai déménagé à Montréal à l'âge de 18 ans pour me perfectionner dans ma discipline. D'autres athlètes ont aussi fait comme moi. Montréal était alors reconnue comme une ville sportive, active et olympique. Lors de mes entraînements, j'ai pu constater à quel point les Montréalais ont bénéficié de ces installations sportives en les initiant au plaisir de bouger.

Aujourd'hui, ces mêmes équipements ne peuvent suffire si on veut généraliser encore plus l'activité physique. Il faut augmenter l'accessibilité et la proximité des installations sportives si on veut en faire profiter encore plus de gens. Ce pourrait être, par exemple, de donner de l'ampleur aux projets de ruelles vertes et blanches à Montréal pour que les jeunes puissent avoir accès à du jeu libre actif près de chez eux. Il y a aussi les plateaux sportifs existants dans nos écoles qui pourraient être mis à la disposition de leur population environnante. En fait, je rêve que tous les jeunes puissent vivre dans un environnement qui favorise l'activité physique, qu'ils profitent d'infrastructures accessibles pour développer et maintenir de saines habitudes de vie.

Mais pour y arriver, il faut une volonté affirmée et un engagement formel du maire de la ville-centre et des maires des arrondissements, des directions des commissions scolaires et des écoles ainsi que des acteurs privés influents, comme la Fondation des Canadiens de Montréal le fait avec ses patinoires extérieures, un programme également appuyé par Québec en

Forme. Cet engagement devrait faire partie des plateformes électorales de tous les partis politiques.

Il ne faut jamais sous-estimer le pouvoir du rêve. Il est porteur d'avenir et de réalisations concrètes. Alors, retroussons nos manches ensemble et retrouvons la confiance des gagnants que nous sommes. Montréal a besoin de nous !

CONCLUSION

101
Avant tout, l'implication des citoyens

François Cardinal

Tout le paradoxe du municipal se trouve résumé dans ce livre. Nous souhaitons tous un maire fort, des élus intègres, des gestes courageux, une ville plus belle... mais on ne prend pas la peine de se déplacer pour élire ces gens censés être à la hauteur de nos attentes.

À Montréal, en 2009, à peine 38 % des citoyens ont exercé leur droit de vote. Et lors de la plus récente élection partielle, à la fin 2012, en pleine tourmente, alors que la scène municipale faisait quotidiennement les manchettes, que la colère était à son comble, que les citoyens exigeaient du changement, le taux n'a pas dépassé... 21 %.

Se peut-il qu'on regarde encore le secteur municipal de haut ? Qu'on s'en désintéresse par méconnaissance ? Qu'on n'attende simplement que les services soient livrés sans autre intérêt pour la chose municipale ?

Pourtant, comme le soulignait récemment le comité de sages mis en place par l'Union des municipalités du Québec, « le citoyen n'est pas uniquement un bénéficiaire de services publics municipaux, mais un partenaire de l'action municipale ».

Sans cela, ce même citoyen laisse à d'autres le soin de veiller sur ces énormes villes devenues gouvernements. En ne visitant jamais son conseil municipal, il baisse toute garde démocratique. En ne demandant aucun compte, il permet à des élus de gérer des sommes d'argent astronomiques comme bon leur semble. En se contentant de critiquer, il plombe les projets sans jamais aider les plus intéressants à émerger.

Trop souvent au Québec, les citoyens exigent que leur municipalité réponde à leurs attentes, à leurs besoins, à leurs désirs sans se sentir autrement concernés. Plutôt que de se demander ce qu'ils peuvent faire pour leur ville, ils se demandent comment elle peut en faire plus pour eux. Comme des gérants d'estrade, en quelque sorte.

Cela renforce la frustration, l'idée que tout va mal, que la Ville ne répond pas aux attentes de ses citoyens. N'y aurait-il pas là un des facteurs expliquant la frustration des Montréalais par rapport à leur ville?

À titre comparatif, les anglophones se font un devoir de s'engager, de s'investir, de redonner à leur communauté en grand nombre. Ils font partie de la *community* plutôt que d'en être de simples bénéficiaires. Impliqués dans le bon fonctionnement de la ville, les anglos sont ainsi moins durs à son endroit...

On a un bon indice de cette différence culturelle en lisant *The Gazette* (ou *The Star*, ou le *Vancouver Sun*), qui fait un superbe travail au niveau municipal. Les textes et chroniques sont moins négatifs que dans la presse francophone. On est très dur quand il le faut, mais on parle aussi du Centre universitaire de santé McGill comme d'une institution importante, on salue les bons coups de la Société de transport de Montréal, on félicite les citoyens qui posent des gestes positifs... alors que les médias francophones se contentent trop souvent de critiques nourries et bien senties. Comme les citoyens de la même langue.

***

Westmount est une magnifique municipalité de l'époque victorienne. On y trouve des constructions d'une grande homogénéité, beaucoup d'arbres et une population vibrante.

Qu'est-ce qui fait de cette banlieue cossue un tel modèle urbanistique? L'argent? Plutôt la *community*...

C'est ce qu'a voulu souligner le gouvernement fédéral, en 2012, lorsqu'il a accordé la désignation d'importance historique nationale à Westmount. Certes, l'hommage portait d'abord sur les «impressionnants détails de conception et de construction» de la ville. Mais ce cadre bâti, justement, on le doit à une volonté citoyenne de protéger les lieux.

Dès le début du 20ᵉ siècle, en effet, la communauté anglophone a tout fait pour conserver les bâtiments et institutions de Westmount. Cela s'est traduit par l'adoption de mesures, dès 1914, visant à encadrer les matériaux de construction et les marges de recul des maisons, et aussi par la création d'un réseau d'espaces verts destinés à l'usage des résidants.

On trouve ainsi, aujourd'hui, de magnifiques exemples de demeures centenaires, bordées d'immenses parcs superbement entretenus. L'argent n'est pas étranger à cette conservation, on s'entend. Mais on aurait tort de croire que le sens de *community* de Westmount ne vient que de la richesse de ses membres.

Il existe dans le monde anglo-saxon une forte volonté de préserver la « communauté », au-delà des questions financières. Une attitude qui incite à l'implication. Or, voilà ce qui manque trop souvent dans les municipalités et arrondissements francophones : l'implication de leurs membres, le sentiment d'appartenance, le sens de la « communauté ».

On a d'ailleurs un indice sémantique dans les documents gouvernementaux. Le fédéral traduit la *community* par la « collectivité », un mot moins chaleureux qui s'approche davantage de la structure administrative que d'une volonté de vivre ensemble.

Même chose au provincial, où l'on utilise le mot « communauté » pour forcer un semblant de regroupement, encore une fois administratif, plutôt que pour refléter l'existence d'un groupe de citoyens. Pensons à l'ancienne Communauté urbaine de Montréal, ou encore à l'actuelle Communauté métropolitaine de Montréal.

À l'inverse, les Canadiens et les Anglo-Québécois conçoivent le gouvernement local, de proximité, comme leur *community*, comme l'échelle privilégiée d'appartenance politique et d'exercice de la démocratie.

« La municipalité n'est pas seulement une instance de gestion (chez les Montréalais d'origine anglophone) : elle reflète la volonté des citoyens de vivre ensemble », écrit Mariona Tomàs, professeure en science politique à l'Université de Barcelone, dans son essai *Penser métropolitain*.

Les anglos sont ainsi nombreux à s'engager, à s'investir, à redonner à leur « communauté », dont ils font partie plutôt que d'en être de simples bénéficiaires. Certains appellent cela le *town spirit*, « cet esprit de fine urbanité, cet art de vivre que leurs parents ont créé, fignolé, affiné et qu'ils chérissent au plus haut point », comme l'a souligné George-Hébert Germain dans un superbe article sur Ville Mont-Royal publié en novembre 2012 dans *L'actualité*.

Impliqués dans le bon fonctionnement de la Ville, les anglos se sentent ainsi parties prenantes des décisions, ils ont leur mot à dire dans le développement de la municipalité, ils balaient leur coin de trottoir, ils prennent soin de leur parc.

Car au-delà de la démocratie représentative, qui se sent appartenir à une communauté se sent beaucoup plus responsable de son devenir...

***

Le maire de Calgary, Naheed Nenshi, est dans une catégorie à part, au pays. Jeune, cosmopolite, parlant français, il détonne avec l'image que l'on se fait de sa ville. L'homme est en outre affable, avenant, proche de ses citoyens et engagé dans sa communauté. Il est également un penseur urbain très articulé, avec une vision claire des villes et de leur devenir.

Ce qui explique son impressionnant taux de popularité, qui demeure le plus élevé de toutes les grandes villes du pays depuis son élection, en 2010.

L'homme est donc fascinant, autant que son credo : personne n'a plus d'impact que le citoyen dans une ville. Pas même le maire.

Voilà pourquoi un des premiers gestes qu'il a posés en arrivant à la mairie a été la création d'un comité de l'engagement civique, puis la proposition d'un pacte social nouveau genre : la Ville promet de travailler pour les citoyens, mais, en échange, ces derniers doivent s'engager à travailler pour la Ville. Le maire a ainsi demandé aux citoyens de faire « trois choses pour Calgary », petites ou grandes, banales ou originales.

« Un citoyen a démarré une organisation communautaire, par exemple. Un autre a décidé d'installer son nouveau BBQ sur le terrain situé devant sa maison, histoire d'inviter ses voisins à en profiter. Et il y a un petit garçon qui m'a expliqué avoir invité chez lui une petite fille seule, qui venait d'arriver à l'école en pleine année. »

L'implication des citoyens étant d'une très grande importance, il importe donc, d'abord et avant tout, de la susciter de toutes les façons possibles. Par un pacte comme celui du maire Nenshi. Par des activités urbaines comme Saskatoon Speaks, Speak up Winnipeg et Talk Green to Us de Vancouver, qui mettent de l'avant des conférences et des campagnes virales pour mousser la participation civique. Ou encore par des événements ponctuels participatifs.

Le maire Nenshi, encore une fois, a rendu le budget de sa ville interactif. Au cours des mois qui ont précédé le dépôt du budget, ses détails ont été mis sur la table et présentés en direct à la télé. Chaque service de la Ville est aussi allé défendre publiquement son enveloppe et les élus ont expliqué les choix à faire.

Puis, de nombreuses propositions ont été avancées par les quelque 2400 citoyens qui ont répondu à l'appel, que ce soit en personne ou par l'entremise des réseaux sociaux. Ils pouvaient le faire avec d'autant plus de connaissances que la Ville avait mis sur pied un outil interactif sur le Web pour saisir l'impact des différentes décisions : un citoyen pouvait tester une réduction de 5 % du budget de tel service, par exemple, et voir aussitôt les conséquences.

Intéressant pour Montréal. D'autant que l'administration Tremblay ainsi que l'arrondissement du Plateau-Mont-Royal ont déjà tâté la voie participative il y a quelques années, en permettant notamment aux partis d'opposition de se faire entendre dans le cadre de l'élaboration du budget de la Ville. Le Sud-Ouest vient aussi de s'y mettre.

L'expérience à la ville-centre n'a pas été reconduite, entre autres parce que certains membres de la Commission des finances n'avaient pas présenté de propositions concrètes d'économies. On peut s'en désoler, si l'on se fie à ce qui se fait à Calgary... et à l'intérêt grandissant pour les activités consultatives à Montréal.

***

« Ce n'est pas vrai qu'une municipalité peut tout faire à elle seule. Elle doit pouvoir s'appuyer sur la société civile pour réaliser de grandes choses », me lançait Ken Greenberg, ancien directeur du design urbain à la Ville de Toronto, lors de ma dernière visite dans la Ville Reine.

Avec raison. Les citoyens doivent voter, mais ils doivent aussi être présents, se retrousser les manches, balayer devant chez eux, autant de choses que les activités et événements ponctuels ne peuvent, à eux seuls, susciter. Pour que l'apport civique soit systématique, pour qu'il devienne un réflexe, pour qu'il fasse une réelle différence, les citoyens doivent s'organiser, soutient Christopher Harper, ancien président de la Federation of Calgary Communities.

« Il est important d'engager les citoyens dans toutes les décisions politiques, pas juste de façon ponctuelle, estime-t-il. C'est pourquoi les citoyens de Calgary ont décidé de s'organiser dans leurs différents quartiers sous forme d'associations communautaires, puis qu'une fédération a été créée pour chapeauter tout cela. »

L'idée est de permettre à la communauté de se prendre en main, d'orienter les décisions politiques, de mettre de l'avant des mesures citoyennes pour rendre les quartiers plus sûrs, plus vivants, plus dynamiques. Tous les enjeux y passent, de la planification urbaine aux activités sportives en passant par la vie communautaire.

« C'est bien beau de critiquer, précise Chris Harper, mais il faut aussi s'organiser si on veut que les choses changent. Il faut s'impliquer dans des regroupements qui s'assurent que la voix des citoyens est entendue. »

La bonne nouvelle, c'est qu'on sent justement un regain d'intérêt, à Montréal, pour les enjeux urbains et l'implication citoyenne. On voit, par exemple, des indices d'un retour vers le « local », que ce soit par la consommation ou la bouffe. On assiste à un regain d'intérêt pour les médias locaux, voire hyperlocaux, comme RueMasson.com et QuartierHochelaga.com.

Plus concrètement encore, on observe une hausse de l'assistance dans les consultations publiques, ainsi qu'une augmentation des présentations et des dépôts de mémoires. Que ce soit pour échanger sur l'agriculture urbaine, l'avenir de Griffintown ou le Plan métropolitain d'aménagement (PMAD), les citoyens sont au rendez-vous, nombreux. Et ils font la différence.

Sur le terrain communautaire aussi, les choses bougent. Que ce soit au sein d'organismes nouvellement créés, comme la Coalition vélo Montréal, au sein d'organisations reconnues, comme Culture Montréal et Vélo Québec, ou dans les arrondissements au sein des 29 « tables de quartier ».

L'organisation dont parle Chris Harper, elle est là, vivante et dynamique à Montréal aussi, n'attendant que les citoyens volontaires pour prendre encore plus de place et d'initiatives !

Les tables de quartier, individuellement ou au sein de la Coalition montréalaise des tables de quartier, interviennent sur toutes sortes d'enjeux, comme le développement social local, l'amélioration de la qualité et des conditions de vie, la lutte contre la pauvreté et l'exclusion sociale et l'exercice d'une citoyenneté active.

Aidées par le financement de la Ville, de Centraide et de la Santé publique, elles abordent ainsi le devenir du quartier de manière large et complète, en tenant compte de toutes les questions, de l'aménagement urbain à l'habitation en passant par le transport, la sécurité alimentaire, la culture, les loisirs, la santé, l'éducation et l'emploi.

Elles permettent ainsi à des projets très hétéroclites, mais ô combien nécessaires, d'éclore. D'abord en poussant et en priorisant toutes sortes de projets. On peut penser à l'amélioration de la reconstruction de l'échangeur Turcot telle que revendiquée par Solidarité Saint-Henri. À des projets sur la persévérance scolaire, comme ceux entrepris par le comité des jeunes de Solidarité Saint-Henri. Au réaménagement d'espaces publics négligés par les élus, comme celui qu'a permis le Conseil local des intervenants communautaires de Bordeaux-Cartierville.

Ensuite par des assemblées de divers types, comme les cafés urbains de Verdun et Mercier-Est, les assemblées citoyennes de Montréal-Nord, le Forum social de Rosemont, les forums citoyens dans Mercier-Est et Anjou.

Certes, il est capital d'élire un leader fort à la tête de la ville, de pouvoir compter sur des conseillers municipaux à l'écoute, mais il ne faut pas sous-estimer l'importance de ce que peuvent accomplir des citoyens engagés, regroupés, qui défendent et améliorent leur propre quartier. Des citoyens qui votent, des citoyens qui s'impliquent.

Pour que la métropole se développe à son plein potentiel, il faut des idées, des solutions comme celles, nombreuses, qui sont proposées dans ce livre. Il faut un maire et des élus courageux, prêts à écouter, à trancher, à agir. Mais il faut, d'abord et avant tout, des citoyens pour leur mettre de la pression, les encadrer, les surveiller et les aider, aussi, à faire de Montréal une véritable métropole forte. À leur image.

REMERCIEMENTS

Ce livre n'aurait pu voir le jour sans la généreuse contribution de ses 80 coauteurs, que je remercie de tout mon cœur. Leur participation est d'autant plus appréciée qu'elle est venue sans insistance, volontairement et gracieusement, ce qui prouve que Montréal peut compter sur une large communauté prête à se relever les manches au besoin. Y'a de l'espoir...

Je veux aussi exprimer ma gratitude à tous ceux qui m'ont aidé à mettre ces contributions en forme, à leur donner un sens, un fil directeur et du style. Merci à Guy Crevier, Martine Pelletier, Caroline Jamet, Yves Bellefleur, André Pratte, Rachel Monnier, Marie-Pierre Hamel, Sandrine Donkers, Christiane Clermont, Célia Provencher-Galarneau, Michèle Jean, Philippe Tardif, David Lambert et Yves Bellavance.

Et un merci tout particulier à Nathalie Collard pour son appui indéfectible, ses encouragements soutenus, ses lectures attentives, ses conseils judicieux et son aide tous azimuts, au quotidien.

INDEX ALPHABÉTIQUE